双渠道视角下的生鲜农产品冷链物流产业管理研究

——以云南省为例

李富昌　胡晓辉　著

科学出版社
北　京

内 容 简 介

在消费市场对生鲜农产品要求日益提高、流通损耗居高不下的背景下，以供应链上、中、下游整合为视角，研究生鲜农产品冷链物流产业管理优化问题具有重要的理论价值和现实意义。本书从理论篇、实证篇、专题篇、双渠道优化篇、总体对策篇展开研究。其中，理论篇从研究现状和理论基础两个层面介绍了相关理论基础；实证篇从蔬菜、水果、鲜花、水产品、菌类产品、肉类产品、奶制品、蛋类八大产业介绍了云南省冷链物流发展现状和存在的问题，并分析了国内外典型冷链物流管理案例；专题篇从资源配置、设备优化、可靠度评价、库存管理、知识联盟等方面探讨了生鲜农产品冷链物流各环节的优化路径；双渠道优化篇对生鲜农产品冷链物流定价和库存问题分别进行了探讨；总体对策篇提出了云南省生鲜农产品冷链物流产业发展的可行对策。

本书适合管理学本科生、研究生、博士生和专业教师，冷链物流相关行业从业人员，政府部门产业规划、产业管理相关人员，以及生鲜、食品行业从业人员阅读。

图书在版编目(CIP)数据

双渠道视角下的生鲜农产品冷链物流产业管理研究：以云南省为例 / 李富昌，胡晓辉著. — 北京：科学出版社，2020.12

ISBN 978-7-03-063714-7

Ⅰ.①双… Ⅱ.①李… ②胡… Ⅲ.①农产品-冷冻食品-物流-产业发展-研究-云南 Ⅳ.①F259.277.4

中国版本图书馆 CIP 数据核字（2019）第 283450 号

责任编辑：华宗琪　朱小刚 / 责任校对：彭　映

责任印制：罗　科 / 封面设计：义和文创

科学出版社出版

北京东黄城根北街16号

邮政编码：100717

http://www.sciencep.com

四川煤田地质制图印刷厂印刷

科学出版社发行　各地新华书店经销

*

2020年12月第　一　版　　开本：B5（720×1000）

2020年12月第一次印刷　　印张：14

字数：280 000

定价：129.00 元

（如有印装质量问题，我社负责调换）

前　言

随着人们生活水平的提升，对生鲜农产品的质量要求也不断提高，生鲜农产品冷链物流是满足人们这一需求的有效手段。生鲜农产品冷链物流的运输对象主要是生鲜易腐农产品，在生产、储运、销售等物流环节中始终要维持农产品适宜的低温环境，从而更好地保障农产品的质量，降低损耗，避免农产品变质，生鲜农产品冷链物流是冷链物流发展的一个重要分支。云南的冷链物流相对于发达国家和中国其他的发达省份来说起步较晚，发展还不够成熟，存在一些急需解决的问题，比如政府层面存在宣传推广不到位、对冷库选址审批宽松度不够、资金支持力度不强等问题，冷链物流企业层面存在基础设施落后、冷链物流人才不足、对环保重视度不够、转运环节衔接不当等问题。因此以双渠道为研究视角，探讨云南生鲜农产品冷链物流产业管理问题，具有重要的理论价值和现实意义。

本书分为理论篇、实证篇、专题篇、双渠道优化篇、总体对策篇五个部分。理论篇从农产品物流、冷链物流、农产品冷链物流三方面介绍了研究现状，从农产品物流、冷链物流、农产品冷链物流、农产品冷链协调四方面介绍了理论基础。实证篇从蔬菜、水果、鲜花、水产品、菌类、肉类、蛋类、奶制品八大主要产业分析了云南生鲜农产品冷链物流产业的发展状况。专题篇从冷链物流管理优化、城乡冷链物流资源转移、冷链资源合理配置、配送优化、库存管理、冷链设备优化、可靠度评价等方面展开系统研究。双渠道优化篇以双渠道为研究视角，对云南生鲜农产品冷链物流产业定价和库存管理问题进行深入探讨。总体对策篇在对云南冷链物流产业现状以及存在问题分析的基础上，借鉴国内外先进经验，提出云南生鲜农产品冷链物流产业发展的可行对策。

本专著对云南生鲜农产品冷链物流产业管理的探讨可以拓展到不同省、市和地区，对生鲜农产品物流、冷链优化和产业管理研究提供了有益的补充。本书研究思路、研究方法和研究结论对生鲜农产品产业管理、物流产业优化和供应链管理领域的理论研究学者和实业界人士有一定借鉴意义。本专著可作为工商管理和管理科学与工程专业的高校教师和科研人员的研究参考资料，也可作为高年级本科生和研究生的拓展阅读书籍。

本书是国家自然科学基金项目（71562036，71962037，71362028，71362029）、云南省中青年学术和技术带头人后备人才项目（2014HB009）、教育部产学合作协同育人项目（201802098054）、云南省哲学社会科学规划项目（QN2019026）、云南省哲学社会科学教育科学规划项目（AD18012）、云南省教育厅科学研究基金项目

(2018JS140) 的研究成果之一。本专著是集体智慧的结晶，李富昌、胡晓辉对专著总体思路和研究框架进行了设计，并负责了主要章节的撰写工作。云南师范大学经济与管理学院研究生付国梅、王敏、刘丰睿、李庆伟、王静、张勇华、梅长杉、谭一杰、板珊珊、徐晶、赵依琳、刘长波、张译丹、祁山舢、韩丽星、苏益莉、吴璐参与了部分章节内容的撰写、资料整理和文字校对工作。本专著的撰写和编辑得到了科学出版社朱小刚等编辑的大力支持，他们为本专著的出版付出了艰辛劳动。在此，向未曾提到的所有关心和帮助过本专著出版的人表示由衷的感谢！

目　录

第一章 理 论 篇

第一节 研究现状

一、农产品物流研究现状

1. 影响物流效率的因素及机制分析

王树祥等（2009）分析了区域生产差异、农业生产结构、农业生产组织差异及季节产量等因素对农产品物流的影响。杨军等（2011）提出农村城镇化不管在长期还是短期内都能够提升农产品物流的效率。赵晓飞等（2012）通过对影响农产品流通渠道变化的因素及其机理的实证分析，认为渠道功率的变化是推动农产品流通渠道变化的主要内在因素。此外，客户购买模式、新技术、新引进方式的变化对农产品流通渠道的变化具有重要影响。单再成（2012）认为，农产品加工能力、农产品运输车辆、农村公路里程在农产品物流影响因素中排名前三。周丹等（2015）建议优化农业电子商务环境的政策法规，完善社会信用监督体系，建立有效的物流机制，创新电子商务营销和管理方式，促进农产品流通效率的提高。徐光顺等（2016）研究发现，在农业大省四川省，生鲜农产品生产水平和集中生产方式、物流渠道建设水平对生鲜农产品物流发展水平有正向影响。黄福华等（2017）经过研究表明，不仅农产品价格和销售量会影响生鲜农产品的物流效率，滞销量、损耗量、总批量、仓储综合费用、订单响应时间、运输综合费用等都会影响生鲜农产品的物流效率，并且影响程度因地区而不同。程书强等（2017）研究发现，在不同阶段产业结构对农产品物流效率的影响也不一样，其中技术进步是主要动力之一，技术应用水平是西部地区农产品物流效率产生差异的主要原因。

2. 基于电子商务的农产品物流研究

陈铭（2009）研究了以农产品电子商务网站的联系为供需联系纽带，在产品的起源或配送量小的批发市场，进入仓库配送环节后，通过消费者订单提取农产品的电子商务流通模式。王静（2012）研究了电子商务环境下农产品物流的供应链网络结构及运行机制，研究表明电子商务环境下农产品物流供应链的网络结构能够降低农产品物流的成本，稳定农产品价格，有利于实现农产品快速部署和优化。赵志田等（2014a）构造了包括电子商务应用、信息管理、物流、农产品物流信息技术和功能的四维农产品电子商务物流因素识别模型，实证检验发现，当前农业电子商务物流发展水平较低，其中电子物流信息技术是提升过程中亟待解决的关键问题。王娟娟(2014)结合电子商务的背景及农产品的特殊性，提出了电子商务的第五大子系统——云物流，农产品云物流能够减少农产品的损耗，满足市场需求多样化的特征，建立起新型的就业平台。赵志田等(2014b)建立了一个多维度的理论框架，并指出电子商务应用、物流功能、信息化管理及物流信息技术是构成农产品物流的四个重要因素，其中物流信息技术贯穿于农产品物流的每个环节，只有各环节相互协调、相互统一才能更好地发挥作用。施先亮(2015)针对我国农产品物流损耗率高、运输成本高及增值能力弱等问题，提出我国农产品物流应向电子商务及智能方向发展。刘刚(2017)对于生鲜农产品电商物流存在的创新问题，主要从价值创造机制及服务创新模式两个角度进行了探究，研究表明服务创新能够提高物流服务质量、降低物流成本、创新物流服务产品及提高生鲜电商的物流水平等。

3. 基于供应链视角的农产品物流研究

喻晓燕等(2004)对我国农产品物流的供应链管理模式进行了初步的研究和分析。王洪鑫等(2009)研究了基于物流服务水平下农产品供应链的绩效评价问题。庄晋财等(2009)针对农产品供应链未形成核心企业特征的流通主体这一现状，提出要创新农村的经济组织，提升农民市场准入率，加强农产品物流管理，提高农产品流通效率，培育农产品供应链，扩大流通增值空间及加大政府的政策支持力度等。李晓宇等(2009)研究了我国农产品物流供应链的风险成因及传导机制，并提出管理农产品物流供应链风险的建议。黄桂红等(2011)研究表明，要综合运用农产品物流一体化管理、农产品物流模式的供应链整合等理念来降低生产成本，促进农产品的生产流通，加快供应链流通一体化的发展。文晓巍(2011)指出，要创新供应链的发展模式、物流管理模式，加快建设科技支撑体系，改革流通税收政策体系，降低物流成本。丁丽芳等(2013)通过对农产品物流业供应链信息资源优化和价值创造能力提升的系统分析，提出了供应链信息资源的优化路径，并指出要提高供应链信息资源的处理效率及使用水平。庞燕(2015)研究了农产品物流在供应链管理环境下的仓单质押盈利模式。马林等(2015)在供应链中以现有农产品物流模式为背景进行分析，在对我国农产品物流进行重构的基础上，认为考虑多种模式并存，符合我国农业发展现状。

4. 绿色物流视角下农产品物流研究

胡愈等(2008)指出，农产品绿色物流缺乏合理的运作模式，主要是因为我国农产品绿色物流金融机构的缺位及融资产品的短缺，提出建立“农产品绿色物流合作银行”来支撑农产品绿色物流的发展，并就绿色物流金融与绿色物流如何实现帕累托最优展开了研究。李敬等(2008)首先对我国农产品绿色物流的现状进行了分析，并指出我国对农产品绿色物流的内涵尚未统一，而且存在物流技术落后、缺乏完善的农产品质量安全标准体系、缺乏物流人才，以及现有政策和制度与绿色物流要求不符等问题，认为应该树立绿色物流的概念，加强社会参与和政府支持，建立和完善农产品技术推广、质量标准和检验体系，培育农产品绿色物流渠道；构建农产品绿色物流信息体系；培育农产品绿色生产、加工和物流的龙头企业；抓好人才培养工作。李春香(2009)基于绿色农产品物流供应链管理，在探讨了绿色供应链结构和存在的问题的基础上，认为应借鉴发达国家的经验，政府发挥积极作用和功能，增加对农产品物流基础设施的投资建设，推动农产品绿色物流技术、农产品第三方物流的发展，促进农产品物流专业化和社会化等。韩松(2009)对河南省农产品绿色物流与供应链系统的构建问题进行了研究，并指出政府应着力于绿色安全标准的完善，培养绿色消费市场，建立绿色流通途径，构建绿色经营模式；物流企业应该做更多的工作绩效评估管理、绿色运输管理、绿色包装管理、绿色流通加工和废弃物物流管理。黄福华等(2009)认为，传统的农产品供应链管理是通过监控农产品的来源及加工过程来实现的，往往忽视了物流控制这一有效的手段，提出了以四种共同物流运作模式来实现对绿色农产品的全供应链管理。许红莲(2011)借鉴发达国家发展农产品绿色物流的方法，提出要加强政府的宏观调控，增加财政和税收支持，加快农村金融体制改革，构建系统的农产品绿色物流合作金融体系，规范农产品绿色物流发展体系的政策法规，对我国农产品绿色物流的发展具有至关重要的作用。

5. 国外农产品物流研究现状

国外关于农产品物流研究的历史已有百年之久，就文献可追溯性而言，最早关于这一领域的研究文献是Crowell(1901)写给美国政府的《农产品配送报告》，该报告较为系统地分析了农产品配送成本的影响因子并界定了物流的概念。在此基础上，Weld 和 Clark(1933)对农产品营销的运输做了进一步的研究，从此揭开了西方国家对农产品物流研究的全新序幕。随着欧美发达国家农业生产的机械化和规模化，农产品销售问题逐渐成为焦点，从20世纪初期到20世纪90年代，国外对农产品物流的研究主要是如何降低农产品的流通成本。其中，Geoffrey 和 Shepheld(1942)探究了造成农产品市场营销分散化的原因及影响。Mighell 和 Jones(1963)研究了农产品供应链的整合问题，提出了发展农业的新组织模式。进入20世纪90年代以后，传统的农产品物流管理优化并不能满足新型的农产品物流需要，国外学者开始陆续关注农产品物流组织模式的创新研究，提出许多新的物流模式。其中，农产品供应链物流、第三方物流、物流联盟模式成为国外学者研究的主要方向，代表性文献有 Costopoulou 和 Lambrou(2000)、Marsden 等(2000)、Srivastava(2007)的相关著作。Lamsal 等(2016)构建了一个包含多个个体生产者的农产品收获后的运输配送路径模型，该模型致力于减小库存和农产品在产地的滞销，研究发现应将农产品收获装车的时间平均分配在一天的不同时刻，提高农产品的运输配送效率，以减少农产品的滞销。

二、冷链物流研究现状

1. 冷链物流质量测定及安全管理研究

王便芳等(2010)在分析食品冷链物流质量安全现状的基础上，根据我国冷链物流发展现状，提出要建设冷链物流的硬件设施，完善冷链物流监管机制。同时，要不断推进食品冷链物流市场化进程等。韩立民等(2011)介绍了海产品冷链物流的质量控制体系 HACCP，利用 HACCP 对海产品的危害进行分析，并设置了多个关键限制、关键控制点及监控体系等环节，严格控制海产品的包装、运输及销售等冷链物流环节。郑涛涛等(2012)探究了冰块质量、保鲜箱的保温层数及抑菌剂等因素对冷链物流保鲜质量的影响。陈红丽等(2013)运用危害分析和关键控制点理论方法，分析冷链物流服务过程中的危害和关键控制点，将影响冷链物流的因素进行量化，并建立起冷链物流服务的评价体系。宋宝娥等(2013)根据农产品的特点，综合农业冷链物流的特殊条件和设备，全面研究了农产品物流环境、设施、设备、工艺、人员素质特征等指标体系的质量和安全性。刘华楠等(2015)以水产品为例，在深入借鉴水产品冷链物流监管经验的基础上，结合我国生鲜电商发展现状，提出了提高水产品在线销售质量和安全性的相关政策建议。杨扬等(2016)建立了以 HACCP 鲜菜国际冷链物流为基础的质量控制体系。王勇等(2016)构建了包括运作能力、冷藏能力、物流信息能力及人员沟通能力四个维度的冷链物流服务评价体系。杨玮等(2018)归纳出影响冷链物流质量和安全的因素，整合出供应链中的监控信息和追溯信息，构建了农产品质量安全预警指标体系，并设计出自适应混合粒子群算法(AHPSO)来优化支持向量机（SVM）参数，进而建立起基于 AHPSO-SVM 算法的农产品冷链物流的质量安全预警模型。张松涛等(2018)以哈尔滨市水果批发市场作为研究主体，把荔枝从采购到销售的整个冷链物流过程作为评价对象，采用层次分析法求出各指标的权重，进而构建荔枝的质量安全控制指标体系。

2. 冷链物流相关技术应用与发展研究

汪庭满等(2011)基于 RFID 技术，并结合编码技术建立冷链物流的温度监测系统，该系统的运行结果表明，冷链物流的温度监测系统可以满足企业管理和消费者对温度跟踪的需要，不仅能够保证水产品的质量安全，同时能够提高供应链的透明度。张小栓等(2011)指出，水产品的冷链物流监测技术已发展到智能化技术阶段，监测指标也从原来单一的温度监测发展到多元参数的监测，建模方式也从简单的分析信息发展到综合系统建模；基于传统标识技术，综合系统模型十分符合当代水产品冷链物流发展趋势，它由智能化的人工智能技术冷链物流、无线传感网络及冷链质量安全监测方法构成。王家敏(2012)介绍了冷链物流的制冷系统的关键技术及设计方案等。于杰等(2014)设计了一种基于物联网的冷链物流温湿度及地理信息实时监测系统，来改善果蔬冷链物流运输中监测信息不透明的现状。王冬冬等(2014)分析了 RFID 技术在乳制品和猪肉冷链物流中的技术优势，以及乳制品和猪肉冷链物流中存在的问题，提出了在猪肉和乳制品的冷链物流中采用 RFID 技术的设想。李时辉(2014)对水果冷链物流监控系统的数据融合技术进行了研究，实验结果的应用表明，该方法能够有效地克服当前监控系统中存在的问题，与传统的平均方法相比，可以获得更高的监控精度。董君成等(2014)系统研究了基于 ZigBee 的农产品冷链物流追溯系统，通过相关试验表明，该系统硬件结构简单，能够进行可靠的温湿度检测，从而最大限度地减少农产品运输的损失。严灿等(2015)系统地介绍了国内外蔬菜的贮藏、预冷、运输和销售等冷链物流过程的研究及应用现状，为蔬菜冷链物流的发展和应用提供了参考依据。黄艳等(2015)研究了在食品冷链物流中应用蓄冷技术的进展，提出食品冷链物流中的主要研究方向包括蓄冷式多温共配技术、蓄冷材料、蓄冷板冷藏车等。刘长波等(2015)研究发现，云南省冷链物流预处理设备、冷库、装卸和运输技术渗透率低，安全不到位，难以适应农产品特点和农产品装备不足，并在此基础上提出对策和建议。蔡宋宋等(2015)把蓝莓作为保鲜对象，研究不同生鲜电商冷链的包装技术，如冰块类型、保温箱厚度与密度、辐射层的应用及外界环境温度对箱内温度和蓝莓果实质量的影响。

3. 冷链物流发展现状、问题及对策研究

张月华(2010)研究了中国食品冷链物流发展的现状，并就发现的问题提出一系列建议。胡天石等(2010)对中国冷链物流行业的发展现状及存在的问题进行了研究，发现农产品冷链物流行业在中国蓬勃发展，主要表现在前景广阔的市场，第三方冷链物流的兴起，基础设施的升级，以及新技术的应用和标准的提高，但冷链物流存在运输成本高、布局不科学、配套设施不合理、缺乏技术创新、农产品标准化程度低、社会认知不足等问题，进而从加强冷链物流管理、建立和推进农产品溯源信息系统、推进冷链物流技术创新、加强冷链物流知识宣传、促进农业规模化生产政策建议的标准化等方面提出了对策建议。张月华等(2011)研究发现，河南省农产品冷链物流发展迅速，但存在增长正在放缓、冷链物流产业发展畸形等问题，并结合实际提出了河南省冷链人才专业化、标准化、冷链服务资源密集型、冷链政策支持人性化的发展对策。郭慧馨(2012)针对农产品冷链物流的成本控制问题进行了研究。苏国贤等(2012)介绍了中国蔬菜冷链物流的现状及存在的问题，指出我国蔬菜流通环节繁杂，物流数量快速增加、参与主体广泛，日益形成流通体系。此外，还存在蔬菜生产规模较小且分散，蔬菜物流的冷链运输

过程少、信息化程度低等问题。因此，政府要加大政策支持，鼓励发展第三方蔬菜冷链物流。提高物流服务水平，促进经济合作组织功能的发挥，并合理利用新兴技术建立蔬菜冷链物流的信息平台，进而提高蔬菜的交易功能。朱吉闯等(2012)对云南省农产品冷链物流和广西北部湾冷链物流的发展现状、存在的问题分别进行了研究，并提出了解决对策。王晓洋等(2012)研究了酒店及餐饮行业冷链物流存在的问题及对策。王家旭(2013)对我国农产品冷链物流发展中存在的问题及对策进行了研究，发现我国目前的农产品冷链物流与发达国家存在较大差距，有许多的问题，已经阻碍了冷链物流的健康发展，并提议要从完善相关标准、加强基础设施建设、培养专业人才等方面入手促进我国冷链物流健康发展。李钦华(2013)研究了我国个别省份的生鲜农产品冷链物流的发展问题。梁旭(2013)研究了我国药品冷链物流的发展问题。李富昌等(2013)就生鲜农产品冷链物流配送问题及其路径优化展开了研究。张潇方等(2016)阐述了国内外樱桃冷链物流的研究现状及应用，并结合樱桃冷链物流发展中的问题，提出了合理化建议。冷凯君等(2017)在经济新常态的研究背景下，研究了湖北省冷链物流的发展现状及存在的问题，并提出具体的发展任务，阐述了促进冷链物流发展的实施路径及发展策略。

4. 国外冷链物流研究现状

1894 年，冷链的概念首先由美国科学家 Albert Barrier 和英国的 J.A.Ruddich 提出，并被视为一种重点关注的对象。20 世纪 40 年代，发达国家比较重视冷链，冷链技术得到快速发展。随着供应链技术的发展，Den Ouden 等(1996)对食品流通进行研究，首次出现了“食品供应链”的概念，在 2003 年，Victoria Salin 等以实例分析了食品出口的冷链网络，在分析美国马铃薯贸易联盟的基础上，着重分析了网络中心的作用、自我管理和外包的决策问题，以及规模经济的弊端。2011 年，Joseph Thau Ming 等针对人类发展中的食品安全问题提出建议，将危害分析与关键点控制的概念引入食品安全标准，并运用危害分析与关键点控制系统解决冷链食品安全问题。

三、农产品冷链物流研究现状

1. 农产品冷链物流发展问题及对策研究

郭慧馨(2012)研究了农产品冷链物流存在的成本控制问题，并对农产品冷链物流的成本组成进行了分析，结合我国农产品冷链物流目前存在的问题，针对性地提出了解决对策。孙良涛(2012)对云南省农产品冷链物流存在的问题及对策展开了研究。陈广等(2013)对生鲜农产品冷链物流中存在的食品安全问题进行了研究，指出我国生鲜农产品冷链物流存在的内外部食品安全问题，并从政府和企业的角度提出了解决对策。李富昌等(2013)指出，云南省欠发达地区生鲜农产品的冷链物流存在基础设施落后、产量分布不合理、农产品预处理不科学及冷链设备维护困难等问题，并提出要科学选址，提高设备意外情况承受能力，建立起技术人才定点帮扶的制度，加强农产品的预处理和预包装等改善措施。李钦华(2013)充分研究了宜昌市鲜活农产品冷链物流的现状，并指出宜昌市鲜活农产品发展冷链物流时存在的问题，进而提出合理化的解决对策。邵瑞银(2013)指出，河南省凭借交通优势迅速发展了农产品冷链物流，并且很多企业具备了一定的产业基础。然而，冷链物流的流通成本高、发展增速下降、农产品损耗严重等问题十分突出。根据存在的问题，针对性地提出发展冷链政策支持人性化、冷链人才专业化、冷链资源集约化及冷链服务标准化的建议。王家旭(2013)阐述了我国农产品冷链物流的发展现状及问题，并建议完善相关标准、培养专业人才及加强基础设施建设等，进而促进我国冷链物流更健康地运行。王红梅(2016)指出，我国生鲜农产品冷链物流的流通率低、缺乏人才且冷链的专业化程度不高，并提出要完善冷链物流基础设施、发展好生鲜农产品“最先一公里”、打造专业化的人才队伍并大力发展我国第三方冷链物流企业，进而提高我国生鲜农产品冷链物流的效率。胡建淼(2017)指出，我国生鲜农产品冷链物流的发展存在不具备完善的生鲜农产品冷链物流体系、生鲜农产品物流市场化程度低、生鲜冷链物流技术与装备不够先进、缺乏健全的法律法规与标准体系等问题。提出要增加生鲜农产品冷链物流建设的投入、制定合理的生鲜农产品冷链物流的发展规划、加快建设生鲜农产品冷链物流网络体系、制定更加完善的法律法规，进而更好地促进我国生鲜农产品冷链物流产业的发展。

2. 农产品冷链物流体系构建研究

魏国辰(2009)指出，今后生鲜农产品冷链物流体系的发展模式主要是以大型鲜活农产品批发市场运营商、大型生鲜农产品经营公司、大型连锁超市及加工企业为导向。吕俊杰等(2013)分析了我国鲜活农产品冷链物流系统存在的问题，并建立了新型的鲜活农产品冷链物流系统，即在区域间大流通环节采用冷藏技术来运输大量的鲜活农产品，在城市内实现“最后一公里”多温共配模式的配送。王新娥等(2014)研究了新疆农产品冷链物流发展存在的问题，并在第三方物流(TPL)的基础上，建立起基于TPL的新疆农产品冷链物流发展体系；研究表明，联盟以委托代理或第三方农产品冷链物流企业的形式能够提供专业化的冷链物流服务，并且能够降低冷链物流成本，提高冷链物流速度，进而保证新疆生鲜农产品的高品质。汪旭晖等(2016)提出包括信息平台和物联网系统在内的生鲜农产品冷链物流体系框架，并从生鲜农产品冷链物流流通过程剖析该体系的运行机理，指出该体系运行效率的三个主要决定因素，即冷链物联网标准体系、生鲜农产品冷链物联网的完善度及冷链各节点之间的信息共享化，进一步指出政府先期投入与优惠措施并举的重要性，要加快生鲜农产品冷链物联网体系的标准化建设，形成冷链物流联盟体系，分阶段、分步骤地推进冷链企业的物联网化改造等，进而加快建设该体系。姜樱梅等(2017)深入分析了农产品冷链物流碳排放的成因及存在的“效益悖反”现象，指出可以通过引入第三方、第四方物流企业来构建农产品冷链物流体系。

3. 农产品冷链物流配送及路径优化研究

吕俊杰等(2013)基于冷藏车能耗成本分析建立了冷链物流配送车辆的路径优化模型，采用 MATLAB 工具和蚁群算法进行算例仿真并进行分析，研究表明该优化模型更能够贴合鲜活农产品冷链物流配送最优路径的分析。李康等(2015)提出了生鲜农产品冷链物流配送干扰管理研究的必要性，并构建鲜活农产品冷链物流配送的干扰管理模型，采用改进的蚁群算法——混合蚁群算法进行求解。研究发现此方法能够综合考虑多个主体的利益，生成使系统扰动更小的调整方案。樊世清等(2017)通过对固定成本、运输成本、货损成本、惩罚成本和能耗成本的研究，建立了农产品冷链物流车辆配送路径的优化模型，并提出了优化冷链物流配送路径的方法。张文峰等(2017)指出，冷链物流存在网络网点布局不合理及运输配送的问题，提出以运营成本和冷链物流的网点建设成本最小化为目标的非线性规划模型，研究表明该模型能够有效地解决冷链物流存在的网络网点布局不合理及运输配送的问题，具有良好的拟合性。孙明明等(2017)分析冷链物流配送过程中的温度、时间及损耗成本问题，建立了配送总成本最小化的优化模型，研究了生鲜农产品冷链物流配送存在的问题及优化路径。蔡浩原等(2017)构建出鲜活农产品配送时间的惩罚函数及变质函数，基于此建立了包含时间窗的鲜活农产品冷链物流路径的优化模型。采用人工蜂群算法探究了鲜活农产品冷链物流配送路径的优化问题。

另外，还有部分学者研究了农产品冷链物流企业绩效的评估问题。王微微等(2012)分别比较与分析中外、中美、中加之间农产品冷链物流发展状况，并从中得出一些启示，为中国农产品冷链物流的健康发展提供一些建议。

4. 国外农产品冷鲜物流研究现状

美国学者 Assad 根据食品保鲜期和环境温度变化之间的关系，总结出使冷藏食品保持新鲜的“3T”原则：时间、温度、耐藏性。之后 Zor 在此基础上提出了质量、处理、包装的“3P”理论和制冷、打扫、注意的“3C”原则。Brian Tomlin (2003)对影响农产品物流系统的各个因素进行解释，同时确定其权重，建立邻接矩阵，使用网格搜索方法，得到冷链系统的有向图。印度学者 Victoria 等(2003)对不发达国家的出口食品冷链系统进行研究，分析了构建冷链物流网络时的主要影响因素，指出在不同的经济主体下，其主要的影响因素有差异。Mohammed Tamimi 等(2010)认为，自第二次世界大战以后欧美等国家的冷链系统逐渐恢复，他们从冷链的发展历史切入，分析对其他行业的作用，对冷链的概念进行了新的诠释，选择迪拜药品行业进行研究，从冷链物流的成本角度分析迪拜医药行业出现的问题，并有针对性地提出对策，对该地区冷链物流的发展起到了积极作用。美国学者 S. J. James 等(2006)从冷链物流的技术层面指出，制冷只是冷链物流存在的一种手段，其目的是使商品温度处于一种稳定的状态，不同的商品所需求的温度不尽相同。Chen 等(2018)对一些农产品流通中的腐损的影响因素进行了建模分析。P. H. Ting(2013)针对农产品生鲜物流提出了通过一个系统的射频识别和传感器网络，建立保证高效、低温食品安全质量的冷链物流。

第二节　理论基础

一、农产品物流理论

1. 农产品物流的概念及内涵

1)农产品物流的概念

农产品物流作为农业物流的分支之一，在现代物流中有着重要的作用，并且对经济的发展起到了一定的推动作用。农产品物流不同于农业物流，农业物流是从产业结构的角度出发，由农业生产资料的采购、储存、配送、生产消费过程与农产品物流组成。而农产品物流从农产品的角度将农产品的特点与物流的概念相结合，农产品物流可以理解为，为了满足消费者需求，以农产品为对象，实现农产品从生产者到消费者手里的过程，该过程包含了农产品的生产、收购、包装、运输、储存、分销、配送等一系列的活动，同时伴随着农产品价值的增值，最终实现利益主体的目标。

2)农产品物流的内涵

随着物流产业的不断发展，农产品物流也得到快速发展，它克服了时间及空间的困难，提供了高效率的农产品运输和储存等服务，提高了农产品的效用，包括了实物流和信息流。涉及与农产品相关的生产领域、运输分配领域、销售领域，连接着与农产品相关的生产主体、运输主体、消费主体，形成以农产品为对象的生产、流通、消费过程。

2. 农产品物流的特点

相对于其他产品而言，农产品由于对自然环境的依赖性较高，决定农产品具有一些自身所独有的特点，如季节性、地域性、分散性、保鲜性等，这些特点也决定了农产品物流与其他物流的不同，主要表现在以下几个方面。

1)农产品种类多、量大

农产品物流是农业物流的一部分，随着技术的发展，种植业、林业、畜牧业、渔业等产业生产的农产品商品化率也在提高，人们对农产品的需求量与日俱增，促进农产品跨区域、短时间、大批量地流动。种植业所生产的农产品主要集中于粮食，如小麦、大豆、玉米、大米、马铃薯等农产品不仅要满足国内人民的需求，有些甚至还需要出口到国外，因此农产品物流的量很大；畜产品包括肉类、蛋、奶及一些用于轻工业的原材料，畜产品在人们的饮食中有着不可替代的作用，并且，伴随生活质量的提升，人们对这类产品的保鲜性提出了更高的要求，农产品物流的出现大大缩短了产品从生产者到消费者的时间；水产品主要是指来自海洋和淡水渔业的动植物及其加工品，水产品加工品种多样化，出口的需求也比较大，水产品在运输过程中对设备的要求比较高，以保证水产品的生物特性。

2) 农产品运输技术要求高、难度大

农产品的特性决定了在运输过程中必须对其进行特别的技术处理。首先是包装方面，农产品在运输之前需要进行包装，如果蔬类产品要进行长途运输时，需要逐个或定量包装，防止运输中损坏。其次是运输设备方面，许多农产品含水量大、保鲜期短(水产品)、容易变质，运输过程中必须要有特别的防护措施保证农产品价值，如一些奶制品、生鲜农产品就需要采用冷链运输，这就要求农产品运输的专有技术要高。最后是储存运输方面，农产品在储存运输时应该采取烘干、低温防潮、防虫害等防范措施。因此，需要配备运输农产品的特定硬件设施，包括储藏库、工具等。

3) 农产品物流运输中的保价增值

农产品物流和农产品加工使得农产品的价值得以提升，农产品在流通过程中，需要进行分类、清洁、保鲜等加工活动，这些流程不仅实现农产品价值的保值，而且将农产品加工成各种规格的产品，有效地提高农产品的附加值，因此，流通加工是农产品物流的重要环节。我国农产品在物流过程中的流通加工的发展空间还很大，农产品附加值的增值也很有潜力。

4) 农产品物流的风险性

农产品物流在我国属于发展的初步阶段，许多的体系尚未建立，因此农产品物流的风险也较大。一方面是农产品供应中存在的风险。农产品生产的分散性及农产品本身受气候的影响较大，导致农产品在生产上存在很大的不确定性。例如，农产品在生长季节遇到恶劣天气，导致农产品产量下降，而对于已经建立起来的农产品物流运输线可能存在运输线过剩，造成一定的物流损失。在供应链的运输环节中农产品本身的一些特性决定其在运输过程中应配备特定的运输装备以保证农产品的品质，但运输过程中难免会存在一些不可抗力(自然灾害、交通事故、政治风险等)增加农产品供应风险。农产品需求的不确定性及农产品市场竞争的不断增强，使农产品的销售风险也不断升级，导致农产品供应中的成本增加，风险增大。农产品供应过程中各物流主体之间合作的效率也会影响农产品的供应。另一方面是农产品信息风险。在我国农产品物流发展起步较晚，农产品信息体系仍然存在较大的缺陷，尤其是在农产品的信息透明度方面存在严重不足。农产品信息的传递速度、信息的真实性、信息的共享性与许多发达国家相比较还存在不足。由于农产品供应链较长、参与运输的主体较多，而处于农产品供应链末端的消费者对农产品的品质往往会产生怀疑，参与到农产品供应链中的主体之间往往考虑实现自身利益的最大化，因此各参与主体之间的信息共享也就无从谈起，农产品信息风险也就随之增大。

3. 农产品物流分类

根据不同的划分标准，农产品物流的种类也有所不同。

1）根据农产品物流产业类型划分

(1)种植业农产品物流。种植业农产品主要是以粮食产品为主，包括谷物、薯类、豆类产品，这类农产品不仅满足人们日常生活需求，而且还是一些工业生产的原料。物流业与这类产品相结合增强这类产品的流动性，可以满足不同区域人们的需求。

(2)林业农产品物流。林业农产品主要以花卉、果蔬、木制品等为主，林业农产品大多数具有含水量大、保鲜要求高等特性，林业农产品物流的出现可以满足消费者对产品这些特性的需求。

(3)畜牧业农产品物流。畜牧业农产品物流主要以牲畜的肉、蛋、奶为主，还有一些轻工业生产的需要，对其产品的需求量比较大，因此提高该类产品的流动性，就很有必要。

(4)渔业农产品物流。渔业农产品物流主要指水产品运输，如虾、蟹、鱼、贝、藻类等鲜活品及冷冻、熏制、熟制、腌制、干制、罐装和综合加工品等，由于这些产品容易腐烂变质，所以渔业农产品物流可以大大地缩短该类产品从生产者到消费者手里的时间，实现其价值的保值。

2）根据农产品储运条件不同划分

按照农产品在运输过程中所需要的不同条件分为农产品常温链物流、农产品冷链物流、农产品保鲜链物流。

(1)农产品常温链物流。农产品常温链物流主要指在自然条件下对农产品进行储藏、装卸搬运、运输及物流加工处理，进而创造农产品在物流过程中的物流加工价值及时间价值、空间价值。大多数鲜活农产品在常温条件下就可完成整个物流过程，如各类经济作物、粮食作物及活的牲畜等。

(2)农产品冷链物流。农产品冷链物流主要指在冷藏条件下对农产品进行储藏、运输和销售等活动。它是以制冷设备和技术作为基本手段，最大可能地降低易腐农产品在物流过程中的损耗。农产品的特质决定了其从生产采摘到销售的整个过程一直要维持合适的湿度及温度等条件。低温可有效地抑制食品中微生物的生长繁殖，降低农产品自身生理活动的强度，可以有效延长易腐农产品的储藏期，并能够进一步保证其在储存运输过程中的质量。

(3) 农产品保鲜链物流。农产品保鲜链主要指综合运用各种合适的保鲜技术及方法，保证鲜活易腐食品在生产、加工、储运及销售的各个环节中，都能够最大限度地保持其鲜活特性和品质的系统。

3) 根据农产品承运主体划分

(1) 第一方农产品物流。第一方农产品物流指农产品的卖方，即农产品生产者或供应方的物流活动，是农产品的生产者或供应方为了满足自身生产和消费的需要进行物流网络及设备的投资、经营与管理的物流活动，即农产品生产流通企业自己进行物流运作。

(2) 第二方农产品物流。第二方农产品物流与第一方农产品物流的差别实质上是承运主体的差别，第一方农产品物流的承运主体是销售方，而第二方农产品物流的承运主体是购买方。

(3) 第三方农产品物流。第三方农产品物流通过与农产品的购买方和销售方的合作来提供专业化的物流，不参与到农产品的买卖当中，只是以合同等方式提供一系列个性化、信息化的物流运输服务。

4. 不同国家农产品物流发展分析

1) 美国农产品物流

美国是世界上的农业发达国家之一，美国农业有生产技术先进、规模大、商品率高的特点，具有完善的基础设施，拥有世界上最庞大、最有效、最顺畅的农产品物流体系。美国农产品物流之所以能够成功主要有以下几个原因：首先，它拥有完善的农产品物流的基础设施及发达的设备，交通运输通畅无阻，公路呈现网状结构，并且铁路运输也十分便利，可实现农产品从收购到运输再到销售的一体化体系。美国发达的网络设备及通信设施为农产品的运输提供了极大的便利。其次，美国农产品信息交流基础完善，这主要体现在美国不仅有完善的现货交易市场，而且有发达的农产品期货交易市场。再次，美国建立了作物品种资源信息管理平台，为农产品的信息交流提供了良好的环境。最后，美国农产品的物流服务社会化程度比较高，拥有完善的社会化服务体系，无论是物流的哪个环节，只要农民有需要，就会有人提供服务。

2) 日本农产品物流

日本农产品物流在政府的人力支持下，通过各种农业协会发挥作用，依靠先进的技术，发达的物流基础设施，取得成功。一方面，配备了完善的农产品物流的基础设施及硬件设施，批发市场具有完善的冷风冷藏设施、配送设施、保管设施及加工设施等，能够灵活运用计算机信息的处理技术，批发市场从单一的买卖场所演化成了现在的农产品物流中心；另一方面，政府的调控起到了积极的作用，政府不直接干涉农民的生产经营活动，同时对公共领域执行严格有力的规范性措施。

3）荷兰农产品物流

荷兰农产品物流也十分发达。首先，荷兰已通过网络连接农业生产资料供应商、种植商、生产商、零售商、批发商，建立起电子虚拟的农产品物流供应链，有利于对供应链的各个环节进行操作，同时向消费者及商界提供品牌供应商和零售商信息，完成客户网上订货的物流活动。荷兰的园艺中心及花卉市场已经建立起新式的电子交换式信息和订货系统，通过采用电子化农产品交易市场向全球范围内的广大客户和消费者提供便利的服务；积极发展冷藏行业，建立起农产品物流中心。城市的农产品物流主要是通过协调联运物流中心实现的，如鹿特丹经营粮食、水果、鱼和肉等货物；建立分工各异的物流中心，如经营水果批发的弗拉辛港、经营水产品的埃姆伊敦港口、进出口可可豆的阿姆斯特丹港，以及经营鱼、肉等冷冻食品的埃姆斯哈芬港。为了提供质量可靠、种类繁多的货物，荷兰人在农产品市场附近建立了集保鲜中心、配送中心于一体的服务中心。在收到农产品后根据交易的条件、规范及交易的具体情况，对农产品进行分类、调制、包装和储藏等，并及时地送到各个客户手里。荷兰的冷冻行业十分发达，荷兰的人均制冷和冷冻容积量位居世界第一，代表性公司大都配有现代化的制冷设备和先进的冷冻技术，并且运作效率极高，能够充分保证农产品的高效率储存、运输和配送。

4）缅甸农产品物流发展

缅甸农产品物流的发展较发达国家还有一定的差距。首先，在农产品运输途径方面，缅甸有陆运、海运、空运三种运输方式，但这三种运输方式并不都适用于农产品的运输。在陆运方面，因地理方面的因素，在长途运输中难免会遇到一些危险。陆运技术，使得缅甸的农产品无论在运输速度还是在承载能力方面都是有限的。缅甸的海岸线优势决定其在海运方面是比较有优势的，但农产品的保鲜特征决定了其运输期限不宜过长，而海运往往运输量大、运输时间较长。缅甸在空运方面虽拥有相当多数量的机场，但缺少能够大批量运输货物的机场。其次，在农产品保鲜技术方面，缅甸的发展还较为缓慢，农产品冷链储存和运输方面的技术仍比较落后，造成这种困境的主要原因之一是缅甸在基础设施方面的投资不足，进而使得缅甸农产品在国际上的竞争力也较低。

5）泰国农产品物流发展

泰国具有特殊的地理优势，地处中南半岛，与很多的国家接壤，并且泰国也是个农业大国，是世界上主要农产品出口国之一。首先，为了支持泰国农产品物流技术的发展，泰国农业部在通信设施配套政策方面与国家网络信息部门合作建立了物流网络信息平台，促进了农产品供应链中农产品的信息共享，加快了农产品物流的发展。其次，随着信息技术的发展，泰国建立了全国物流独立信息平台，减少出口的环节，节省了物流时间，提高了农产品物流的效率。最后，泰国作为发展中国家，制约其农产品物流发展的因素仍然比较多，主要体现在以下几个方面：①运输方面，泰国的铁路运输比公路运输要少，海运方面也受到一定的限制；

②物流技术方面，泰国在农产品的运输、仓储、保鲜方面的技术仍然没有形成一整套统一化的模式，许多信息化的物流技术在泰国并没有得到很好的应用，产品供应链中的生产商、批发商及销售商之间的信息不流通，增加了农产品物流的成本；③法律制度方面，制度的不连续性导致农产品物流的发展较为缓慢，得不到相应的重视。

二、冷链物流理论

1. 冷链物流的概念及内涵

1) 冷链物流的概念

冷链是指采用一定的技术方法和手段，保证生鲜食品及冷藏药品在采收、加工、储存、包装、运输及销售的整个过程都能够处于适宜条件，能够最大限度地保持生鲜食品及冷藏药品质量的完整的综合设施及管理方式。整个物流环节都是在完全低温的环境下实现的物流体系就称为冷链物流。冷链物流要求更专业化的设备、更完善的信息系统，同时还需要更多的建设投资。冷链物流主要应用于生鲜食品（如蔬菜、蛋类、水产品）、冷冻食品（冷冻禽肉及速冻加工食品等）及医药品和化工材料的运输。冷链物流应用最为广泛的领域是食品的运输，生鲜农产品冷链物流系统最核心的是保鲜技术，需要实现从生产到运输再到销售各个环节的全覆盖。

2) 冷链物流的内涵

冷链物流是指在持续低温环境下进行产品运输的供应系统，技术的进步加快了制冷技术的发展。它以冷冻工艺学为基础，采用制冷技术保障整个产品的运输过程。冷链物流是一类特殊的物流，它既具有一般物流的共性，又有自身的特性。其最大的特性在于运输产品主要集中于生鲜易腐烂的产品，储运的环境必须是适宜的低温环境。从产品的生产到最终的消费，产品必须一直处于适宜温度环境下才能保证产品品质。冷链物流是把生鲜、易腐烂产品的生产、运输、销售与经济、技术相结合的且各要素之间相互协调的过程，是一种具有较高技术要求的物流运输。

2. 冷链物流的适用范围

初级农产品包括蔬菜、水果，肉、禽、蛋，水产品，花卉产品。加工食品包括禽、肉、速冻食品及水产等的包装熟食，冰激凌，奶制品，巧克力，快餐原料等。特殊商品包括药品等。

3. 冷链物流的构成

冷链物流也叫作低温物流，主要由冷冻加工、冷冻储藏、冷藏运输及配送、冷冻销售四个部分构成，如图 1-1 所示。然而，冷链物流的实现需要特殊的设施设备，因此，冷链物流具有相对更高的投资成本。

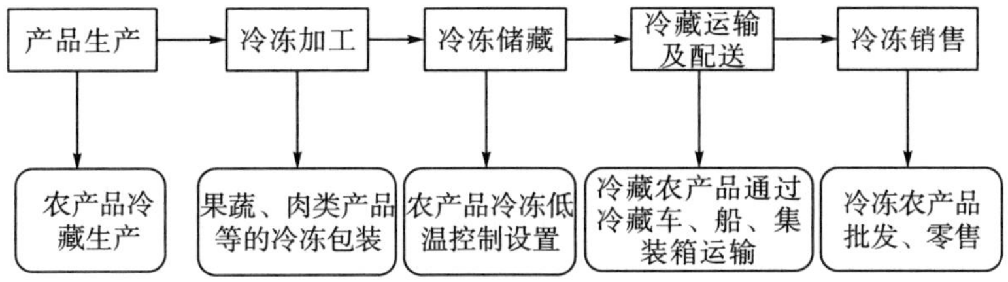

图 1-1　冷链物流构成示意图

4. 冷链物流的分类

冷链物流根据温度控制标准的不同可以划分为主要的三种类型。

1) 常温物流

产品因为保质期较长、不易腐烂，只需要满足正常的包装、仓储、运输、销售等物流环节就可以实现产品的销售，因此其运输主要以常温进行，不需要对产品进行温度的特别控制。

2) 低温冷藏物流

低温冷藏物流主要针对保质期短、易腐烂的产品，与常温物流相比，最大的区别在于温度要低一些。低温冷藏物流最适宜的温度一般是 0～4℃或 0～6℃，如蔬菜、新鲜牛奶及冷鲜肉等产品如果在运输中不能满足基本的温度要求就会降低品质，影响销售。

3) 低温冷冻物流

低温冷冻物流对低温技术的要求更高，其温度一般控制在-18℃或-20℃，使产品始终处于被冷冻的状态，如速冻水饺、速冻面点、冰激凌等的仓储、运输及销售。

5. 冷链物流的特点

1) 信息化程度不断提高

信息技术是现代冷链物流系统的重要组成部分，系统信息平台的建立更便于实现对企业资源的战略协同管理，有利于降低冷链物流的成本，提高冷链物流企业的市场竞争力及管理水平。由于我国冷链物流的发展较为缓慢，冷链物流企业中中小企业占比较多，所以冷链物流信息化程度的提高也显得尤为重要。冷链物流信息化系统关键技术由以下几个部分构成：①信息采集与跟踪技术，主要是指冷链物流全程检测技术，该技术基于 RFID，能够把温度变化记录到 RFID 标签中，实现对产品生鲜度和品质的细致化管理，利用智能温度仪与冷藏车 GPS 系统实现准确的温度检测记录，完成信息的接收和发送，利用冷藏车辆的 GPS 系统和 GIS 可视化技术，冷链物流系统采用卫星定位系统来对车辆进行定位监控；②信息传输与交换技术，通过利用通信、计算机网络技术实现冷链物流信息的共享和交换；③信息处理技术，主要是将各种信息按照具体的标准进行处理，增强信息的可持续性和通用性。

2)运输方式的多样化

随着我国基础设施的不断完善，冷链运输的方式也在不断地增多。2013 年公路冷藏及保温车辆继续大幅度增长，冷藏及保温车辆产量为 14348 台，同比增长 63.8%，与 2012 年相比增长的幅度提高了 29.4 个百分点。铁路冷藏主要用于鲜活易腐货物的运输，它主要由中铁集装箱公司和中铁特货公司下的铁龙物流公司承包运输。为了满足市场需求，铁龙物流公司从 2008 年开始，研发以铁路为主要运输方式，适用于多种运输方式联运的冷藏集装箱。相对于公路、铁路来说，航空冷链运输有速度快、运量小、运费高、灵活性高等特点。截止到 2013 年末，我国建成颁证运输民航机场共计 193 个，投入运营的新增支线机场一年达到 10 个，这足以体现不断扩大的航空冷链物流运输。

3)服务水平的不断提升

在冷链运输中，运输服务的水平是不断提升的，针对运输产品对不同温度及其他方面的要求，冷链承运企业根据客户特征、产品特征、业务流程及竞争需求等，针对性地提供个性化的服务，将产品按时、保质送达，促进了冷链物流产业的发展。近几年，出现了冷链物流的“一站式”服务，为满足不同客户的需求，要保证冷藏冷冻类产品在集成、整合整个流通过程中的质量，并降低损耗，提供从生产到运送再到销售的一系列活动所需要的直接或间接的软硬件资源，建立服务的各分站点及综合点，便于解决客户的后顾之忧。而且一站式冷链物流服务的冷链物流行业门户平台，为客户提供了冷链行业知识、政策法规、行业标准、冷链产品、冷链技术、冷链设备及冷链管理等相关信息。客户在这个平台上，就可以得到所需的服务。

6. 冷链物流政策环境

随着生活水平的提高，人们对食品的质量要求也越来越高，中央政府及有关部委对冷链物流的发展的支持力度逐渐增加，并且多次提到健全农产品物流体系，支持冷链物流基础设施建设，降低冷链物流费用，提高冷链物流信息化水平。

2013 年 1 月，国务院办公厅提出要降低农产品在生产流通环节用电的价格和运营费用，农产品冷链的冷库用电与工业用电按照相同价格执行。2014 年是全面深化改革、全面贯彻落实党的十八届三中全会精神的开端。2014 年中央一号文件再次聚焦三农问题并提出加快建设农产品冷链物流市场发展体系的重要规划。随着国家政策的新一轮调整及市场改革的不断深化，我国冷链物流业发展面临前所未有的机遇与挑战。2015 年中央一号文件出台了多项冷链物流政策，并表明对鲜活农产品从生产到消费的生产流通全环节继续实行税费减免政策，将免征蔬菜流通环节增值税政策进一步扩展到部分鲜活肉蛋产品。李克强总理在 2015 年工作总体部署中提出，要继续深化流通体制改革，加强大型农产品冷链物流等现代物流的设施建设，努力降低流通的成本。2016 年 1 月，商务部和国家标准委联合召开会议部署了加快推进农产品冷链流通标准化的工作，会议上提出要贯彻落实中央部署和国务院领导同志的批示精神，研究部署进一步加强建设农产品冷链流通标准体系的规范及相关标准。2016 年以来，中央和地方政府相继出台了多项关于冷链的产业政策，如《财政部、商务部关于中央财政支持冷链物流发展的工作通知》《福建省冷链物流发展规划》等，明确提出了“十三五”规划中冷链产业的发展方向。2017 年中央一号文件《关于深入推进农业供给侧结构性改革加快培育农业农村发展新动能的若干意见》指出，要促进农产品冷链物流产业的健康有序发展。其中，第十四条明确指出，要加强冷链物流基础设施的网络建设。此外，文件中还提出要加快现代食品产业的发展，大力发展冷冻食品。

以上国家政策对于冷链物流的商务支持主要体现在以下几个方面：①降低冷链物流的成本，以降低冷链物流的经营成本，促进冷链物流业的发展；②不断加强市场化改革，加快冷链物流市场体系化建设，使冷链物流业的发展能够积极地应对挑战；③在前期工作的基础之上进一步完善冷链物流体系建设，并要支持冷链物流基础设施建设。

三、农产品冷链物流理论

1. 农产品冷链物流的概念及内涵

1) 农产品冷链物流的概念

随着生活水平的提高，人们对消费品的质量要求也在提高。农产品作为人们日常生活中的必需品，对其质量也提出了更高的要求。农产品本身的易腐性决定了想要满足消费者的需求，就必须在运输、储存等方面采取有效的措施，农产品冷链物流正是为了满足这些需求而产生的。

农产品冷链物流的运输对象主要是以生鲜易腐农产品为主，在生产、储运、销售等物流环节中始终要维持适宜的低温环境，从而更好地保障农产品的质量，降低损耗，避免农产品变质。农产品冷链物流是冷链物流发展的一个重要分支。

2) 农产品冷链物流的内涵

农产品冷链物流是一个集农产品的加工、储运和销售于一体的农产品供应链系统。在整个供应链中主要以控制农产品在运输、储存和销售中的温度为目标，达到确保农产品质量和安全的同时减少损耗和污染。为了更好地保证农产品的品质，从生产到消费的整个过程中，要配备能够始终维持低温状态的、高效的物流网络。物流全过程涉及各个不同节点的不同主体，整个过程包括农产品的生产流通及消费，农产品在运输过程中对冷藏设备和技术的要求，以及对农产品冷链物流操作流程的规范、农产品冷链物流的标准化。

2. 农产品冷链物流的结构

农产品冷链物流主要由冷冻加工、冷冻储藏、冷藏运输及配送、冷冻销售四个部分构成。

1)冷冻加工

冷冻加工主要是指对鱼类、肉禽类和蛋类进行冷却加工和冻结加工，以及在低温状态下的加工过程。此外，还包括果蔬的预冷处理，各种冷冻食品和奶制品的低温加工等。这个环节主要采用的冷链装备包括冷却、冻结和速冻装置。

2)冷冻储藏

冷冻储藏主要是指对食品进行冷却储藏和冻结储藏，以及果蔬等食品的气调储藏，它能够保证食品在储存和加工过程中维持适宜的低温保鲜环境。这个环节主要采用各类冷藏柜、冻结柜、冷藏库加工间和家用冰箱等设备。

3)冷藏运输及配送

冷藏运输主要是指食品的运输配送等物流环节保持持续的低温状态。它主要采用冷藏车、冷藏船及冷藏集装箱等低温运输工具。在冷藏运输过程中，食品品质受温度变化的影响特别显著。因此，要求运输工具要具备良好的性能，能够在保持适宜温度的同时，在长途运输中稳定温度。

4)冷冻销售

冷冻销售主要是指各种冷链食品进入批发零售环节和销售环节的冷冻储藏和销售，由生产厂家、批发商及零售商共同完成。目前，各类连锁超市是冷链食品的主要销售渠道，这些零售途径中，使用了大量的冷藏陈列柜和储藏库，并且是完整食品冷链中的重要环节。

3. 农产品冷链物流的特点

1)产品易腐烂

农产品冷链物流运输的货物通常是一些生鲜和容易腐烂的食品，这类产品极有可能在运输的过程中因处理不当造成品质下降。对于该类产品在运输过程中若能够保持适度的低温环境，产品的质量就能维持较长的时间。生鲜类的产品在运输过程中品质的变化很大程度上归结于产品温度的变化，所以产品运输过程中能够保持适度持续的低温对农产品的运输至关重要。

2)时效性

农产品保质期较短，所以该类产品运输时间的长短会影响产品品质的稳定性。一方面，时间过长可能会带来部分产品的损失，给销售者造成一定的损失；另一方面，保存期较短的生鲜、易腐烂产品运输时间过长，产品虽然不至于腐败变质、无法食用，但产品的质量会大打折扣。所以农产品运输的时效性不但对于销售者来说重要，对于消费者来说也同样重要。

3) 成本高

农产品在运输的过程中需要一定的低温环境，采用特定的温度运输就必须配备应有的设施，而这些冷链物流设备，如大型冷藏库的费用是比较高的。据统计，我国运输的成本中 70% 左右来自冷链运输，与一些发达国家相比较成本占比较高，而冷链运输成本占总运输成本的国际标准是 50%左右，在我国由于冷链运输发展起步较晚，从事冷链运输的公司的规模也较小，农产品冷链运输保鲜的目的要求农产品物流运输必须保持一定的低温，因此相对于普通的常温物流来讲，冷链物流对运输设备的要求更高，操作也更为复杂。

4) 复杂性

农产品冷链物流建设投资大，系统庞大复杂。它的要求比一般常温物流系统更高、更复杂，建设投资也是一个非常庞大的系统工程。农产品冷链物流在我国的发展较为缓慢，农产品冷链物流的发展涉及多种产业之间的组织协调，因此无疑增加了其复杂性。

4. 农产品冷链物流运营的目标

农产品物流的目标主要体现在服务性、时效性、低成本和高品质四个方面。

1) 服务性

农产品冷链物流作为物流服务业的分支之一，应该以客户为中心进行服务。农产品冷链物流系统的流通加工、送货、配送业务都应该满足客户的需求，不仅要在技术水平上满足客户的需求，而且要在售后服务方面满足客户的需求。

2) 时效性

农产品的易腐性要求承运方应该及时地完成配送，以保证农产品的质量。随着社会大生产的发展，对物流快速、及时的要求更加强烈，在农产品冷链物流领域采用直达运输、联合运输、时间表系统管理和具备一定的技术要求就显得很重要。

3) 低成本

农产品冷链运输，因为要具备一定持续适度的低温，这无疑提高了运输成本。在农产品冷链物流运输过程中推行集约化经营方式，并且合理地规划运输线路，实现以最短的时间完成运输、配送，通过采用各种节约降耗措施，来降低物流成本。

4) 高品质

农产品冷链物流运输从产地收购、加工、储藏、运输、销售直至到消费者手里的各个环节都应该使产品处于适当持续的低温下，以保证农产品质量、减少农产品坏损。

5. 我国农产品冷链物流的主要模式

农产品冷链物流的效率与供应链中各参与主体的良好衔接与配合有着非常密切的关系。我国整个农产品冷链物流模式是在市场机制的作用下形成的，主要的参与方涉及农产品的提供者、加工经销者、消费者组成的一个相互联系的体系。在农产品的供应链管理中，核心目的就是实现供应链中参与方的互利共赢。从农产品的生产到消费领域的流通中，运输企业承担着核心作用。与我国目前的农产品冷链物流的实际相结合，基于供应链管理的农产品冷链物流的主要运作模式有以下几种。

1) 大型加工企业为导向的农产品冷链物流模式

以大型加工企业为导向的农产品冷链物流模式主要是以大型农产品加工企业为核心，有效利用自身的资源，通过自检或联合建立社区专卖店或直接进入超市渠道，控制销售终端，组织农产品冷链物流。这种冷链物流模式具有较强的市场力量，有利于实现生产活动的稳定进行。

大型加工企业为导向的农产品冷链物流最大的优势就是能够延长农业发展的产业链，进一步带动农业结构的调整，即从原来的分散化种植、小规模生产、低商品率向集约化生产、规模化生产、高商品率转变，在促进农民收入方面发挥了一定的作用。然而，大型加工企业为导向的农产品物流模式对农产品生产的集中种植要求十分高，但现实中往往是农产品的种植分散化程度较高，导致收购成本会增加，减少企业的收益。

2) 大型农产品批发市场运营商为导向的农产品冷链物流模式

大型农产品批发市场运营商为导向的农产品冷链物流模式中，批发商是该模式的核心部分，一方面承担着将收集到的信息传递给供应商，并且接收来自供应商对于农产品的需求的信息，另一方面，批发运营商是农产品供应链的物流集散调度中心，需要向供应商发出农产品需求指令及向销售商发出供货指令，进而保证在各个节点都能在规定的时间内实现，获得正确品种和数量的农产品，不会出现库存积压或缺货现象，能够最大限度地降低冷链物流的总成本。在农产品冷链物流模式中，将农产品批发、仓储、冷藏、分拣、加工、包装、配送作为一个整体进行运营。农产品批发市场运营商是冷链物流中的核心企业，需要管理整个供应链过程，建立收益与风险共同处理的合作机制。

这种运营模式的最大的特点在于由市场决定产品需求，进而决定供应商购进多少货物，进一步影响农产品供应链的繁忙状态。农产品销售旺季，由市场供求影响的供应链中的各主体的利益也会增加。这种模式的灵活性更强一些，它的优势在于信息的共享性增强，供应链中各参与主体之间的互动性也进一步提高。但是这种模式在实现信息共享的同时，各参与主体之间的利益并没有共享，所以这会产生各参与主体为了自身利益的最大化而忽略整个供应链的收益的最大化。

3) 连锁超市为导向的农产品冷链物流模式

随着生活节奏的加快、生活消费水平的提高，以及人们对生活质量要求的进一步提升，消费者越来越多地通过超市购买各类农产品。在生鲜农产品流通过程中，超市对商品进行标准化、加工化及包装化经营方面的优势越来越显著。以连锁超市为主体的农产品冷藏供应链的流程最短，运作效率最高，是现代化供应链管理中最先进、最有效的模式。在以连锁超市为运作核心的农产品冷链物流中，连锁超市直接与消费者接触，掌握市场信息也是最为及时的，对市场的反应十分迅速，能够根据消费者的反馈意见及时地实现农产品的调度调整，协调农产品供应链的各相关环节。在冷链物流系统中建立有效的互利共赢机制，用以协调农产品的生产和流通，也可建立起自己的物流配送中心来配送农产品，进而更好地满足顾客的消费需求。该模式具有一定的规模优势，对农产品流通效率的提高比较有利，使农产品能够在流通过程中保持低温状态，便于超市品牌的创立，将是农产品冷链物流发展中的一种长期模式。

该种农产品物流运输模式的最大特点在于时间短、效率高、品质高、成本低。大型连锁超市可以直接从生产地采购货物直接运输到超市进行销售，从产地到消费的时间是最短的，由于运输时间较短，自然损坏的可能性大大地降低，产品品质也较高。由于运输路途较短，冷藏、冷冻的成本会减少，整体的运输效率也会提高。这种模式的特点也是其优势的表现。但这种农产品冷链运输模式在长途运输中可能因对冷链运输设备要求不高而存在一些短板。

四、农产品冷链协调理论

1. 农产品冷链协调的概念及内涵

1) 农产品冷链协调的概念

供应链是经济不断发展的产物，是指生产流通过程中所包含的原材料供应商、生产商、零售商、批发商及消费者组成的供需网络系统。它是市场经济发展中十分重要的市场营销模式和流通组织形式，它具有组织高效率化、经营规模化的优势，能够更加有效地将生产者与消费者紧密地联系起来，充分发挥良好的桥梁作用。

在供应链的基础上形成的供应链管理体系，是在计算机网络全面发展中，有效规划供应链中的物流、资金流及信息流等，并进行高效的组织计划、协调与控制。其目的是将处在供应链中的各参与主体紧密地联系起来，形成一个完整的集成化系统，同时为库存管理人员提供方便，使供应商能够准确地估计库存量，满足消费者的需求。

2) 农产品冷链协调的内涵

供应链协调管理作为供应链管理的分支之一，目前，理论界尚未对供应链协调有统一的定义，综合前人的研究成果认为，它是指使供应链的信息流、物流和资金流能够无缝、顺畅地在供应链中传递，避免因信息不对称造成的生产、供应及销售等环节的不确定性，消除因供应链各成员目标不同形成的利益冲突，采取各种行动来提高供应链的整体效率，同时通过滚动整合的方法对库存目标、市场目标、服务目标、财务目标及生产目标进行适时、合理的调整，从而提高企业整体的运营效率。如果供应链的每个阶段都能采取促进整个供应链利益提升的措施，那么供应链总体的协调性必然会得到提升。供应链的协调性要求供应链各阶段都要考虑到其行为对其他各阶段可能产生的影响，农产品物流供应链协调主要考虑农产品供应链中各参与主体的利益的协调。

2. 影响农产品冷链协调的因素

供应链的协调过程受到许多因素的影响，其中最主要的有以下两个方面。

1) 信息不对称

供应链中因参与主体较多，所以各参与主体拥有各自的私有信息，而供应链各参与主体之间只有实现信息最大程度的共享才能得到协调发展。

2) 各主体的利益性

供应链中各参与主体并没有实现利益的共享，各参与主体都是独立的经济实体，因此各参与主体在追求自身利益最大化的同时，会出现与整个供应链系统整体目标相冲突的现象，进而降低供应链的系统效率。供应链的不协调使得下游企业的需求信息向上游企业传达时产生不真实的放大效应。此外，供应链协调性的缺失还会增加库存成本、延长交货时间、提高运输成本和缺货水平，甚至形成较低的服务水平。

总之，在农产品冷链中资金、物流、信息流得到充分的共享，供应链中的整体利益目标才能实现。

3. 农产品供应链协调机制

农产品供应链协调机制主要受两个因素的影响：一是信息共享，二是决策权力，要实现供应链的协调管理就要采用集中决策或使用协调机制进行分散管理。供应链协调机制用于管理各种活动间的相互依赖性，提供了管理人、过程、组织之间相互作用的工具，包括信息的来源、内容、加工、去向，将这些信息用于决策，并合理分配利润，共同分担风险，使得供应链中各参与主体行动一致，整个供应链实现利润最大化。

有效的农产品供应链协调机制能够提高供应链系统整体的竞争力，是系统效率的保证。在竞争合作关系下，有效的供应链也体现出一些新的特征。有效性，是农产品冷链供应协调管理的最大的特征，协调机制能够加强各参与主体之间的合作，有序化相互之间的竞争，协调之后的系统收益高于协调之前，从而使得整个供应链的收益增加。公平性，指在整个农产品冷链供应协调机制运行中使得各参与主体的地位平等，并不是牺牲部分参与主体的利益，从而实现系统整体农产品供应链各参与主体利益的协调。独立性，指农产品冷链供应中的某个参与主体通常与供应链中多个参与主体有联系，而协调机制保证了某个参与主体的行为不会影响到供应链整体，并且各参与主体可以与其所处供应链中的上游和下游企业进行协调，并不存在时序关系。

4. 农产品冷链协调的方法策略

在农产品冷链协调方法的研究中，供应链系统中各参与主体因信息、认识、目标要求、角色等方面的差异，所对应的协调方式也不同。但总体概括起来主要有以下几种策略。

1）激励措施和目标相协调策略

这种农产品冷链协调的策略主要通过两种渠道来实现。一是采用契约参数，这个契约参数在保证整条供应链实现最优目标的前提下，一方面为供应链各阶段设置了不同的激励，使得在实现整条供应链收益最大化的同时各阶段参与主体的利益也实现最大化；另一方面有效地将各阶段参与主体与整条供应链紧密地联系起来。二是采用目标相协调策略与激励措施相结合的方法，以及某些“默契”准则进行生产运营，进而实现供应链整体运营的最优。但是这种契约对各种意外事件难以预计、操作、处理。

2）提高信息的准确性策略

完整的信息在各阶段之间无法实现共享，因此信息在不同阶段传递时，就会产生信息扭曲的现象。而这种扭曲又由于农产品冷链产品的多样性而放大。在整个农产品冷链内由零售商到制造商、供应商及批发商定购量的波动幅度，会出现递增的现象，这一现象称为牛鞭效应。提高信息的准确性可以缓解这种信息扭曲放大效应。主要通过两种途径来管理：一是合作性库存管理方式，包括售点资料共享、实行合作性的预测与规划两种方式；二是单一阶段库存管理模式，即实行单一阶段补货控制，采用直销模式、连续补货管理模式和供应商管理库存管理模式以实现单一阶段对整个供应链的补货控制。通过这些管理方式来实现整个供应链的需求预测，提升库存控制相关信息的精确度。

3）完善管理提高运营绩效策略

农产品冷链的失调造成企业的成本增大，服务水平一定时，使企业对市场的反应能力和总体利润下降。这种情况下企业的生产成本会上升，进而导致库存成本和运输成本上升，这一系列的反应使得产品的需求波动较大，服务水平下降。农产品冷链的管理者可通过提高供应链整体运营绩效，设计产品不同短缺情况下的产品分配方案，如减小订货批量、缩短补货提前期及基于销售历史记录来进行分配。其中，采用缩短补货提前期管理的方法有构建农产品冷链管理的 IT 支撑体系，增强制造商在农产品制造过程中的柔性等。还可以采用装运提前通知系统来降低农产品的接收成本，综合运用订货提前期及交叉配送方式来缩短供应链各阶段间的重合期。

4) 设计合理的定价策略

农产品制造商应积极制定鼓励零售商小批量进货的激励措施，并要减少预购的定价策略，进而可以有效地抑制供应链中的牛鞭效应。这种定价策略主要有数量折扣、平稳价格定价策略及基于单次订购向累积订购量或合同购买转变的定价策略。

5) 建立战略合作伙伴关系和信任机制策略

建立战略合作伙伴关系和信任机制策略是指在供应渠道中各独立实体为了实现共同的目标和利益而建立起来的一种关系。其核心内容是充分利用外部服务及外部资源，进而实现供应链各参与主体的共赢。这种战略合作伙伴关系和信任机制的建立，使得管理者可以有效地采取这种协调机制来缓解牛鞭效应，从而实现供应链的协调。

6) 供应链契约协调策略

农产品冷链契约是建立基于信息的激励机制，能够保证合作的交易双方进行协调统一，提升销售渠道业绩，明确权利与责任关系的有关条款。农产品冷链契约有利于保证双方都能达到最优的效益水平。即使供应链没有实现最好的协调，存在帕累托最优解，也可以保证至少每一方的利益不比原来差。

7) 集中控制策略

这种农产品冷链协调策略中只有一个决策者，即核心企业，农产品冷链的最优决策即为核心企业的最优决策。核心企业通过并购的方式获得他们本来并不具有的一些资源和能力，如设施、技术及渠道等，从而控制农产品供应商、农产品生产商、农产品分销商，整条农产品冷链就可以实现信息共享、利益分享，达到优化农产品冷链的目的。这种集中控制协调农产品冷链策略使得农产品产业链得到合理的整合，提高了农产品供应的效率，有利于在信息共享的前提下，实现供应链中各参与主体之间的利益共享。农产品冷链协调策略在实际的实施中也可能会遇到一些困难：第一，各参与主体之间的利益划分难题，集中控制实现整条供应链的收益最大化，但各参与主体作为一个独立的理性主体，会在考虑自身利益不受到损失并且有所增加的基础上才愿意合作；第二，这种集中控制策略是由一个核心企业来控制整条农产品冷链，该控制主体需要有强大的资金支持，这势必会影响核心企业的发展，不利于整条供应链的发展；第三，这种协调控制策略是建立在一定的信息共享的基础之上的，因此获取信息的成本可能会很高。

第二章　实 证 篇

第一节　蔬 菜 冷 链

一、蔬菜冷链物流的定义

蔬菜冷链物流是指蔬菜从采摘到销售的整个物流过程，始终维持一个规定的、适宜的低温保鲜条件，并使冷链物流运输的各环节实现无缝衔接。主要包括采后的加工、预冷、包装、运输、储存、销售及家庭存放等环节。

二、蔬菜及蔬菜冷链物流的特点

蔬菜属于新鲜农产品，对采摘时间和储藏条件要求极高，保管不善就会丧失鲜活性，腐烂变质，导致商品价值下降。为保证蔬菜的鲜活性，蔬菜生产者广泛运用冷链物流向各地运输销售蔬菜。蔬菜冷链物流可以有效避免蔬菜脱水变质，进而能够保证产品品质。蔬菜冷链物流最突出的特点是高效、低耗和低温。低温要求蔬菜在整个采摘、储存、运输及销售环节中都要维持适宜的低温环境，包括采后的冷藏、冷藏运输及销售期间的低温冷藏等。低耗是指在蔬菜冷链物流的各环节，采用先进的物流管理和冷链储存技术，使产品损耗最小化。高效是使物流运输成本最小化，蔬菜生产者与消费者距离的远近决定了运输成本的高低，在蔬菜冷链物流中合理安排配送线路、运输方式、交易方式等，可以有效降低运输成本，提高交易效率。

三、蔬菜冷链物流的内涵

蔬菜冷链物流的基础设施主要包括冷藏车、保温箱、冷库、卖场的冷藏陈列柜等，覆盖到储存、运输、配送及零售的各环节，若其中的任何一个环节发生资源错配或规划不合理，就会使运输时间延长，运输环境质量失去保障，造成产品品质下降。冷链物流企业如果要有效实现供应链的整体性，则必须拥有大量的人力、物力、财力及技术支持，进而实现从原产地到零售商的无缝衔接，只有这样才能保证每个环节都能有效地控制蔬菜的质量，这也是冷链市场中最核心的竞争壁垒。

四、云南省蔬菜生产及冷链物流发展现状

1. 云南省蔬菜生产及外销情况

云南省位于我国西部，地势复杂、土地类型多样，光照充足，气候特点显著，这些天然优势决定了云南省具有得天独厚的蔬菜生产条件，“一年收两次”和“反季蔬菜”已形成云南省的产业优势，使其逐渐成为我国反季节蔬菜生产、运输及对外出口的重要生产基地。2017年云南省政府出台了《云南省高原特色现代农业产业发展规划(2016—2020年)》(以下简称《规划》)，《规划》根据云南省地理气候特点，把蔬菜生产规划分为三个不同优势的产业区，即夏秋蔬菜优势产业区、冬春蔬菜优势产业区及常年蔬菜优势产业区。夏秋蔬菜优势产业区主要包括昭通市、丽江市、文山州、大理州、迪庆州、怒江州，凭借“天然凉棚”的地域优势，种植大白菜、花椰菜、结球甘蓝、萝卜、生菜、青花菜等喜凉蔬菜，以及辣椒、番茄等喜温蔬菜。要重点建设“西菜东运”基地，以满足沿海大中城市及日本、韩国和俄罗斯等国的夏季市场需求。此外，建设6个蔬菜生产重点县，辐射带动15个蔬菜生产大县的发展。冬春蔬菜优势产业区主要位于保山市、普洱市、西双版纳州、德宏州、临沧市、红河南部及低热河谷县，充分利用冬春季节充足的“天然温室”热量优势，种植茄子、洋葱、番茄、辣椒、豇豆、菜豆、苦瓜等喜温蔬菜，以及鲜食玉米和冬马铃薯，加快建设“南菜北运”基地，以有效供应北方大中城市及日本、韩国和俄罗斯等国的冬春市场需求。常年蔬菜优势产业区位于昆明市、玉溪市、曲靖市、楚雄州及红河州北部县市，种植大白菜、结球生菜、油麦菜、菠菜、结球甘蓝、上海青、葱蒜等蔬菜，冬季热量充足的区域发展鲜食玉米、冬季马铃薯、鲜食蚕豆、鲜食豌豆等蔬菜，以满足广州、深圳、香港、澳门等沿海大中城市的市场需求，以及泰国、越南、马来西亚等国外市场的需求。

为保证蔬菜销售出口的鲜活性，云南省配套建设蔬菜冷链运输技术，在保证新鲜的前提下，远销至全国35个以上的大中城市，出口到世界40多个国家和地区，外销量高达1.35×10^6t，其中出口量达到67.8×10^4t，出口创汇达8.25亿美元，约占云南省农产品出口额的20%，需求量巨大。图2-1所示为云南省2012—2016年蔬菜产量。

2. 云南省蔬菜冷链物流现状

2011年，云南省通过并建设“南菜北运”现代农产品流通的综合试点工程。有效利用财政专项资金来建设特色蔬菜流通体系、购进冷链运输设备及打造生产流通信息服务平台等，成功建成10个标准化的产地集中配送中心及4个储藏冷

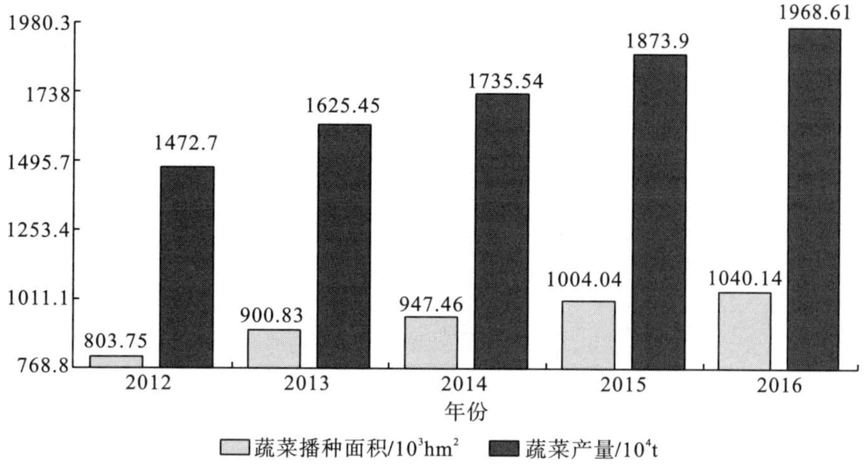

图 2-1　云南省 2012—2016 年蔬菜产量

库。此外，云南省还建成“南菜北运”农产品信息服务平台，实现产销信息的快速对接，为产销双方提供真实可靠的买卖信息。目前，云南省的蔬菜销售流通主要是通过本地农产品批发市场，经过不断的发展，云南省境内已形成一大批管理规范、设施齐备的专业化批发市场，包括昆明市的呈贡龙城蔬菜批发市场、官渡区关上蔬菜批发市场，红河州的弥渡滇西蔬菜批发市场，以及玉溪市的通海金山蔬菜批发市场等。其中，呈贡龙城蔬菜批发市场是全国十大蔬菜专业交易市场之一，是西南地区第一大蔬菜批发市场，建有高温、恒温、低温冷藏库共 $7600m^2$，集合了云南省境内外及泰国等国家的蔬菜，主要供应到我国北方、东部及港、澳、台地区，还有日本、泰国、新加坡等国家。2012 年 3 月云南省东盟国际冷链物流中心正式动工，投入使用的冷库容量达到 2.0×10^5t，将建成中国西南地区规模最大的冷链物流中心。2016 年，云南省陆良县紧紧抓住蔬菜市场的巨大发展前景，依托境内独特的交通优势和良好的气候、水利等自然条件和区位优势，大力发展蔬菜种植产业。通过招商引资，获得 5.5 亿元融资，在陆良建成全省最大、全国一流的蔬菜集散地。

陆良蔬菜冷链物流园是南方重要的蔬菜集散地。目前，冷链物流园已建成冷库 223 座，净容积高达 $41.2\times10^4m^3$，极大地促进了该县及周边地区蔬菜产业的发展。虽然，近年来云南省建成了大批冷链物流中心，但蔬菜冷链流通率与全国平均水平相比仍有很大差距。

五、云南省蔬菜冷链物流流程

云南省蔬菜冷链物流流程如图 2-2 所示。

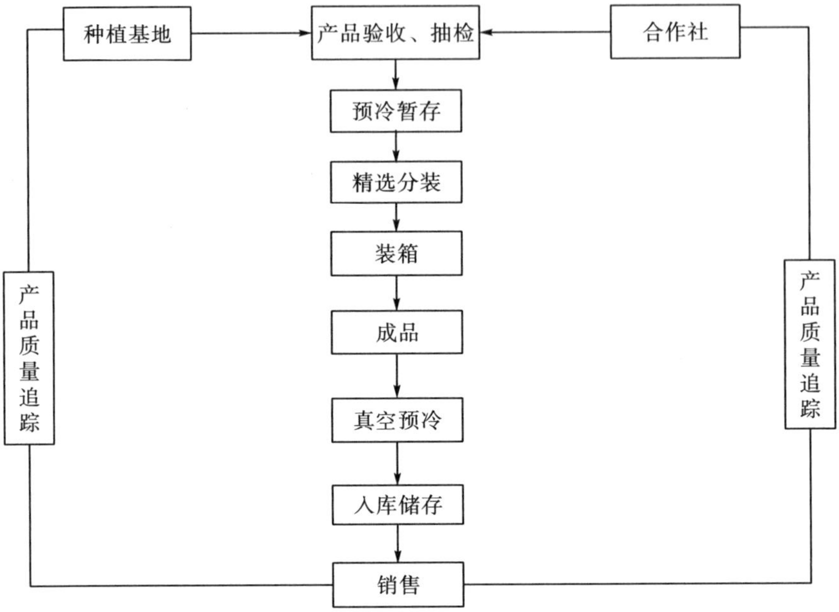

图 2-2 云南省蔬菜冷链物流流程图

六、云南省蔬菜冷链物流现存问题

1. 冷链物流基础建设和运输规划不完善

近年来，云南省借助独特的气候条件，以大力发展农产品为特色产业，在 G20 泸西蔬菜“走出去”以后，云南省开始打造高原特色蔬菜，各地区根据当地种植运输的需要，建立了一定数量和规模的冷链仓储运输服务链，同时为扩大蔬菜产量，开始建设面向东南亚、南亚的区域冷链物流中心，扩大出口量。但纵观云南省蔬菜产量和冷链物流设施可以发现，蔬菜冷链的建设速度与蔬菜外销量的增长速度难以匹配，限制云南省蔬菜出口。云南省目前的蔬菜冷链基础设施严重不足，冷藏运输车辆稀缺，运输过程中对温度的控制不严格等问题使得蔬菜损耗大，产品质量下降，市场竞争力大打折扣。除此之外，缺乏完善的冷链运输配送规划管理，使得冷链配送的上下游之间缺乏整体协调性，整个冷链运输系统混乱无序，增大运输及蔬菜损耗成本。目前，云南省的蔬菜冷链建设仅仅对一些发达地区做了运输规划，并未对整个省、市、地州的冷链物流做出合理的规划，短期内会提高农产品的出口物流水平，但从长远来看，会造成蔬菜物流运输机制省内失衡，缺乏层次性，资源闲置，不能充分发挥物流的作用，综合效率难以提高。与此同时云南省的蔬菜生产具有地域性，生产基地较为分散，且大多都为中小型生产基地，不具备完善的冷链物流，因此冷链物流规划配置的不合理，会限制云南省蔬菜的运输出口量。

2. 蔬菜生产分户经营，冷链物流缺乏规模效益

云南省蔬菜种植产业的突出特点是小户独立生产，蔬菜的生产经营模式主要以分散的农户为主，以个体农户的形式进入蔬菜市场。根据《云南省蔬菜种植农业合作社名录 2018 最新版》报道，截至 2018 年，云南省蔬菜种植生产合作社已有 11176 家，但这些合作社规模大小、管理制度各不相同，导致云南省蔬菜生产未形成完善的集体合作生产经营模式，仍旧主要以单家独户生产经营为主。在个体生产经营模式中，由于农户文化水平普遍较低，不易获得完善的市场信息，因此难以准确把握市场信息，在与蔬菜运输链上游的加工运输企业谈判中，常常处于弱势地位，导致交易成本提高。另外，因自身经济条件有限，个体生产者一般没有冷链设施，使得蔬菜采摘后不能及时进行冷藏处理，导致质量下降。个体农户生产通常在采摘后就对外进行销售，不能进行合理的分级和包装，降低了产品升值空间。合作社目前尚未形成统一的技术标准和产品质量检测标准，使得蔬菜的生产加工及销售一体化水平比较低，合作社中龙头加工企业少，规模小、连带效用较低，且尚未形成风险共担、利益共享的经济共同体，合作经济制度尚未充分发挥作用，不易形成规模效益，从而制约了蔬菜产业的发展。

3. 蔬菜配送物流信息化水平低，缺乏现代交易方式

目前，云南省蔬菜冷链物流信息网络的建设还处在初级阶段，蔬菜生产消费与蔬菜物流之间的信息互通仍处于闭塞状态，缺乏信息的沟通，特别是农村欠发达地区，信息尤为匮乏。在蔬菜冷链物流中，若要保证蔬菜从采摘、加工、运输、储藏、零售等环节均保持冷藏状态，需要物流企业和蔬菜生产者的协调配合。截至目前，云南省蔬菜冷链物流尚未建立运输配送信息共享网络，对冷链运输的配送效率、最低损耗、温度控制、管理要求、设备标准、运营流程等方面都未形成统一的标准，行业进入门槛低，导致冷链物流企业竞争混乱，实力参差不齐，甚至造成“柠檬市场”。一方面由于物流配送信息共享程度低，各物流企业难以根据行业信息及时调配资源，并制定自身的最优配送方式，增加了运输成本，降低了配送效率，严重制约冷链物流业的健康发展。另一方面，落后的蔬菜物流信息化水平导致云南省蔬菜交易方式单一，主要依赖业务员寻找买家，缺乏现代化交易方式，如蔬菜拍卖、借助物联网交易等方式。

4. 不具备品牌优势，缺乏市场竞争力

品牌竞争优势是企业核心竞争力的外在体现，是企业特有的竞争优势，也是竞争对手不能轻易模仿甚至无法超越的，具有使企业持续盈利的能力。云南省蔬菜对外销售出口量虽然庞大，但对外出口销售的价格却比本土销售的价格更加低廉，导致蔬菜种植企业收益降低。随着消费者品牌意识的逐渐提高，对只有好产品没有好品牌的企业而言，难以摆脱“一流品质，二流包装，三流价格”的怪圈，

使产品的市场竞争力大打折扣。目前，云南省蔬菜生产尚未形成知名品牌，人们对云南省蔬菜的认识仅限于“云菜”，尽管蔬菜种植纯天然无污染，配送环节严格控制温度，保证蔬菜的新鲜度，但由于没有知名度和品牌竞争力，蔬菜只能以较低的价格对外出口销售，盈利空间小。

七、云南省蔬菜冷链物流的对策建议

1. 加强蔬菜冷链物流基础设施建设

云南省位于我国边境，技术创新匮乏，交通闭塞、运输条件落后，许多蔬菜生产区交通不发达，需要加快交通运输、货运仓储等物流基础设施的建设。在保证蔬菜物流便利性的同时，也要尽可能地保证蔬菜的新鲜度，因此要加快各类冷链物流基础设施建设，主要措施有：①建设保鲜、预冷处理、冷冻、冷藏及运输等硬件设施，改造升级农产品批发市场的冷藏设施；②在蔬菜生产合作社集中地区周边建设低温配送中心并配备节能长、短途冷链运输车辆及全程温度监控设施，实现原产地和冷链处理在田间地头的对接，降低损耗率，提高蔬菜的质量；③积极引进或自主研发节能环保冷链物流技术和设备，减少蔬菜在运输过程中的损耗，降低运输成本；④对现存冷链物流企业，要加快对冷链运输设备的更新换代，并对设备定期进行检查，对物流运输进程实行全程监控，保证温度控制和配送路线的最优化。

2. 完善合作经济组织功能，建设物流一体化生产模式

云南省蔬菜生产虽然广泛采用合作社经营模式，但集中大规模的生产特点并没有凸显，目前最重要的是要建立起完善的农业合作经济组织，实现个体生产与现代市场经济的有机统一，打破个体农户“增产不增收”的发展瓶颈。通过税收优惠、设备补贴等优惠措施，吸引个体蔬菜种植者积极参与合作社生产，将为数众多的个体生产者整合为具有一定规模的合作组织。合作组织制定符合标准的生产经营模式，对蔬菜的采摘、包装、加工、冷藏及运输做出明确的规定，提高蔬菜流通的组织化程度，增强农户在谈判时的主动权，提高生产积极性。另外，对传统的合作组织模式进行改造升级，提升其服务功能，为提高合作社职能和公众认可度，可以为农户提供产前、产中、产后的专业化技术指导、设备供给、政策扶持等，对蔬菜的种植实行统一标准、统一管理、统一认证、统一规划种植结构等规模化生产经营。合作社要根据自身生产特点，进一步优化生产结构，以市场需求为导向，适时调整蔬菜的生产结构和生产规模，提高反季和淡季供应能力，推进主产区规模化，通过合并数个中小型生产场地形成一批较大规模的蔬菜龙头企业，通过“龙头企业+合作社”模式带动和示范周边农户形成标准化、规模化的生产经营模式。利用龙头企业雄厚的经济实力、先进的经营理念和管理模式，提

高生产基地的知名度，形成品牌效应。应当注意，在采取合作社生产经营模式时，要加强对合作社内部纪律的组织管理，切实保护每户农民的利益。

3. 健全和完善蔬菜冷链物流信息体系

为推进云南省农产品冷链物流的可持续发展，健全和完善蔬菜冷链物流信息网络势在必行。通过完善信息系统来实现对整个云南省农产品冷链物流的统一管理，建立信息的实时共享机制，使各参与主体及时掌握有关全省农产品市场的最新信息。实现对蔬菜冷链各环节的实时跟踪与监控，可通过 RFID、ERP、GPS/GIS、条码技术、电子标签等信息技术建立农产品冷链物流的源头可追溯、流向可跟踪、信息可存储及产品可召回机制。例如，可在蔬菜加工出厂时加入芯片，对运输、仓储、再加工等环节的温度、湿度、时间、地点等进行记录，最大限度地实现不同物流部门、物流企业的资源共享、数据共用、信息互通，最终实现蔬菜从加工、仓储、运输到销售的有效衔接，实现全过程、全封闭冷链控制。在信息系统建设过程中可充分借助出口销售城市的重要消费地区、蔬菜生产主要集散地区、优势产区，构建蔬菜冷链的区域性公共信息平台，实现全省范围内物流信息数据的共享与交换。基于物联网的蔬菜冷链配送模式是当下最流行的配送方式，通过集合 RFID 技术、传感设备、远程卫星通信技术、GPS、GIS 系统等软硬件基础设施，采集蔬菜基本信息，获取配送车辆位置坐标、环境感知数据，反馈客户的签收状态，实现全程监控和管理配送过程，确保蔬菜始终维持在预先设定的低温环境以保证蔬菜的质量，最终实现蔬菜的安全高效运送。善于利用物联网创新技术，加快建设冷链物流的信息化平台。此外，政府也可以通过基金、补贴等形式进行鼓励与支持，鼓励相关企业共同建立蔬菜冷链物流信息平台，促使生产商、批发商及零售商能够实现网络化的数据资源共享，进而提升蔬菜的交易品质。

4. 加强市场建设，打造特色品牌

随着经济水平的不断提高，人们的环保意识也不断增强，市场对高品质蔬菜的需求日益增长。云南省蔬菜种植基地环境优越，管理规范，具备发展绿色生态蔬菜的极好条件，从目前的情况看，发展纯天然无公害蔬菜，走生态型蔬菜产业，正是“云菜”的核心竞争力。目前，云南省蔬菜市场在营销方面的工作还处于薄弱阶段，市场营销工作是帮助“云菜”走出去的重中之重。因此，要切实加强营销队伍建设和制度建设，充分发挥营销人员的积极性和创造性。同时也要加强销售网络建设，创新营销手段，积极参加国内外的各种展销活动，大力发展电子商务，加速传统贸易方式向电子化、网络化方式的发展，进一步加强品牌宣传，促进产品销售。品牌是一个企业价值的集成和体现，当下市场竞争也渐渐由产品竞争转向品牌竞争，品牌也就成为企业核心竞争力的重要环节。没有品牌，就没有竞争力，因此，实施企业品牌战略，打造云南省蔬菜品牌，是提高“云菜”核心竞争力的关键环节。打造品牌文化是一个渐进的系统工程，要认真总结其他成功企业的品牌特色和成功经验，进一步优化内部管理，提高产品质量，加强企业文化建设，逐步在消费者中形成买“云菜”就是买生态菜、优质菜、放心菜的良好印象，形成云南省特有的蔬菜产业品牌文化。

第二节 水果冷链

一、云南省水果产业概况

云南省位于中国西南地区，与缅甸、老挝、越南等国家接壤，还接连了孟加拉湾周边的南亚地区及以马六甲海峡为经济走廊的东南亚地区。云南省囊括了所有陆地气候类型，有几大水系流域下的水资源系统，可大面积种植各种类型的水果，而且大部分地区夏无酷暑、冬无严寒但昼夜温差极大，所种植的水果营养物质积累丰富、品质极佳。云南省生物资源丰富且尚未遭受工业大气及重金属污染，所产水果绿色安全。省委省政府提出了“高原特色农业”的发展战略，从政策上为水果产业创造良好的发展环境。云南省的高原特色农业果品凭借其得天独厚的地域优势和产品本身的特质，进入全国各地并向全世界发展。

云南省水果种类多样化，如昭通苹果、华宁柑橘、宾川葡萄、蒙自石榴、丽江雪桃、呈贡宝珠梨等。2015 年，云南省水果种植面积达到 705 万亩（1 亩≈666.7m^2），产量高达 7.26×10^6t，综合产值共计 280 亿元。2016 年，各类水果出口共计 0.806×10^4t，出口额达到 123.9 亿元。“十二五”期间，经云南省认定的无公害水果产地有 105 个，认证产品有 235 种，面积达 75 万亩；认证的绿色食品生产企业有 61 家，产品有 102 种，面积有 29 万亩；认证的有机果品有 1 种，果品抽样检测合格率达到 95%以上。在出口方面，2010 年 1 月，中国—东盟自贸区的建立对云南省与东盟国家的贸易发展起到了积极的促进作用，特别是果蔬零关税政策的实施，极大地推动了云南水果对东盟地区的出口。早在 2012 年的前 5 个月，云南省与东盟水果贸易值就超出 1 亿美元，东盟在当时已经成为云南省水果贸易出口最大的市场。

二、水果冷链物流的定义

水果冷链物流是指为保证水果从采摘到销售，能持续保持新鲜感，使用冷藏运输车，按照严格的水果保鲜温度，从产地运输到购买者手中的物流体系。具体而言，从水果采摘后的简易加工包装、运输、储存、批发、零售的各环节，使用智能化物流运输技术，对水果的配送过程进行严格管控，合理有效地规划配送路线，保证水果质量，降低损耗。

三、水果冷链物流的内涵

对于每一位消费者，在购买水果时除考虑水果的营养价值、产地外，最关注的还是水果是否新鲜。对于每一个卖家，由于保管不善造成新鲜度下降的水果只能低价促销，降低收益，因此在水果物流运输中，温度控制是保证水果质量的关键因素。发展水果冷链物流的意义有如下四个方面。

第一，适应云南省水果大规模出口销售的客观需要。随着近些年来云南省“高原特色农产品”政策的发展，云南省水果产业发展取得显著成效，区域的品种布局逐渐合理化，水果出口销售规模不断扩大，同时出现了距离长、反季节等特点，同时对冷链物流服务的规模和效率提出了更多的要求。

第二，满足公众消费的必要保证。随着城乡居民消费水平不断提高，居民对消费产品的新鲜度、多样化及营养性等方面提出了新的要求，尤其对食品安全的要求越来越高。加快水果冷链物流产业的发展已成为保障产品质量、减少损耗、保证食品安全的必要措施。

第三，促进农民增收的重要途径。长期以来，我国农产品产后损耗比较严重，肉类、果蔬、水产品在流通中的腐损率分别高达12%、20%～30%、15%，仅水果的损失每年就高达1000亿元。同时，在水果集中上市时期，由于保鲜储运能力的限制，农产品价格季节性波动和“卖难”的矛盾表现突出，农民增产不增收的情况时有发生。水果冷链物流的发展，既能够降低产后损耗，又能够实现水果的跨季节均衡销售，使农民实现稳定增收。

第四，提高我国水果产品国际竞争力的重要举措。我国生鲜农产品的生产具有明显的比较优势，但冷链物流发展水平滞后，我国果蔬出口量仅占总产量的1%～2%，并且80%都是初级产品，在国际市场上缺乏核心竞争力。近年来，发达国家进口产品准入标准不断提高，相关技术、质量及绿色壁垒是制约我国水果产品出口的重要阻碍。加快水果冷链物流的发展，不仅有助于提高出口产品的质量，还有利于突破贸易壁垒，进而增强国际竞争力。

四、云南省水果冷链物流概况

水果冷链物流是指在采摘、储藏、运输、销售等环节中，将新鲜水果保持在规定的低温环境下，以最快的速度送达以保证水果新鲜度，减少损耗的一种物流体系。为保证水果的新鲜度，降低损耗，在运输过程中要遵循“3T”原则，即流通时间、温度和产品耐藏性，同时还应满足“3M”条件。从冷链物流的各环节看，云南省水果冷链的发展现状如下。

(1) 采收。目前主要以人工采收为主，没有实现成熟度分期采收和专用机械采收。

(2) 预冷。一般分为水冷、风冷、冰水混合预冷和真空预冷等方式。采摘后大多数是直接进入冷藏间，将预冷和冷藏融合为一个环节。冷库大多数未设计预冷间。

(3) 储藏。冷链物流的最基本要求是要进行冷库储藏。因此，储藏环节发展相对较快。气调储藏、自发气调储藏、冷藏及减压储藏等不同储藏设施在生产规模不同的产销地发展情况不一。大宗果蔬产品一般采用冷库储藏，只有一些实力较强的企业会采用先进的储藏设备和保鲜技术。

(4) 分级包装。水果分级包装是提升市场竞争力和产品档次的重要途径。但是，由于国内缺乏严格的等级划分标准，市场交易粗放，加之水果分选线价格昂贵，所以大多数水果仍采用人工挑选分级，只有一些实力较强的龙头企业会采用分选设备。目前，云南省水果冷藏运输率很低，除出口水果基本做到严格冷藏运输外，国内的水果流通基本是常温运输。

(5) 销售。销售是物流系统中的最后一个环节。中小型批发市场一般不具备冷藏设施。由于新鲜水果经营风险大，各大超市大多不以水果作为主要经营商品，所以不配备水果运输专用冷藏设施，只是建立小型冷藏仓库。

水果的冷链物流是建立在信息技术高度协调、冷链基础设备完善条件下的一条龙服务。它将水果的采收、包装、加工、储存、运输、配送及销售等方面有机地结合在一起，形成完整的供应链，保证水果从采摘到消费始终处于维持其新鲜度所需要的低温环境下(−3～15℃冷却温度带)，形成采后预冷—产地冷藏—运输冷藏—销地冷藏—零售冷柜—家庭冰箱的一条完整的冷链物流。欧美、日本等发达国家已实现以低温冷藏为中心的冷链系统，在水果质量安全、降低损耗及防止污染等方面发挥着重要的作用，是保障人们高质量生活不可缺少的部分。

五、云南省水果冷链物流流程

云南省水果冷链物流流程如图 2-3 所示。

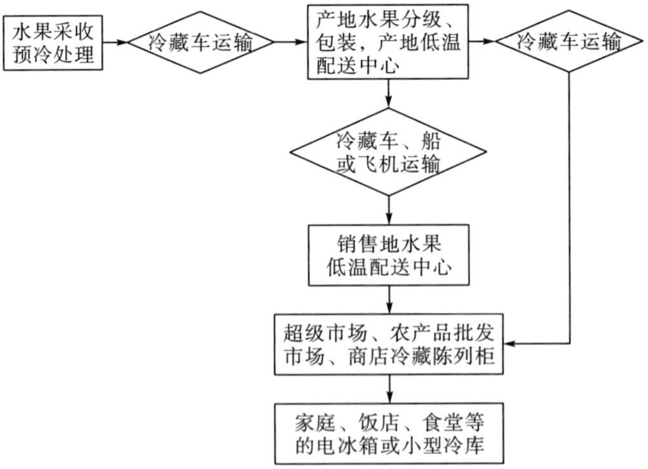

图 2-3　云南省水果冷链物流流程图

六、云南省水果冷链物流现存问题

1. 水果的采摘机械化水平低下，冷链物流的初始环节受损

目前云南省各生产基地的水果采摘仍是人工采摘，在水果成熟时期，人工采摘效率低下，造成大量水果未能及时采摘就已经烂在树上，降低了水果的产量。对已采摘下来的水果，采用传统的手工装箱，效率低下，在采摘装箱的过程中也会由于磕碰而受损变质。此外，水果的装卸也是采用人工装卸，速度较慢，花费时间过长，违背冷链物流“3T”原则中的时间原则，使水果的新鲜度降低，在冷链物流的初始阶段就造成水果受损，质量下降，降低产品市场竞争力，增加损耗。

2. 水果的出入库过程烦琐，不能提供冷藏设备

许多包装好的水果出入库主要依靠人工扫描完成，不能批量完成，工作量大且速度较慢，产品的存储信息和跟踪信息不完善、信息更新不及时。若采用人工扫码的方式，则传统的条码系统存在极大的缺陷，如存在折损、易污染、需要逐个扫描、效率低下等问题，无法满足快速提升的市场需求。目前出入库仍是采用扫描条形码的方式来采集信息，效率十分低下。此外，产品在出货方式上并未实现统一，不同种类的水果对应的托盘规格并不相同，降低了货物信息的采集效率，物流信息不能实现公开透明化、自动化管理和控制。水果的仓储过程容易损害水果的品质，并且大多数水果仓库是常温仓库，面积较小、透气性差，基本上没有冷藏保鲜设施，不能保证水果的新鲜度。云南省的机械配备依然处于较低水平，目前，水果搬运装卸所使用的机械比较简单，如手推车、叉车、起重机等装卸设备使用率较低，大多数采用露天仓储、散藏、混藏的方式储存水果。

3. 流通过程中水果的保鲜度不足

在流通包装过程中，大部分果农都是采用塑料方筐、泡沫箱、纸箱等包装物，这些容器容量大，易堆放，能够进行大批量装卸搬运，但透气性差，水果容易腐烂变质。目前，云南省的冷链工程建设依然处于初级阶段，冷链设施建设不足，冷库面积小，冷藏设备老化，冷藏运输车数量不足。云南省的大部分水果个体农户提供对外销售，由于个体农户不具备建设冷库的条件，因此水果初加工阶段(采摘、清洗、包装等)都是农户在常温下自行完成的，缺少杀菌、预冷、分选和包装等过程。在水果的运输过程中，大部分果农采用的是在冰冻情况下，使用敞篷的大货车通过公路运输把水果从生产基地运输到市场或仓库。大货车在运输的过程中，极易遭受阳光暴晒，并且温度高、透气性差，严重影响水果的质量，使得客户的满意度下降。许多公司或个体生产者在配送过程中，没有很好地规划配送路线，造成很大的空载率。在面对突发事件时（如车辆损坏、交通事故等），并没

有建立系统化的应急措施，使得水果不能及时送达，丧失公司信誉。

4. 物流企业规模小，冷链设备投入不足

云南省物流企业中，只有 2 家 4A 级物流企业，4 家 3A 级物流企业，4 家 2A 级物流企业，这些物流企业中，只有 3A 级以上的物流企业实现了信息化管理，在网络系统、电子单证、货物跟踪、客户查询等业务方面建设完整，3A 级以下物流企业大多只是提供简单的运输、仓储、配送等业务，很少能够涉及专业性强、附加值高的业务。此外，大多数冷链物流企业都是中小企业或个体户，他们的功能单一并且规模较小，管理水平相对落后，不能提供专业化、高技术的冷链物流服务，与云南省大力发展农业的计划不匹配。目前云南省的全程冷链物流建设处于起步阶段，全程控温技术还尚未掌握，造成这一问题的主要原因是资金投入不足。造成冷链物流融资难的原因主要有三个：一是冷链物流的投资规模相对较大，对冷链物流企业的融资能力要求较高，对于中小物流企业，无法取得相应的资金支持；二是社会对冷链物流的认识还不到位，导致社会投入资金少，不足以支撑冷链物流的发展需要；三是水果的易逝性增加了流通中的风险，对运输管理和温度控制提出了较高的要求，同时也提高了冷链物流的成本，导致许多企业都不愿投资冷链物流。

5. 冷链物流技术水平低，缺乏物流专业化人才

现代冷链物流体系必须综合运用先进的信息技术、物流技术及管理技术等，同时也需要培育一批专业化的物流人才进行运营管理。现阶段，冷链物流的工作人员大多是从一般物流中分离而来的，他们只是掌握了基础的物流运作流程，并不了解现代化冷链物流，缺乏有效的专业培训。目前，各高校对冷链物流专业化人才的培养欠缺，远远不能满足市场的需求。目前，高等院校开设物流专业和课程的比例特别低，仅占全国高校的 1%，研究生教育也刚开始发展，缺乏职业教育，尚未建设成一批具有专业素养的物流人才队伍。

七、云南省水果冷链物流的对策建议

1. 加强建设农业机械化生产，从冷链源头减少损失

政府要加大资金支持力度，设立投入专项资金，设置农机购置补贴项目，鼓励和引导企业和果农对农业机械设备的购买，在水果生产基地中，加大机械设备购置补贴力度，使之发挥示范带头作用。同时，要加大水果生产基地和果农培训力度，提高生产者的机械化生产水平，推广实现水果采摘、装卸的全面机械化生产，减少水果在运输过程中的损耗，扩大水果的种植面积，提高水果的生产效率，进而实现更高的经济效率，提高生产者的经营效益水平。此外，加强水果农业科

技创新能力和推广能力建设，围绕现代农业发展的要求，明确水果科技创新的方向和重点，增加基础设施的资金投入，提高技术创新能力，实现种植、采摘等关键领域和核心技术的重大突破。同时也要加强农业基础设施建设，在保证农产品价值的同时进行品牌建设，形成企业核心竞争力。

2. 加强冷链物流工程建设，加大科技开发力度和投入

为加大云南省水果的出口量，要全力推进冷链物流工程的建设。一方面，投资建设现代化冷链仓库，对传统冷库进行升级改造，加快现有冷链物流设施的建设和更新，引进现代化的冷链物流设施，如保温箱、冷藏集装箱等，不断改进现有的设备和技术水平。建设低温冷库时，要根据水果种类的不同，设计适宜的温度和湿度，提出合理化的设计方案。在运输路线设计过程中，对水果的运输、配送路线、配送节点和仓库选址进行合理的规划。另一方面，加快现代化冷库建设，引入现代化的气调技术、预冷技术、冷库自动化技术，实现冷库的智能化、精细化管理。加强水果在采购、预冷、包装、储运和销售等环节的管理，保证水果在冷链物流的每个环节都能实现高效管理。支持水果生产商进行规模化种植，进行集中运输及销售，不断提高果农对水果实现全程冷链的意识，加强对水果冷链物流的监管，从源头“制冷”，使水果从采摘到销售的全过程都维持一个适宜的低温环境。

3. 加强企业合作，以龙头企业带动整个冷链物流的发展

由于云南省现存的物流企业发展规模都较小，在购买专业化冷链物流设备时，缺乏资金支持，因此可通过企业间的协调配合解决资金困难的问题，几家中小型物流企业可通过合同约定，协调组合成为具有一定规模和资金实力的大中型物流企业，形成云南省物流行业的龙头企业，配置专业化冷链物流设备，并实施系统化管理，引进专业化人才，形成示范带头作用，带动云南省冷链物流企业的发展。龙头企业对示范小企业，带动整个行业的良性发展发挥着重要作用。首先政府方面要通过各种方式加大物流企业扶持力度，鼓励具有潜力的物流公司发展成专业的冷链物流公司，加快建设冷链物流的龙头企业，带动整个冷链物流行业的发展；其次各企业要进行资源整合，实现信息的资源共享，从单一物流环节向完整冷链物流体系发展，这不仅能降低风险和成本，还能及时掌握市场需求信息，降低冷链物流建设风险。另外，为降低企业空车率和损失，可实行共同配送模式，同时为多位客户提供配送服务，能有效地降低配送成本，提高配送效率。

4. 加强冷链物流人才培养和引进

一个城市要发展，离不开人才的引进和培养，人才是发展的根基。政府可通过相应的政策倾斜引进技术人才，通过打造宽松舒适的就业环境来吸引冷链专业

人才的流入。此外，政府可以和当地高校建立合作伙伴关系，以政府的名义在高校内建立相应的专业教育，引导高校在开设相关课程时要考虑市场需求，按照实际的市场需求细化专业学科。主动对接物流企业，深化校企合作，定期进行校企人才的交换学习，如学校安排优秀的教师到企业进行指导或者企业派遣员工到学校进修，提升他们的业务知识水平和专业技能；学校可以争取使更多的学生到企业进行实习，使学生能够边学边实践，把课堂上的理论知识应用到实际工作中，为毕业后快速适应工作岗位打下基础。在自己培养冷链专业人才的同时，也要注意对外来人才的引入，学习其他国家和地区的先进技术和管理方法，促进冷链物流的进一步发展。各大院校及科研机构，应根据市场人才需求，调整专业结构，完善物流学科专业知识教学，采用校企合作、委托培养、企业在职培训等方式，使学生更好地运用所学知识，适应工作需要，为云南省冷链物流发展培养储备人才。

第三节 鲜花冷链

一、云南省鲜花产业概况

近年来，随着人们生活质量的逐渐提高，在满足基本生活需要的同时，人们对生活情趣的追求也越来越高，其中对鲜花的消费需求呈迅速增长的态势，节日送花、纪念日送花、庆祝送花成为一种普遍现象。云南省作为花卉大省，经过十余年的发展，花卉产业种植基地布局初步形成，云南省目前拥有全国最大产地型花卉批发市场——斗南花卉市场，以及全国唯一的花卉拍卖市场——昆明国际花卉拍卖交易中心，是我国最大的花卉种植出口中心。随着花卉市场的不断发展壮大，云南省花卉产业的市场优势更加突出。目前，云南省花卉产品已经形成三大国内市场的销售格局，即以北京为中心的华北(含东北)地区、以上海为中心的华东地区及以广州为中心的华南地区；在出口贸易方面，日本、韩国、新加坡是云南省鲜花出口的主要国家，但随着“一带一路”、“自贸区”、RCEP、TPP 等协定的建立，泰国、俄罗斯、新加坡、澳大利亚等新型市场逐步发展，建设东南亚、南亚国际出口通道的步伐加快。在昆明“十二五”花卉产业规划中指出，要结合昆明当地的气候特点、产业基础及区位优势等建设一个能够带动全省、辐射全国、面向全球，集生产、销售、加工、出口贸易、花卉博览、旅游观光于一体的亚洲花都，进一步确认云南省鲜切花在亚洲的主体地位。在产业发展过程中，省、市、州各级政府高度重视，鼓励花卉产业的发展，并不断出台政策扶持发展。在区位优势上，云南省作为连接国内和东南亚市场的交通枢纽，具有极大的交通运输优势。另外，昆明长水国际机场是连接南亚、东南亚及欧亚国家的门户枢纽，仅次于北京、上海、广州，区位优势进一步凸显。气候条件是云南省成为全球最适宜鲜花种植基地的无可复制的天然优势，昆明气候温和，全年平均温度大约为15℃，高海拔，低纬度，紫外线强，昼夜温差大，适合鲜花培育生长。另外，在科技创新方面，云南省集结中央、省驻昆科研机构及云南农大、中科院植物研究所、云南省农科院、云南大学等高等院校及科研院所，技术实力雄厚，科研能力强，支撑云南省花卉行业的创新发展。

二、鲜花冷链物流的定义

鲜花的典型特征是鲜活性、易腐性，鲜花冷链物流是在收购、储藏、运输及销售的各环节都要求维持在一个适宜的低温环境下，进而降低鲜花在运输过程中的损耗和变质。

三、鲜花冷链物流的内涵

冷链流程可分为前端物流、中端物流及后端物流。其中，前端物流是指鲜花种植者在采摘鲜花后，进行简单的分级、包装，将花卉从生产基地运送到花卉批发市场或者花卉拍卖中心。云南省花卉生产基地的分布范围十分广泛，并且生产形式多样化，因而，前端物流运输方式也是多种多样的。例如，个体生产者会选择租用的车辆来运输，规模较大的生产企业或基地会选择自有车辆进行运输，少部分由花卉拍卖中心委托专业第三方物流公司进行运输。中端物流是通过经销商对花卉进行二次分级、包装后，再委托运营商或物流企业运输到机场、车站等地方，然后通过空运、铁路货运和公路运输将产品运输到购买商手中。由于这一阶段路程较远，一般雇用专业的冷链物流企业进行配送。后端物流主要指零售环节，批发商或购买商在收到中端物流配送的鲜花后，经过精装在花卉市场或商店进行销售，在这一环节，通常使用冷藏库对鲜花进行冷藏，保证销售质量。

四、云南省鲜花冷链物流概况

花卉是一类特殊的鲜活植物，它具有易损、易腐等特性，并且采摘后寿命较短，销售运输过程中容易降低品质，导致观赏性降低，因此在交易过程中要严格控制花卉产品的质量和运输要求，对物流水平要求极高。云南省物流企业大约有2.3万家，其中花卉物流企业有200多家，主要的销售和运输市场是以北京、上海、广州为中心的华北、华东及华南地区，公路、铁路和航空是构成云南省运输网络的基本运输方式。云南省花卉物流一般有以下三种形式：

(1) 从生产基地到批发市场实现短途有偿运输。鲜花从田间采摘后，由一些中小型物流企业或者配备运输车辆的花农将鲜花运输到昆明国际花卉拍卖中心或斗南花卉市场，这一阶段对物流企业的要求较低，一般使用卡车进行短途运输。

(2)批发市场外销综合物流运输。批发市场的发货商委托航空公司或配备长途运输专业设备的物流公司将经过包装的鲜花运送到购买方手中，这一阶段通常为长途运输，为保证鲜花质量，对运输企业的配送速度和设备有较高的要求。

(3)当航空运输紧张或销售旺季时，(2)中形式无法满足配送需求时，而采用的汽车冷藏或短途分阶段冷藏运输服务。由于云南省旅游业发达，当遇上旅游旺季时，航空运输价格高涨且运力不足，因此只能借助短途分阶段运输来解决问题。

五、云南省鲜花冷链物流流程

云南省鲜花冷链物流流程如图 2-4 所示。

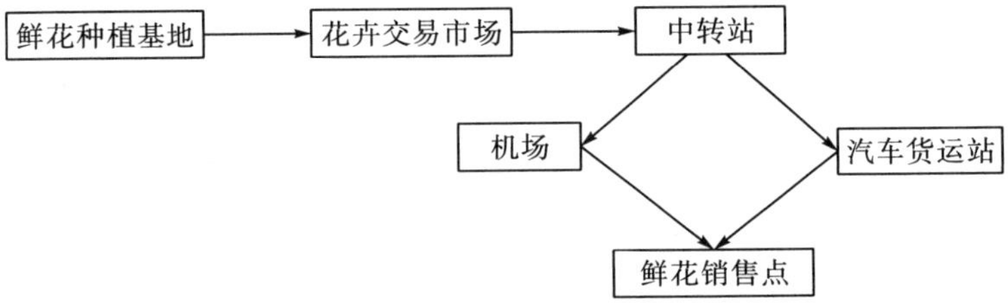

图 2-4　云南省鲜花冷链物流流程图

六、云南省鲜花冷链现存问题

1. 花卉生产规模小，不具备专业化物流配送条件

云南省的花卉种植生产主要以个体种植者为主，大型的生产企业或合作社生产组织较少。调查表明，云南省 90%以上的鲜切花都是由花农直接供应，大型生产组织的供应量不及 10%，个体种植者与租种户主要依靠露天种植或大棚种植等简陋的基础设施来进行花卉种植和销售，受天气和虫害的制约。有注册登记的鲜花种植企业规模小，年销售额大多低于 2000 万元，难以靠自身积累扩大生产规模。由于种植分散，在种植技术、生产管理等方面相对落后，对虫害、农药残留、包装等处理不到位，导致鲜花质量不高。另外，分散的花农经济实力较差，不具备与设备齐全的大规模物流企业进行合作的条件，而合作物流企业的设施设备较落后，花卉采后的品质会受到严重损失，降低收益水平。

2. 鲜花包装技术落后，冷链的前端环节新鲜度受损

目前云南省使用的鲜花包装技术相对落后，主要采用成捆包扎、泡沫塑料箱等包装方式。鲜花主要是通过数量来确定运价，因而，为了降低运输成本，大多数的花农会把鲜花直接塞进包装物里面，造成鲜切花断头、断枝损耗。即使采用包装箱进行包装，也仅仅做到装载时不破损，而在运输、装卸过程中抗摔、抗压

能力较差，甚至当纸箱破损时会使鲜花直接暴露在阳光下，造成鲜花品质下降。发达国家会根据花卉长度的不同来选择不同规格的包装箱，再进一步进行专业包装，这样做不仅能起到阻挡灰尘的作用，还能够提升产品卖相。大多物流企业在运输鲜切花的过程中，并没有使用保鲜技术和设备，由于转运环节繁杂、运输时间过长等问题，造成鲜花的损耗率大大升高。包装不足，严重损耗鲜花新鲜度的问题始终未得到解决的根本原因主要有两个：一是，纸箱价格不断上涨，由于经济成本较高，大多数销售商不愿放弃传统的花卉包装方式；二是，国内鲜花运输是按照件数进行计费，新的包装方式会增加包装箱的用量，进而带来提货价格的增长，降低利润空间。

3. 物流技术落后，缺乏全程冷链运输

鲜花采摘后，价值就会逐渐下降，有效地控制成本、保障鲜花的质量、减少损耗等是企业的核心。其中，减少损耗的关键在于物流配送。传统的鲜花运输以空运、铁运等为主，物流技术落后，带水运输和冷链运输在我国建设还不完善，运输车辆的配置还不能做到根据花卉特点"量身定做"，装卸机械化水平不高，卫星定位全程监测技术还处于初级阶段。像荷兰等起步较早的鲜花出口国家，已建立完善的全程冷链物流，全程冷链运输包括采后冷藏、短途低温运输、长途冷藏运输、销售地短途保温运输及终端消费地批发市场冷藏。目前，云南省的花卉企业大多是采取分散生产经营，规模较小、组织性差，并且没有统一的采摘标准，缺乏有效的运输设备，各部门间的运输协调能力较低，使得花卉的全程冷链运输无法实现。经济实力较强的大企业能够采取冷藏运输或低温保温运输，但是在报关、报检时无法实现冷藏和保温，并且运输过程中的装卸、搬运行为，会严重损害产品的质量。此外，汽运、空运等传统物流与终端市场难以实现紧密的衔接，也是造成鲜花品质下降的一个重要原因。目前，干线物流的配送终点主要以二级鲜花批发市场为主，然而，二级鲜花批发市场并没有形成规模化的冷链存储中心，容易在城市落地后的配送环节出现断链，造成鲜切花在最后环节耗损率大幅升高。如果完全凭借干线冷链物流配送，那么会带来高昂的经济成本，无疑会增加物流公司和花店的压力。

4. 鲜花的保温措施不规范

运输过程中的低温控制是保证鲜花鲜活度的关键因素，而在云南省花卉市场，由于缺乏专业的冷链物流设施及面对高昂的冷链运输成本，大多数花农选择使用传统的方式对鲜花进行低温处理。常见的做法有在鲜花上铺盖棉被保温、在运输车辆上放置冰块、插水保鲜等。但他们却忽略了，在运输过程中，由于车身温度升高，冰块的融化速度加快，保鲜时间未达到预期，鲜花质量受损。另外，采用棉被保温不仅会对鲜花造成挤压，棉被表面黏附的杂物还会对鲜花造成污染。虽然这两种保鲜方法都是不合理、不正确的，但为了降低运输成本，销售商不得不牺牲鲜花价值，造成鲜花在运输终端品质下降，消费者的体验满意度降低。

七、对策建议

1. 建立完整的鲜花生产销售体系

大力发展合作经济组织。对于缺乏有效市场信息的农户而言，合作经济组织是其提升市场地位、获得及时有效的市场信息的一种良好途径，在提高农户的市场谈判能力、保障农户的经济利益等方面具有重要的作用。一方面，合作经济组织把散户花农有效地组织起来，使分散的小规模生产转化为规模化生产，有利于解决个体农户的采后分级、加工、包装、运输和冷藏等问题，有利于提高花农的组织性及市场竞争能力；另一方面，合作经济组织能够加强花农与政府、销售商及物流服务商等的沟通交流，完善花卉冷链物流。合作经济组织应该做到以下几点：

(1) 加强供应链各环节之间的联系，有机地将生产组织与市场结合起来，进一步促进花卉冷链物流的发展，实现供应链的精益化生产。

(2) 加强政府、协会和企业之间的协同管理。首先，政府各级部门应做好宏观调控工作，将花卉冷链物流产业作为重点扶持产业，积极引导产业健康有序地发展，推动公平竞争。其次，要重视龙头花卉企业的模范带头作用，有针对性地对龙头企业进行帮扶。最后，要加快建设优势产区的基础配套设施，积极推动云南省各花卉产业园区、斗南花卉市场、空港经济区花卉物流加工中心区等花卉产业链的发展。

(3) 加强行业自律。对于目前云南省花卉产业存在的问题，首先要大力提倡合法经营。制定相关政策措施，使花卉企业与从业者能够遵纪守法，依法合法经营。其次，要发挥物流协会的管理职能，在充分协调好花卉产业和花农利益的基础上，促进云南省花卉产业科学发展。最后，通过企业重组、兼收、并购等渠道建立起产业集团，实现规模化的经济效益。

2. 使用新型的包装技术，降低损耗

荷兰、日本、中国台湾等发展成熟的鲜花运输国家和地区，对鲜花的包装主要有以下措施：

(1) 带水运输。带水运输最大的优势是能够保证鲜花在运输过程中始终保持“含水”状态，提高保鲜时间并可以随时补充水分。同时，这种包装是基于鲜花的品种进行个性化的定制。带水保鲜包装的主要成分是塑料薄膜、瓦楞纸箱及含水箱。泡沫纸箱中的海绵可以通过箱盖上的孔将水和营养水吸入鲜切花中，让鲜花能够随时与水和保鲜剂接触，保持新鲜。最关键的是，水和保鲜剂也可以随时进行补充。因而，鲜切花在运输过程中不会枯萎，并且直立式的运输容器能提高

搬运效率，节约大量的人力成本，容器周围还设有透气孔，有利于花卉散热，避免不通风导致花材腐烂。

(2)隔离防护包装。含水保鲜模式虽然已经大大降低了鲜切花损耗率，但是为了节省运输费用，箱子里的鲜切花需要挤压在一起。为了解决这一问题，可将鲜切花使用花朵套进行隔离，避免相互之间碰撞从而造成损耗。隔离材料，可选用珍珠棉或聚乙烯薄膜，隔离套最大的作用是将鲜花隔离开来，提高花朵的稳固性，减少花朵间的摩擦碰撞，隔离套还可以重复利用，降低包装成本。

3. 资源整合，建设全程冷链物流系统

花卉冷链物流是指从花卉生产到消费的整个供应链，投资巨大，成本高昂，技术要求极高。政府给予充足的资金支持，在增加鲜切花采后预冷、分级冷却与运输冷藏的冷藏车、冷藏库和保鲜车等方面地方政府也应给予积极的支持，做好相关部门的沟通协调工作。花卉物流企业要积极引进先进的冷链物流技术，培养专业化的人才，将更多资源投放到花卉产品的运输中。进一步整合社会的物流资源，形成企业的战略联盟，大力发展第三方花卉冷链物流产业，突破企业在资金、技术、人才和管理等方面的不足，形成完整的花卉冷链物流链。建立起利益共享、风险共担的花卉冷链战略伙伴关系及互利互信的战略联盟机制，实施供应链物流集成化管理，降低花卉冷链物流的成本，实现整体利益最大化。鼓励花卉种植、零售及批发企业进行分工协作，使资金、人力、物力实现利益效率的最大化。

4. 构建云南省特色“O2O”花卉物流发展模式

《2018—2022 年中国鲜花电商行业市场现状及投资前景预测分析报告》显示，随着电商的不断发展，鲜花消费需求也进一步得到提升，鲜花电商市场的规模有望进一步扩大，具有良好的发展前景。云南省地理位置优越，电子商务的发展为云南省提供了良好的营销环境。“一带一路”为将云南省打造成为面向东南亚、南亚的辐射中心提供了良好的机遇。这些便利条件都为云南省发展“O2O”花卉物流模式打下了坚实的基础。借鉴其他国家鲜花电子商务的发展可知，鲜花产业与电子商务相结合的发展模式已经逐渐成为公众普遍接受的方式，云南省可以借此大力发展电子商务模式。“O2O”模式是指通过线上选购、在线支付、线下消费及消费反馈实现线上支付购买商品和服务，再到线下享受服务。有了这个平台，鲜花种植者可以根据种植花卉的品种和规模，选择自己的“商铺”，将大大增加鲜花交易成功的可能性。鲜花种植者可通过网络将鲜花种植基地、花卉种植状况、各花卉品种和数量通过照片的形式公布到自己的网上商店，来自全国各地的鲜花需求用户，可根据需要进行选购，并通过第三方支付进行网上交易。网上交易一旦完成，即可委托专业的第三方物流公司进行配送服务，保证在最短的时间内以最好的质量将鲜花送到客户的手中。客户收货以后，可以对鲜花质量、物流及服务态度等进行评价，将信息反馈给商家，使其不断改进质量和服务。这种模式还可以实现信息互通，解决鲜花市场信息闭塞、信息不对称等问题。此外，“O2O”模式也是公众监督的一种销售模式。针对目前云南省鲜花物流存在的信息渠道狭小、物流技术水平落后、客源不稳定及信息资源整合难等问题，“O2O”模式的实施，将大大提升云南省花卉产业的健康发展。

第四节　水产品冷链物流

一、水产品冷链物流的概念和内涵

1. 水产品冷链物流的概念

在生活水平不断提高的前提下，人们对水产品的需求日益增大。水产品主要包括海洋和淡水中渔业生产的水产动植物及其加工品。水产品冷链物流主要是指水产品的储存、运输、零售或加工生产等环节均处于低温环境中，尽可能减少不必要的损失、消耗，保证其原有的质量和价值的供应链系统。目前我国水产品的冷链物流主要基于公路、铁路交通运输及良好的运输工具。

2. 水产品冷链物流的内涵

水产品冷链物流最主要的是使水产品从产出后到进入消费者手中前均处于适宜的低温环境中。水产品冷链物流的上游是水产养殖及捕捞，或将其进行加工生产，成为水产罐头之类的产品。上游直接决定了水产品的质量，若不是最优的水产品，即使采用最优的冷链物流技术进行运输或储存，也不能保证水产品的保存期限和食用价值。水产品冷链物流的中游是从离开产地至到达零售商的中间环节，包括冷冻运输、冷冻储藏等。水产品冷链物流的下游是零售商的销售，在到达最终消费者之前，均应该保证适宜相应水产品保存的低温环境。

虽然水产品营养价值高，深受消费者喜爱，但是由于水产品中水分高，而且具有较高的营养成分，长时间的储存或运输，会导致其产生出许多可以直接分解蛋白质和氨基酸的微生物，进而会使得水产品丧失原有的风味，更重要的是其营养价值会大幅降低。因此，就对物流运输提出了更高的要求，促进了水产品冷链物流的快速发展。

二、水产品冷链物流的现状

1. 水产品冷链物流流程分析

在水产品的冷链物流中，其流程首先是养殖者或捕捞者将水产品养殖好或捕捞出后，进行清洗，一般可以用撒冰法，将碎冰直接撒到水产品表面，利用融冰水进行清洗，除去细菌和黏液，在清洗的同时使产品保鲜，然后进行分类、包装等，之后等待运输。在等待的过程中，需要低温储藏，一般是将产品放在冷库中，低温的环境保证产品不宜变质。有些产品需要加工生产成其他产品，如鱼罐头等，在生产的过程中同样要处于低温环境，在冷冻工厂中进行加工生产，在生产成产成品之后，若得不到及时的运输，需要将产成品放置在低温的储藏区内以便保存。接下来就进入关键的环节——运输。一般在运输的过程中，最容易造成产品的毁坏，带来损失，所以冷链物流十分重要。在运输的过程中，采用冷冻运输，尽量保证低温环境，以减少由于温度过高造成的产品损坏。当产品由生产商送至零售商之后，零售商也要做好相应的储藏工作，直至进入消费者手中，整个环节结束。其流程图如图 2-5 所示。

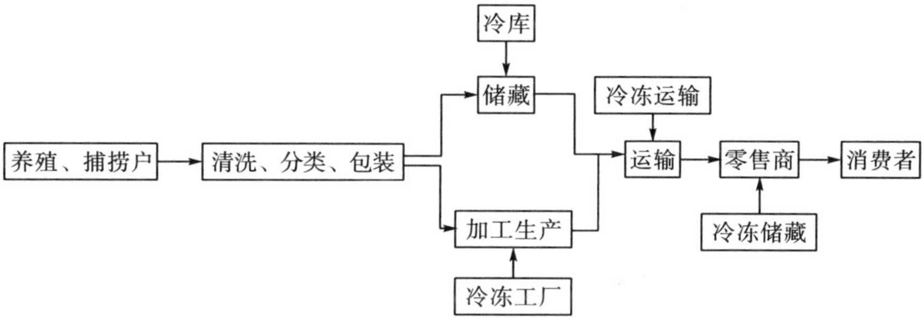

图 2-5　水产品冷链物流流程图

简单来看，水产品冷链物流流程主要是先从水产养殖处进行捕捞，然后清洗、分类、包装，不需要加工生产的直接冷冻运输或储藏，需要加工的在冷冻工厂进行生产，然后将所有产品运往零售商，最后到达消费者。

水产品冷链物流的过程中，最主要的环节就是运输，适宜的运输环境可以很大程度地降低损耗，相应地降低成本，增加盈利。2010 年《农产品冷链物流发展规划》的制定，明确了水产品的发展目标，之后在 2015 年出台了最新的规划，使水产品冷链物流进一步得到快速且长期的发展。目前其设备也在不断地完善，根据相关数据显示，我国冷库容量在以每年 10%左右的比例增长，冷藏车市场保有量在以每年 20%左右的比例增长，设备的逐渐完善保证了产品在运输及储存过程中的质量。而且水产品冷链物流的操作流程不断完善，在 2018 年 4 月中国质量报出版了关于水产品冷链物流的具体操作流程，其中对包装材料、图标、冷库、运输等都做出了明确的规定，如运输车辆应符合 DB12/T 3011 的要求，冷冻运输车厢内温度应预冷到−3℃以下等。

不过就目前我国水产品的冷链物流的发展来看，虽然水产品冷链物流系统得到显著提升，但在一定程度上仍不能满足消费者对水产品质量的严格要求，未能形成一整套完整的冷链物流体系，尤其是在装卸方面，会出现许多断层现象，这就带来了许多损失。而且在我国，冷链物流还不曾得到普及，资金方面不能得到充分的满足，同时在对技术的应用方面也较为缺乏。

2. 水产品数量描述

从表 2-1 中可以看出，水产品的总产量从 2012 年开始逐年上升，但是水产品类成交额上升的幅度要比总产量大，其原因可能是水产品价格在不断上升或产量逐年上升，而产量上升的其中一个原因即为冷链物流的作用。从水产品人均占有量来看，人们对水产品的消费也逐年上升，偏好在不断增大。

表 2-1　2012—2016 年水产品有关数据

参数	数据				
	2012 年	2013 年	2014 年	2015 年	2016 年
水产品总产量/10^4t	5907.68	6172.00	6461.5	6699.65	6901.25
水产品类成交额/亿元	4227.63	4708.42	5041.03	5373.64	5588.48
水产品人均占有量/kg	43.74	45.47	47.29	49.11	50.59

三、水产品冷链物流存在的问题

根据对现状的分析，可以看出水产品冷链物流虽然发展快速，但在发展的过程中仍然存在一些不可回避的问题，而且这些问题会影响产品的存储与运输。问题主要表现为物流企业之间的不连贯性，断层现象较为明显；冷链物流中技术的运用较为缺乏；政府及相关部门监管较为困难，相应的法律制度不健全；公众缺乏水产品冷链物流意识，购买行为较为盲目；对冷链物流绩效的评估体系不完善等。

1. 物流企业之间断层现象较为明显

在水产品的冷链物流中，产品的质量其实是取决于最薄弱的一个环节，这与木桶效应尤为相似，在一般的运输过程中，产品要一直处于低温状态下才能保证质量，若其中某个或几个环节使产品脱离了低温环境，那么产品的质量就会大打折扣。

冷链断层是冷链物流中一个常见的现象，尤其是在装卸的过程中。通常在到达目的地之前，产品处于低温环境中，从某地出发之后，产品同样处于低温状态，但是在中转时难免会使产品暴露在高温环境中。例如，一辆运输鲜活鱼虾的货车，从鱼虾的产地开往中转站，然后从中转站由其他物流公司运往目的地，到达中转站之后需要将鱼虾从货车上卸下，装到承接该产品物流公司的货车上，但是原始货车上的产品并不是都运往同一个目的地，一般会存在产品分类或按质量分批的现象，也就是说每一个目标地点所需产品种类或质量并不相同，因此在中转站处需要消耗一定的时间，这段时间内会将产品暴露在高温中，形成冷链的断层，而使产品遭受一定的损失。

水产品冷链物流主要包括生产加工、运输、储藏等，其中任何一个环节出现问题均会给产品的质量带来影响。由于目前各冷链物流企业发展并不均衡，从而不能建立稳定、快捷的沟通渠道，造成在信息方面的时滞性，产生时间成本，给产品造成损失。

2. 对最新冷链物流技术运用不足

科技的发展带动了人们生活的进步，在水产品冷链物流中技术的运用也不可缺少。但是就目前来看，冷链物流中信息技术的运用却是比较缺乏的。冷链物流中最主要的一个元素就是温度，一旦温度超过了一定的标准，就会使产品遭到损坏，这对冷链物流中技术的运用提出了更高的要求。但是在现实中温度是很难把控的，即使是在同一个冷藏车中的不同位置，其温度也可能存在较大的差异，这样就会使产品拥有不同的质量水平。另外，水产品冷链物流中，信息技术水平较低，导致一些关键数据信息的实时搜集较为困难，且信息无法实现共享。例如，不同的水产品最适宜的温度并不相同，而温度不合适是造成产品损失的最主要因素，但是技术水平缺乏使温度的监测难以实现。而且目前冷链物流企业对信息技术的应用也多集中在某个环节或某几个环节，没有将冷链物流形成一个整体。但是在现实中，冷链物流是一个整体行为，一旦某个环节出现问题，就会使水产品遭受一定程度的损失，也就是说一个环节的失败相当于整个冷链物流系统的失败。

3. 政府及相关部门监管较为困难

在政府监管的过程中，面临的最大问题是信息的不对称性，由于信息的不对称性导致政府在监管中存在盲区。一方面，政府对产品的检测是抽样进行，而没有对水产品的整体环节进行监督，所以在检测出水产品存在问题时，不能确定具体是哪一个环节的责任，而且各阶段的负责人也难免会出现相互推脱的现象，不能使企业从根本上对水产品的质量问题加以重视。另一方面，相关的法律制度不健全。水产品冷链物流兴起较晚，政府关于这一方面的规定较少，因此在监管方面存在的可靠依据较少，惩罚力度相对较轻。水产品安全事件时有发生，不法分子会利用现有法律制度的漏洞进行违法经营，最终使消费者的权益受到损害，如在水产品的运输过程中加入一些防腐但对人体有害的化学试剂等，虽然产品的质量看似没有受到损坏，但给消费者带来了很大的损失。

4. 公众缺乏水产品冷链物流意识

水产品冷链物流在社会中的普及程度并不高，因此公众对其了解程度不高，导致消费者在购买水产品时，不能更好地维护自己的合法权益。一般情况下，在挑选水产品时，消费者更多的是注重水产品的颜色、气味等，或者跟随大众一起购买，较为盲目，而且在产品的包装或注释上很少有关于冷链运输或储存的相关介绍，尤其是一些鲜活水产品，消费者对水产品的产地、出产时间、储存运输温度等信息一无所知。另外，公众对于水产品冷链物流的知识了解不多，也很难将水产品与冷链物流联系在一起。从企业的角度来看，由于各生产企业对于冷链物流的认知度不高，再加之市场监管力度不够，因此企业为了获取更高的利润，对冷链物流的标准缺乏严格的执行。

5. 冷链物流效绩评价指标不完善

目前，我国冷链物流体系并没有完全形成，效绩评估指标还不完善，政府及相关部门不能对其进行全面监管，从而导致水产品的流通效率不高，成本却居高不下。在对水产品冷链物流的效绩评估中，不同的人群对水产品会有不同的期望。例如，消费者并不关心冷链物流的具体操作流程，只是关注水产品的质量和价格，期望可以物美价廉。而企业注重成本和盈利，希望能以最少的投入获取更多的收益。政府则关注食品安全、运输损失、整体效益等。针对不同主体的不同期望，很难制定出接近全面的效绩评估指标，从而进一步影响了对冷链物流的监管，影响水产品的质量。

四、水产品冷链物流发展的建议

针对以上对水产品冷链物流存在问题的分析，提出相应的应对策略建议，从而促进其高质量地发展。

1. 建立水产品冷链物流无缝连接体系

水产品冷链物流过程中的断层是整个物流体系中最为严重的一种现象，要想减少这种现象，首先要从源头入手。在水产品准备从产地运输之前，先联系好所有的运营商及物流运输企业，确定每一家运营商所需水产品的种类和数量，以便在源头就将每种水产品和相应的数量区分并包装好，减少到达目的地之后重新分类以致水产品暴露在高温下的时间。同时在从产地出发之前，预计到达目的地的具体时间，从而通知下一个承接运输企业，降低到达运营商处的时间成本。

水产品冷链物流全程无缝连接是保证产品质量的一个重要手段，建立完整的水产品冷链物流体系的前提是建立一个规范且具有良好竞争环境的市场，加强冷链物流企业上下游之间的配合协作，尽可能在从源头运输之前就做好所有的准备工作，减少将水产品直接或间接地暴露在高温下的时间。另外，物流企业之间应该协同发展，尽量实现具有联系的物流企业发展水平的一致，为无缝连接的实现奠定基础。

2. 水产品冷链物流中增加最新技术的应用

最新技术的合理利用可以保证水产品的质量，减少损失，同时在一定程度上降低成本。数据信息是水产品冷链物流发展中的关键因素，加强对科技的运用可以有效提高企业的运营管理效率，促进企业之间的信息共享。在温度方面，企业可以采用相应的物联网技术，如温度传感技术，实时监测温度，并传输到相应的监控中心，以便确保水产品温度的适宜性，从而保证产品的质量。在信息共享方面，可以建立区域化的信息共享平台，在这一平台上，各企业可以将有关温度和检测过程的信息进行上传，以便其他企业对相关水产品有更多的了解，制定出检测管理产品的相应策略，从而保证水产品一直处于适合储存的环境之中。另外，无线传感网络（WSN）是由放置在监控区域的微型传感器形成的多跳自组织网络系统，可以将温度等资料传输给观察员，对水产品冷链物流的发展也非常重要。

在对最新技术的应用方面，离不开专业人才的指导，企业不仅要注重员工的专业知识，还要增强其对信息技术的应用能力，注重培训企业员工。同时政府也应增加对这一方面的重视，促进校企合作，学校提供人才，企业提供平台，共同确保水产品冷链物流的健康发展。

3. 增强政府及相关部门的监督管理

政府的支持与指导是水产品冷链物流发展的保障。政策性的指导可以使水产品冷链物流行业更好地获取先进技术，在融资方面相对顺畅，以此保证这一行业的快速发展。同时水产品冷链物流行业的发展同样离不开政府的监督管理。政府要制定相关的制度，来规范整个水产品冷链物流体系的行为。但是现行的法律制度并不完善，在这样的情况下，企业会为了自身的利益，根据其中的漏洞降低执行力，使水产品的质量得不到保证，导致消费者受到损失。因此政府要结合现行的状况，制定并完善相应的法律法规，包括奖惩制度，并严格要求企业实行，以此确保从生产者到消费者均实现公平合理，且合法权益不会遭到损害。

4. 加强公众对于水产品冷链物流的认知

由于水产品冷链物流兴起的时间相对较短，人们对其运输及储存的方法仍停留在传统之上，这就需要销售商在产品出售时将水产品的具体信息进行公布。例如，可以在大型商场中将水产品冷链物流的相关知识或运输、储存等的视频进行播放，让消费者对自己想要购买的水产品有更多的了解；在一些小型商场中，可以在产品柜台旁张贴有关水产品的相关信息，如产地、出产时间、冷藏运输的信息及储存的温度等。另外，根据需要向消费者普及关于水产品冷链物流的相关知识，同时介绍购买水产品时科学的挑选方法，提高消费者的维权意识，使消费者能够有效利用法律武器来维护自己的合法权益。对于政府及相关部门来说，可以使用调查采访的方式，掌握公众对水产品冷链物流的了解程度，并根据现实的情况采取相应的措施，同时了解最终用户对所购买水产品的满意程度，确保水产品冷链物流真正利民惠民。

5. 完善冷链物流绩效评价指标体系

不同主体对水产品冷链物流的期望不相同，但相互之间仍存在一致性、重叠性及因果关系，因此可以根据水产品冷链物流目前的发展罗列出可供使用的指标。例如，可以制定出各个主体的导向指标，各个主体的导向指标是根据整个冷链物流体系综合整理出的一个适度区间，并从各个指标得到的结果进行整体的测量。首先是客户导向指标，主要考察客户的满意度，包括质量和价格。然后是企业内部导向指标，根据企业成本和盈利的高低确定。最后是政府及社会的导向指标，通过对各个环节的检测来判断水产品的质量，确定是否符合 HACCP(危害分析和关键控制点)、《食品安全法》等相关的标准。在各个主体指标检测后，根据符合程度来判断整体冷链物流的运作状况，由相关部门对不达标的环节进行相应的处罚和纠正，确保水产品的质量安全。

水产品在人们的生活中占据了很大的比重，高蛋白、高营养的特点使公众对水产品的需求日益增加。但是对运输及储存温度的高要求，往往会使水产品的质量受到损失，而水产品冷链物流的出现解决了这一难题。但水产品冷链物流发展的时间较短，在发展中仍存在诸多问题。例如，缺乏信息技术的应用、运输过程中出现的断层现象、政府监督管理难以实现等。所以保证消费者可以获得优质水产品的前提就是将现存的问题解决。水产品冷链物流的发展使产品的质量得到保障，给人们带来了很多便利，让消费者享受到了更为新鲜的水产品，因此在水产品冷链物流今后的发展中，要不断探索新的运输体系，结合信息科技的发展，让水产品冷链物流体系更好地为社会服务。

第五节　菌类产品冷链物流

一、菌类产品冷链物流的概念与内涵

在人们的生活中，菌类产品无处不在，其种类的多样性不断满足人们日常生活的需要，且营养价值不可低估。最为人们所熟知的菌类产品当属木耳，木耳侧生长在树木上，铁、钙、磷、维生素 B_1 的含量极为丰富。因此，经常食用木耳能够起到防止缺铁性贫血及养血驻颜的作用。香菇也是生活中随处可见的菌类产品，含有 30 多种酶和 18 种氨基酸，人体中所需要的氨基酸是 8 种，而香菇中就含有 7 种，其防治高血压的功效也非常明显。金针菇又称为“益智菇”，它含有丰富的赖氨酸和精氨酸，而且锌的含量也较高，有很好的促进儿童智力发育和健脑作

用。银耳是人们普遍比较青睐的菌类产品，它可以提高肝脏的解毒能力，保护肝脏，银耳中含有一种重要的有机磷，消除肌肉疲劳的作用明显，银耳多糖可以增强人体免疫力，提高骨髓造血功能。菌类植物中还有许多其他种类的产品，如杏鲍菇、茶树菇、灵芝、松茸等，它们的营养价值均较高，甚至是非常好的药材。

1. 菌类产品冷链物流的概念

菌类产品冷链物流主要是针对那些易于变质、需要低温运输或储存的产品，通过人工制冷等手段对菌类产品进行运输或储存，进而使菌类产品的质量得到保障。

2. 菌类产品冷链物流的内涵

菌类产品多种多样，不同的特性导致其运输方式也各不相同。例如，木耳、银耳等产品晾晒之后在常温下便可以运输，而且保存期限相对较长。但是对于香菇、金针菇、松茸等产品，其口感完全取决于产品的新鲜度，这就决定了对运输的温度有较高的要求，温度不适合会直接导致产品的新鲜度降低，影响口感，甚至会使产品质量受损，营养价值达不到预期的水平。这便对菌类产品冷链物流产生了极大的需求。另外，在早期，我国菌类产品多为野生和传统种植，后来逐渐出现企业和工业化培养种植，这样的种植方式为菌类产品的生产创造了良好的环境，并且运用先进的科学技术和工厂化集中生产管理的方式，让菌类的种植摆脱了季节等生长环境的限制，同时也为其生长创造了比自然环境更优越的条件，这些有利的条件使得菌类产品的产量显著提高。但是由于大多菌类产品的保质期较短，因此产量的逐年增大增加了其对物流运输的需求，同时也促进了菌类产品冷链物流的发展。

菌类产品冷链物流首先要求在产品种植上达标，按照合理的标准进行施肥、灌溉等，从源头保证产品的质量。然后进入运输阶段，菌类冷链运输中最主要的是温度和湿度的控制。另外，在各阶段的保存期内，同样要确保温度和湿度的适宜程度，最终使消费者享用到更为新鲜的菌类产品。

二、菌类产品冷链物流的现状

1. 菌类产品冷链物流流程分析

菌类产品冷链物流主要是针对那些容易变质的菌类产品，冷链运输保证产品可以处于适宜的低温环境，从而确保产品的新鲜程度。在冷链物流过程中，从菌类的生产地获得产品，将其进行简单的处理，即去根、筛选、包装，然后等待收购商前来收购，或自行运输。在运输途中，应采用标准的冷藏运输车，菌类产品并不像水产品，其温度不能过低，而是应当根据不同的产品确定最佳的冷藏温度。

产品到达收购商中转地后，收购商根据批发商的质量及数量的要求进行配送，配送环节依旧保持低温环境，到达目的地后，批发商会对新到的产品进行检测，符合标准的产品接收入库，不符合标准的将原因写入信息反馈表中，产品返回，这一环节再次确保收购产品的质量。收购商与批发商均有自己的储存仓库，将暂时未出售的产品进行储存，在储存的过程中同样保证温度的适宜。另外，在运输及储存时，要实时监测产品的温度情况，以防整个空间中出现温度不均的情况。之后批发商将产品出售给零售商，以供消费者购买。冷链物流过程中，批发商可以根据自己的需要确定是否要保留产品的储存，多余的产品可以送往冷链物流配送中心，同时也可以从配送中心获取相应的产品，同样批发商也可以根据自己的需要从配送中心进购产品，配送中心可直接按照客户要求配送相应产品。其流程图如图 2-6 所示。

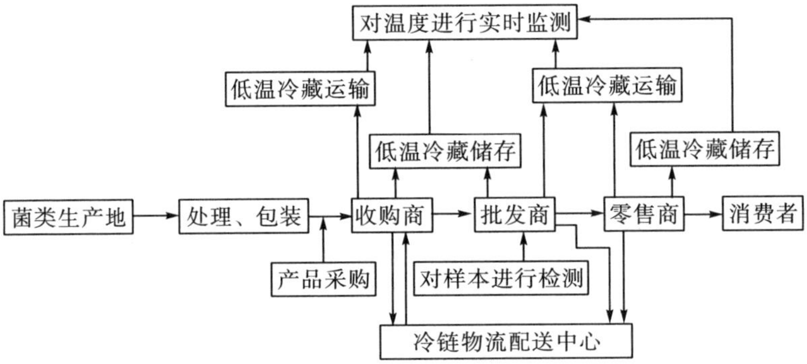

图 2-6　菌类产品冷链物流流程图

现阶段，菌类产品冷链物流的运用较为普遍，给产品的运输带来了很大的帮助。我国冷链物流正以 20%的速度快速增长，但根据美国等发达国家的情况来看，在人均 GDP 达到 4000 美元之后，冷链物流会进入快速发展的阶段，在我国这个条件已达到，而冷链物流的发展并没有达到类似美国等发达国家的发展水平。此外，城镇居民的人均冷藏车保有量和冷库保有量是作为衡量国家冷链发展程度的一项重要指标。2014 年我国城镇居民人均冷库占有量大约是 0.116m^3，而当时世界上最高水平的荷兰人均冷库占有量是 1.144m^3，英美等发达国家也都在 0.3m^3 以上。由此可知，我国冷库建设发展空间非常大。2015 年全国冷藏车保有量突破 9 万辆，同比增长了 18.4%，但相比于美国的 25 万辆和日本的 15 万辆，人均占有量还十分低。基础设施不足和日益增长的冷链物流需求间的矛盾，使得冷链物流设备将以高于整体行业增速的速度进行发展。因此在今后，冷链物流会随着经济的不断发展而具有更大的发展潜力。菌类产品冷链物流在发展的过程中得到政府的大力支持，根据一些相关政策保证菌类产品的质量及营养价值不被损害，确保消费者的饮食安全，同时政府的支持与指导，使得菌类产品冷链物流健康、快速发展。

2. 菌类产品数量描述

从表 2-2 中可以看出，食用菌的产量及产值在逐年增加，我国食用菌的产量已从 1978 年的 5×10^4t 增长到 2016 年的 3596.66×10^4t。同时我国菌类产品对外出口量也在不断增加，2016 年出口的菌类产品为 55.05×10^4t，与 2015 年相比增加了 8.58%，创汇 31.76 亿元。菌类产品产量的增加极大地促进了冷链物流的快速发展。

表 2-2　2012—2016 年食用菌产量及产值

参数	数据				
	2012 年	2013 年	2014 年	2015 年	2016 年
总产量/10^4t	2827.99	3169.63	3270	3476.27	3596.66
总产值/亿元	1772.06	2017.9	2258.1	2516.38	2741.78

三、菌类产品冷链物流存在的问题

虽然菌类产品冷链物流的发展给人们带来了很多便利，减少了食品安全隐患，但是我们仍不能忽略其在发展过程中存在的问题，如在采购环节对产品的质量不够重视，运输及储存中对温度、湿度的监管不够精确，物流中转地点选取不够合理，容易增加时间成本，批发商、零售商等对菌类产品了解不全面，保存方法不恰当，冷链物流成本过高等，这些问题使得菌类产品仍会存在不可忽视的损失，同时也阻碍了菌类产品冷链物流的发展。

1. 采购环节对产品的质量不重视

在菌类产品的整个冷链物流环节中，产品的采购占据着比较重要的地位，选购产品时，首先要做的就是对源头产品质量的检测。但是，在收购商进行采购时，往往会因为利益的原因，降低对产品质量的要求，从而降低成本，追求利润最大化。然而对质量管理的松懈，直接影响了菌类产品后期的运输及储存，质量参差不齐的产品在管理上也加大了难度，同时质量差的产品储存期较短，一旦变质，由于细菌的存在，会使得质量好的产品也缩短了保质期，加快变质的速度，而且在产品进行包装时，往往会超过可容纳的数量，运输途中的挤压同样会使产品受到损坏。另外，收购商对产品供应商的生产不做太多要求，对种植环境及施肥管理等也没有硬性要求，这会使得产品从源头上就低了一个等级，即使后期冷链物流的运输及储存环境再好，也难以掩盖产品的质量问题，甚至会使消费者权益受到损失。

2. 温度、湿度的监管不精确

对于容易变质的菌类产品，其对运输及储存的环境要求非常高，所以对冷链物流的需求也较高。但是在很多不标准的运输车队进行冷链运输时，对温度的要求并不严格，导致产品质量的损坏。类似于香菇、金针菇、松茸等菌类产品，其对所处环境的温度和湿度都有很精确的要求，如果要求达不到或偏离严重，便容易滋生细菌，导致产品腐烂等。另外，由于对科技的利用不充分，对产品所处环境的温度及湿度监测不及时，信息传递的滞后性使得产品更多地处于不利环境中，储存期限严重缩短。有时在同一密封环境中，各个地方的温度并不相同，存在温差较大的现象，这同样不利于易腐菌类产品的保存，如在低温密闭的运输车厢内，装满了需要运输的菌类产品，在时间较长的情况下，密闭环境中会产生大量的热气和湿气，而这些运输设备只安装了制冷的设施，但是忽略了隔热及防潮的装置，非常不利于产品的长期储存。

3. 物流中转地点选取不合理

现阶段，收购商的仓库一般距离产品的产地较远，这对菌类产品的运输是不利的。因为在菌类产品生产时，从产地采摘，再经过简单的处理，最后进行包装，一系列的过程已经消耗了比较长的时间，菌类产品的新鲜度已经降低。在这种情况下，收购商的仓库又比较偏远，冷链运输上要花费更多时间，进而导致菌类产品新鲜度再次降低，对产品的最终保存产生极为不利的影响。另外，批发商的储存位置大多选在离城镇较远的郊区，这样可以节约成本，获取更多的利润，但是对于零售商送货、配货的需求却难以得到满足，而且距离远直接延长了产品运输所需要的时间，长此以往会降低物流企业的信用度。从以上两个方面来看，物流中转地点选取的不合理更多地影响了产品运送的时间，导致产品的新鲜度降低，甚至使得产品的质量受损，同时也会间接地影响物流企业的利润。

4. 各级厂商对菌类产品的保存方法不恰当

一方面，很多厂商对于菌类产品并没有达到充分的了解，尤其是那些易于变质的产品种类。当收购商及批发商在对菌类产品进行运输或储存时，不能确定该产品最适宜的温度和湿度，而只是将冷藏装置调整到一个大概的温度。这在一定程度上会使得菌类产品得到保存，但并不是最优的状态，不仅不能使保存期限最大化，而且会造成设备使用的浪费。同时厂商与厂商的沟通较少，有效信息传递不畅，相互之间无法达到互助的效果。尤其是当产品到达零售商之后，由于对产品前几阶段的信息不了解，加之储存设备不健全，容易使产品过早变质。另一方面，大多数厂商对冷链物流技术并不是很精通，而是将传统的运输、储存方法与现在的物流运输结合在一起，没有充分地发挥冷链物流的优势。这也从侧面反映了相关人才的缺乏。

5. 监测系统成本过高

在菌类产品冷链物流的发展中，过高的成本是很大的阻碍。冷链物流企业要保证菌类产品的质量安全，需要时刻监测产品所处的环境，保证温度和湿度的适宜性，但也正是监测系统和信息平台的建设，使得冷链物流的成本非常高。在冷链物流的过程中，监测系统和信息平台的建设成本不仅是其购买成本，还包括日常运作、人力投入、平时的维护与修复等成本。假设企业为了降低成本而转向成本较低的设备，那么菌类产品的质量就难以得到保障。所以中小企业无法承担高昂的成本，阻碍冷链物流在菌类产品中的发展。同时对于消费者来说，高昂的冷链物流成本使得菌类产品的价格上升，消费者要承担更高的价格负担。

四、菌类产品冷链物流发展的建议

由于以上问题的存在，致使冷链物流的作用并没有得到真正的发挥，菌类产品的质量同样没有得到更好的保障，导致消费者无法从菌类产品的消费中获取更大的效用。所以针对冷链物流在菌类产品的运用中存在的问题，提出相应的对策建议。

1. 从源头开始确保产品的质量

菌类产品冷链物流过程中，每一个环节都非常重要，不能只是单纯地认为产品的保存来自运输及储存效果的好坏，产品保存期限的长短依赖于冷链物流的全过程。在收购商对产品进行采购之前，可以和某些菌类产地签订合同，形成长久的合作，合同中约定产品种植、管理的具体环节，确保菌类产品的产量及质量安全，同时，也省去了寻找菌类合适产地的时间。在产品种植期间，收购商应定期或不定期地检查，对当期产品的生长及质量状况进行监测，保证产品正常的生长环境。当菌类产品成熟之后，在收购商前来收购时，种植商应该将需要出售的产品做好相应处理和包装，如某一规格的袋子或箱子中应放置多少产品，保证既节约空间又不会因为拥挤造成产品变质，使菌类产品从源头上确保质量。

2. 对温度及湿度进行精确的控制管理

在菌类产品的运输和储存过程中，温度及湿度的管控是非常重要的，而且菌类产品多种多样，每一个种类都有其最为适宜的储存环境，所以每一个环节的厂商都应对各种产品的适宜环境精确把握。例如，对于菌类产品中的香菇来说，刚采摘后，含水量较多，如果采用袋装运输，需要进行排湿处理，排湿处理后的新鲜香菇，若使用大包装，则含水量应在 70%～80%，若使用小包装，则含水量应在 80%～90%。对于新鲜的香菇，在包装整理好之后，就要立即启动运输，在温度低于 15℃时，可以采用普通车进行运输，若温度偏高，就要采用制冷车运输，通常温度在 1～3℃，温度越高保存的时间越短。在运输的冷藏车和储存的冷藏室内应装入隔热及防潮的装置，避免同一个空间由于温度的差异使得产品加速变质。在整个冷链物流运输的环节中，要对温度和湿度进行实时的监测，确保每一个时间段内菌类产品都处于最为适宜的环境中，从而保证菌类产品的长期储存。

3. 合理布局冷链配送网点

冷链配送网点的合理选取可以节约时间成本，同时产品也可以得到更为高效的配送。菌类产品冷链物流的配送中心可以与收购商、批发商及零售商之间建立相应的配送网点，收购商将产品从产地采购后可以用于直接出售，也可以送往配送中心，批发商可以直接批发产品，或从配送中心选购，同时配送中心的产品也可根据客户的需要直接送往零售商。所以配送中心的位置应保证交通便利，方便车辆的进出，有利于配送网络的形成。根据各个配送网点的共同作用，来促进菌类产品快速配货，减少传统配送方式所消耗的时间。另外，政府应加强对冷链物流的支持与指导，重视配送网点的建设与服务，同时，配送网点的选取也要符合当地的实际状况，保证适应性、经济性和协调性，与各个环节的厂商充分协调，促进冷链物流的时效性，从而保证菌类产品的质量，让消费者获得更为新鲜的菌类产品，利益不受损害。

4. 加强各级厂商对菌类产品的保存

冷链物流的整个过程中，各级厂商要加强对菌类产品的保存，不仅仅是将温度简单地调低，而应该增加对菌类中各种产品的了解，在真正了解了某种产品后，才能对该产品制定一系列的储存方法，进行更为恰当的保存。另外，关于产品各方面的信息，各级厂商之间要加强沟通，或建立安全可靠的菌类产品冷链物流信息共享平台，将冷链运输过程中，菌类产品所处的温度、湿度及受损状况等信息反映到信息共享平台上，使其他厂商对这一产品有更多的了解，以便对此产品进行更好地保存。同时根据信息共享平台，各级厂商将自己所掌握的信息进行公布，减少由于利益而故意隐瞒信息的现象，进而避免信息不对称引发的恶意竞争，提高产品运输及储存的时效性，保证产品的质量及安全性。

5. 实施联合库存管理

为了降低冷链物流在菌类发展中的成本，同时减少冷链物流发展的阻碍因素，可以在冷链物流企业之间建立联合库存管理机制。将冷链物流企业联合起来，共同建设可供菌类产品运用的平台，包括监测系统和信息平台等，建立企业之间长期互利共赢的伙伴关系。例如，中小企业可以与设备齐全的大企业进行合作，不仅使双方企业降低了各自的成本，也促进了冷链物流在菌类产品中的快速发展。所以只有在实施联合库存管理机制的情况下，才能降低冷链物流的成本，促进冷链物流技术的快速发展，同时对于消费者来说，可以得到更为物美价廉的菌类产品。

菌类产品对于人体有很大的功效，降低血压、防止心脏病、增强免疫力、促进智力发育等，但是运输及储存的问题往往使得菌类产品过早变质，降低功效。菌类产品冷链物流是近几年发展起来的，虽能改善这一现象，但是在现有条件下各级厂商对其应用并不充分，存在很多问题，如采购环节不重视产品的质量，对产品所处环境温度、湿度监管不精确，冷链物流中转地点选取不够合理，而且公众对冷链物流了解不充分，对菌类产品保存的方法不科学，以及冷链物流监测系统、信息平台的成本过高等。这些问题阻碍了菌类产品冷链物流的发展，更减弱了冷链物流给产品带来的功效，使得储存期限不能达到最长。针对现存的问题提出相应的对策建议，首先就是要从源头注重产品的质量，增强产品的保存意识，然后要对产品的温度、湿度进行精确的控制及管理，确保菌类处于适宜的储存环境中，再次建立合理的冷链物流配送网点，保证时效性，最后就是要加强各级厂商对冷链物流的了解，掌握更为科学的储存方法，使菌类产品降低损失。与此同时，要使冷链物流企业之间形成良好的合作关系，降低成本，促进发展。在这种情况下，才能逐渐使冷链物流技术在菌类产品的运输及储存中发挥更好的作用，促进产品的保存，维持菌类的新鲜度，进而使得消费者享受到质量更好的菌类产品，保证消费者权益不受损害。

第六节 肉类产品冷链物流

一、肉类产品冷链物流的概念和内涵

在人们的日常饮食中，肉类产品随处可见，是人体补充蛋白质的主要来源之一。肉类产品的分类中，有一种常见的肉称为“热鲜肉”，即清晨进行宰杀后立即上市的肉类，这种畜肉在上市时还保持着一定的温度。这些肉看似新鲜程度很高，但实际上细菌滋生得也很快。这类畜肉的温度最高可以达到35℃，最低也有10℃，较高的温度会使细菌大量繁殖，致使肉类产品不再新鲜，降低营养价值。当前食用最多的是冻结肉，即宰杀之后的畜肉降至常温后，进行结冻保存，一般的结冻温度是-18℃。结冻低温的状态，使大量微生物被冻死，减少畜肉的腐烂变质，有利于长期保存。但是冻结会使蛋白质结构遭到破坏，影响解冻之后蛋白质的持水力，水分的损失对肉类产品的营养物质和风味影响较大。

对于肉类，最适宜人们食用的是冷却肉，冷却肉的标准是严格按照兽医卫生

检疫制度执行屠宰，然后对畜体进行快速的冷却处理，使温度在 24h 内迅速降到 0～4℃，这一温度一直维持在后续的加工、运输及销售等环节。冷却肉是结合肉类本身的生物化学变化规律，运用现代科学的管理思想、先进的技术设备，肉类产品实现了从原料到零售过程中的高品质和标准化目标。冷却肉在进行冷却时，肌肉蛋白质会正常降解，然后排酸软化，嫩度得到明显的提高，同时可以充分保持营养物质的不流失。冷却肉并没有经过冻结，使用之前不用解冻，这样就不会造成营养物质的流失。另外，冷却肉是纯肉的一种，冷却过程中虽然天然水分会有所散失，难以将外来水分留存在肌肉中，但是不会产生注水的现象，有助于消费者放心食用。

1. 肉类产品冷链物流的概念

肉类产品冷链物流是为了保持肉类的新鲜，延长其运输、储存的期限，而使肉类产品从生产到销售始终处于最为适宜的低温环境中。其中，在对刚刚屠宰后的畜肉进行处理方面尤为重要，经过冷却的鲜肉在低温环境中进行短期运输、保存，更适宜消费者食用。

2. 肉类产品冷链物流的内涵

肉类产品质量的保证，从宰杀到零售的每个环节都非常重要，对冷链物流技术的要求比其他产品更高。首先是屠宰，确保是正常的宰杀，而不是其他种类的死亡，同时保证宰杀是不注水的。然后是冷链物流的上游，对畜肉进行冷却，冷却后的畜肉更易于运输、保存，同时不影响肉类产品的口感。冷链物流的中间环节即为冷链运输，运用科技对温度进行严格的控制。最终到达零售商，进行肉类产品的出售。

二、肉类产品冷链物流的现状

1. 肉类产品冷链物流流程分析

对于肉类产品，其运输及储存均离不开冷链物流。在牲畜屠宰之后，首先需要对畜肉进行处理，将不同的肉产品进行分类，如猪肉的前后腿、排骨、肝脏等，按照国家质检的标准对屠宰的肉制品进行检测，根据检测结果的不同加盖不同的印章。然后将畜肉进行冷却，对于需要冷却的畜肉，尽量缩短进入冷却间之前的时间，降低肉质变质的可能性。在冷却之前，要使冷却间保持卫生清洁，必要时可以进行消毒。进入冷却间后，肉体之间的距离保持 3～5cm 为宜，吊挂方式冷却最好，借助干式冷风机使肉体温度降低到最为适宜的 0～4℃。对于销售距离不远的肉类产品，如市销肉，可以将冷却后的产品直接冷藏运输至批发商，然后同样经过冷藏运输到零售商进行销售，最后消费者进行购买。但是对于需要远距离销售的产品，如外销肉，只进行冷却不能长期保存，所以在长时间储存和长途运输时，还要采用冻结加工工序，防止肉体内部产生酶和微生物而发生化学反应，降低肉的产品质量。冻结加工一般要使肉类产品的温度降低到-18～-15℃，之后便可以进行冷藏运输。在运输的过程中，冷藏室的温度与冷却之后进行冷藏运输的温度也不相同，一般应控制在-18℃以下，以便使肉体保持在-15℃以下，相对湿度应控制在 95%～98%，同时要保持空气的流通，最终运输至批发商，然后到达零售商，最后供消费者购买。具体冷链物流流程如图 2-7 所示。

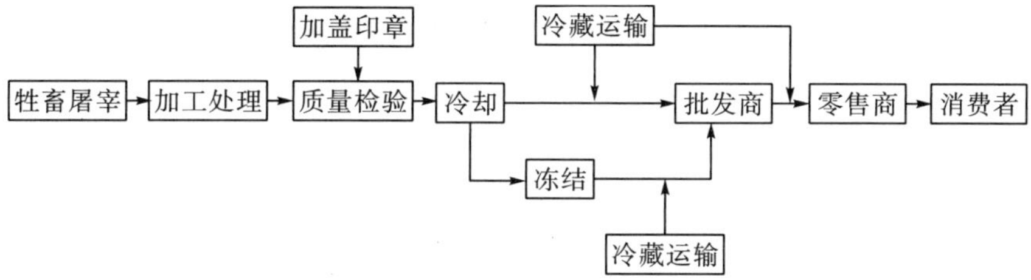

图 2-7　肉类产品冷链物流流程图

简单来看，肉类产品的冷链物流首先是将牲畜屠宰，然后进行加工处理，经质量检测后进行冷却，达到一定温度后便可以运往批发商及零售商进行出售，最终在冷藏运输中到达零售商，进入消费者手中。但若是运输目的地远、运输时间长，还需要对冷却后的鲜肉进行冻结，便于长期保存。

目前，肉类产品冷链物流逐渐得到应用，在运输和储存过程中，降低肉类产品变质的可能性，减少损耗及经营成本。同时人们对冷却肉也日益熟知，增加消费，使冷链物流的应用从屠宰、加工到运输、销售最后到达消费者。从冷链物流的兴起到现在，其冷链体系在不断改善，随着人们对肉制品新鲜度及口感的要求越来越高，冷链物流也随科技的发展得到改善，使其能够发挥更好的作用，让肉类产品最大程度地满足人们的需要。从政府的角度来看，对肉类产品的重视程度越来越高，食品安全是人们最为注重的问题，而肉类产品的高质量储存和运输又离不开冷链物流的参与，因此其重要性不言而喻。改变国内落后的冷链物流面貌、加快冷链物流的建设是不可阻挡的时代潮流。

2. 肉类产品数量描述

从表 2-3 中可以看出，虽然肉类产品的产量在上升之后从 2014 年开始又出现了下降，但是总产值及利润总额在不断上升，证明厂商的经营状况良好，也从侧面反映了冷链物流对产品的质量的保证具有很大的作用。

表 2-3 2012—2016 年肉类产品的相关数据

参数	数据				
	2012 年	2013 年	2014 年	2015 年	2016 年
总产量/10^4t	8384	8536	8707	8625	8540
总产值/亿元	10577.21	12337.55	13253.67	13365.79	14555.72
利润总额/亿元	559.88	673.78	643.63	604.32	719.56

三、肉类产品冷链物流存在的问题

肉类产品是人们生活中较为重要的食物，运用冷链物流可以使肉类产品保持新鲜度，延长储存时间。虽然目前冷链物流的发展较为迅速，但是其存在的问题仍是不可忽略的。例如，冷链物流过程中冷藏库及运输设备不够完善；从屠宰、加工处理、运输到销售的整个过程中，操作人员并不能完全按照要求的标准进行操作，而这会使冷链物流的应用达不到预期的效果，目前冷链物流普及程度并不是非常高，有些地区采用的仍是传统的肉类储存和运输方式，市场化程度较低，导致消费者对其了解得不多，从而对肉制品的质量缺乏科学的判断。

1. 冷却间、冷藏库及运输设备不完善

冷链物流过程中，冷却室、冷藏库及运输设备是极其重要的，但是就目前来看，我国很多地方的冷链设备并不是非常完善。在冷却室内，必不可少的是冷风机，然后与冷却盘管、挡风板及假天花板配合，使肉类产品的温度降低。冷藏库和运输设备同样需要一系列制冷装置，这些设备在高科技的运用下发挥至关重要的作用。在现实中，有些设施年久失修，设备老化，制冷系统未得到及时的更换，不仅不能达到目的，还会造成较大的浪费。另外，设备没有与现行的科技相结合，相对较为落后。有些设备虽然完善齐全，但是缺乏管理和合理的应用，也就是缺乏相应的人才，而不能发挥其作用。在冷藏车数量方面，与美国、日本等发达国家差距较大，不足 3 万辆，数量较少致使运输的周期较长，而肉类产品的长时间运输导致口感不正，质量受损，安全隐患不断出现，不仅给企业带来相当大的损失，而且对消费者的人身安全造成很大伤害。

2. 操作执行不标准

在肉类产品冷链物流过程中，存在很多环节，从屠宰到零售，每一个环节都要严格按照标准进行执行。但是在现实中，由于时间紧迫或为了得到更多的利益，操作者对标准的执行仅停留在表面，并没有达到标准实质的效果。例如，在肉类产品进入冷却室之前，冷却室应保持清洁，必要时须进行消毒，但是在实际执行

时，尤其是在高峰期，冷却室会由于时间紧迫而来不及清洁消毒。在肉类产品运输或储存时，厂商为了降低成本，会将不同种类的肉类产品存放在一起，但是它们各自的存放温度并不相同，使某些产品温度达不到标准，而另一些产品的温度却过低，最终导致肉类产品质量不佳。另外，冷藏库及运输设备不完善，同样会导致正常操作无法执行，执行操作不标准，使肉类产品的质量得不到保障，冷链物流的效果同样无法充分实现。

3. 肉类产品冷链物流普及程度不高

肉类产品冷链物流发展的时间较短，普通的民众对冷链物流不够了解，使这一技术的先进性得不到良好的运用，尤其是在一些发展速度较慢的地区，没有充足的资金，无法购买所需的设备，同时也缺乏相应的人才，缺乏管理运用。目前较多的肉类保存方法仍是采用传统的模式。肉类产品的冷链物流是由多家企业或厂商共同完成的，但是各企业或厂商之间对冷链的运用水平不尽相同，参差不齐的冷链技术水平致使肉类产品无法处在相同的储存环境中，温度的差别会导致肉类产品损失较大。相对其他产品来说，肉类产品冷链设备采购所耗资金较大，冷却室、冷藏室、运输车辆等大型设备需要大量的资金，使其普及程度进一步下降。

4. 消费者对肉制品缺乏科学判断

普通消费者对于冷链物流技术并不是非常了解，对肉类产品的挑选多是根据经验进行判断，通过观察肉类产品的颜色、气味进行抉择，这与水产品的判断极为相似，但是与水产品不同的是肉类产品通常是已经屠宰处理过之后的，即使不新鲜的产品零售商也会想办法改变其性状，因此其新鲜度很难从表面看出，这在一定程度上增加了消费者判断的难度。由于对冷链物流技术的不了解，消费者并不知道经过冷链运输的肉类具有什么特征，与传统运输方式的肉类有什么细微区别。另外，肉类产品除生鲜肉之外，还有利用生鲜肉加工生产出的其他产成品，这些产品通常会有包装，可以看到生产日期和保质期，但是对于产品制作原材料的质量却无法考证，对运输储存的环境也无从得知。

5. 肉制品加工环节容易变质

类似火腿肠、肉干以及袋装鸡腿、鸭脖等产品均由鲜肉加工制作而成，而加工过程又是产品极易变质的一个环节。在对鲜肉进行加工生产时，首先温度已经无法达到肉类产品保存最适宜的环境，而且一般产品加工的时间较长，鲜肉中水分含量较高，容易滋生细菌，使食品的质量受到损害，严重的情况下会导致食物中毒。另外，厂商在进行加工时，会加入食品添加剂，符合质量标准的添加剂有助于产品的保存，但是有些厂商为了利益会加入违规的食品添加剂，虽然看似与正常产品类似，但却存在巨大安全隐患。这些产品虽然后期按照冷链物流的标准进行运输，但是生产的不合规给消费者带来极大的危害。

四、肉类产品冷链物流发展的建议

相对于传统的肉类运输和储存的方式，冷链物流是非常重要的，根据对其存在问题的分析，提出相应的应对策略建议，以促进冷链物流更充分地发挥作用，保证肉类产品的质量。

1. 加强肉类产品冷链物流设备投入

冷链物流设备的好坏直接影响了肉类产品的质量及储存的时间。一方面，对设备不完善的情形，首先企业要尽力改善，如设备的陈旧老化、存在的安全隐患等，企业要及时进行整修，良好的设备可以减少不必要的浪费，提高冷藏的效率，降低企业的损失，更重要的是保障肉类产品的质量不被损坏。另一方面，政府要给予肉类冷链物流行业大力支持，面对中小冷链物流企业融资难的问题，政府应出台相应的鼓励政策，刺激银行对中小冷链物流企业进行放贷。政府也可以直接给予企业相应设备，形成政府与企业的合作，如在冷却室，可以给企业相应的干式冷风机。我国冷藏车的数量较少，政府应加强生产，而且在生产过程中，不仅要保证数量，同时更要注重质量。

2. 规范执行冷链物流操作标准

像水产品与菌类产品一样，肉类产品冷链物流也有相应的执行标准，冷却室要保持清洁卫生，运输时不同种类的肉类产品应设置不同的温度等。在企业执行操作时，政府应当制定相应的法律制度，如果企业在操作的过程中，没有严格按照标准进行执行，相关部门应依照法律制度给予处罚。同时，在保证设备完善的前提下，企业的技术水平也应达到一定的高度，以便满足设备操作的需要。企业可以选择与高校进行合作，将自己的员工送到学校中学习先进的冷链技术、操作原理及流程，也可以从高校中招聘实习生或全职工作人员，提高整个企业的技术水平，从而保证在整个冷链过程中执行操作的标准化，最终使肉类产品的质量得到保障，让消费者可以食用到更为安全的产品。

3. 提高肉类产品冷链物流的普及程度

肉类产品冷链物流兴起时间相对较短，大企业对其了解较多，技术的掌握也相对完整，但是中小企业对技术的掌握不全面，因此在对冷链技术的应用上中小企业同样相对落后。所以大企业与中小企业之间应保持良好的合作关系，促进中小企业对冷链技术的合理应用，使其普及程度提高。同时，尽可能地保证企业之间技术水平的一致性，若不能达到一致性，也应保持信息沟通的畅通，从而促进肉类产品保存的连贯性，避免由于温度差异而导致产品腐烂变质。另外，政府应加强对中小冷链物流企业的扶持，提供相应的设备，同时解决融资难的问题，以此提高冷链物流的普及程度，增加这一技术的应用。最终，在肉类产品冷链物流技术的广泛应用下，保障肉类产品的质量安全。

4. 增强消费者对冷链肉类产品的消费意识

消费者在选购肉制品时，不能只是按照传统的经验进行判断，而是要采用较为科学的选购方式。采用科学方法的前提是消费者对肉类产品冷链物流有一定的了解，掌握经过冷链运输、保存的肉类产品所具有的特征。对此政府应当对消费者进行冷链知识的普及，可以制作冷链知识的专题节目，也可写成相应的文章，供人们搜索观看，从而增加对相应知识的了解。另外，对于根据生鲜肉生产出的肉制品，现有情况下有些产品的包装上会有食品检测商标，但是这个商标并不能说明全部，所以政府在进行相应的质量检测后，可以给出必要的质量检测报告，放置在消费者可以明显看到的地方，便于在选购肉制品时进行参考。除此之外，还有更多的科学判断方法，消费者可以根据这些方法选购健康的肉制品，保证消费者权益不受损失。

5. 确保肉制品加工过程中的产品质量

在肉制品进行加工生产的过程中，首先要保证肉类所处的环境适宜，尽可能地使室内温度降至此产品易于储存的温度区间，同时又便于生产制作。加工环节中，尽量保证在较短的时间内进行，在确保质量的情况下缩减没有必要的环节。在加工生产的过程中，相关部门应进行严格的检查，监测生产环境的合格程度、卫生状况，同时检查是否使用了食品添加剂，以及食品添加剂的种类及用量是否符合标准。对于不符合标准的厂商要给予严格的惩罚，同时进行公布，以对其他厂商进行提醒警告。对于产成品，同样采用严格的冷链物流标准，在适宜的环境中运输或保存。只有这样，才能保证产品的质量安全，确保消费者食用到健康的产品。

肉类产品在人们的日常饮食中扮演着重要的角色，但是根据传统的运输和储存的方式，产品中的营养物质会大幅下降，保存期限也相对较短，所以肉类产品更依赖于冷链物流。一般对于市销肉，最好的方法是冷却，将产品的温度降至 0～4℃，质量损失最少。但是对于外销肉，冷却之后的肉类产品不能保证在长途运输中不变质，所以这时需要进行冻结，不过产品的质量会相对下降。冷链物流促进了肉类产品的运输和保存，但目前仍存在一些问题，如冷却室、冷藏库、冷藏车等设备不完善，不能使冷链物流真正发挥作用，工作人员在进行操作时不能严格按照标准执行，导致产品的质量在原有的基础上进一步下降，冷链物流技术的普及度不高，消费者对肉制品的选购缺乏科学的判断等。根据这些问题提出相应的建议，首先就是要完善冷链设备，保障设备的正常运转，然后工作人员要严格按照要求执行相应的制度标准，确保产品的质量安全，再次企业之间要相互合作，充分发挥协同作用，在一定程度上促进冷链技术的普及，最后增加消费者选购肉制品的科学判断依据，使其购买到健康的食品。冷链物流技术的充分利用使肉类产品的质量得到了保障，为消费者带来健康的产品，减少了食品安全隐患，促进社会的和谐。

第七节 奶制品冷链物流

一、奶制品冷链物流现状

随着我国人民生活水平的不断提高，奶制品已成为餐桌上的必需品，大大提高了消费者的效用水平。同时，奶制品的质量问题越来越引起社会的关注。我国奶制品行业多采用“农户+奶站+公司”的模式。除此之外，还有“农户+公司”“奶牛合作社+公司”“规模牧场+公司”三种模式，奶制品的供应链主要包括原奶的集中、奶站的分销、企业的生产、流通销售环节及消费环节。

1. 奶制品行业现状

1）盈利能力现状

奶制品的生产过程具有不稳定、不可预见的特性。因为从奶制品的源头来讲，奶牛的配种、育种、喂养方式、生长环境、饲料搭配的不稳定性和不可预见性都直接影响奶制品的质量。因此，奶农为了提高奶牛的质量，得到优质奶源，不得不承受较高的生产成本。同时在国家政策的鼓励下，养牛农户、奶站数量剧增，牛奶生产加工企业规模扩大，结果使得奶牛饲料成本上升，奶农价格谈判能力降低，原奶收购价格下降，奶农之间的竞争愈演愈烈，奶制品生产环节经济利润下降，奶农、奶站的生存面临巨大威胁。在目前奶制品生产成本较高的情况下，奶制品行业的盈利水平无法得到有效保障。

内蒙古奶业协会秘书长表示，奶农在整个奶制品产业链中只能得到 10%的利润，乳制品企业可以得到 30%左右，包装企业能够得到 30%左右，其他环节（如奶站、销售商等）可以得到剩余的 30%。

2）销售渠道

随着互联网的快速发展，我国奶制品主要是通过线上线下相结合的双渠道模式进行销售。

传统的奶制品线下销售包括：①通过各大零售商超市(如大润发、沃尔玛、家乐福等)直接面对消费者；②通过普通商城、便利店面向消费者销售；③由中心奶站直接运输到社会奶站或食品副食店，再销售到消费者手中；④由厂家直销或外包指定的送奶公司直接面向消费者。

奶制品线上销售包括：①由厂商通过网络进行电子商务贸易活动，如蒙牛、伊利等通过其在淘宝、京东的旗舰店面向消费者进行奶制品销售；②各大零售商超市通过自己的手机软件进行新鲜、有保障的奶制品销售，如大润发的大润发优鲜、沃尔玛的官方客户端、农工商的手机惠农等。

3）质量安全现状

从奶源角度考虑，目前我国原奶主要来自农户散养，而农户大多基于经验养殖奶牛，缺乏相应的基础设施和专业知识，对奶牛饲料营养搭配、病牛滥用抗生素而造成的药物残留都缺乏系统的了解和专业指导，使国内奶源出现质量下降的现象，甚至产生安全问题。

当原奶进入奶站储存和企业加工环节后，个别奶站和企业为了达到利润最大化的目的，忽视道德和法律的约束，在储存和加工的过程中加入非法添加剂或过量添加剂，从而使奶制品的保质期增长、维持奶制品的口感，而忽略了产品质量，损害消费者的合法权益。

我国食品安全法律制度不够健全。我国食品标准体系中关于奶制品质量安全的标准较少并且没有及时更新，现实意义较弱，使不法商贩有机可乘。

4）企业责任现状

由甘肃平凉牛奶亚硝酸盐中毒事件、蒙牛黄曲霉毒素事件及三鹿三聚氰胺事件等可知，某些奶制品企业一次次地挑战消费者的底线，对消费者的身体健康置之不顾。某些企业为了延长奶制品保质期，在原奶中加入过量的亚硝酸盐；为了降低成本又保证奶制品蛋白质含量在原奶中添加有毒物质；质量监管不严，包装不当，在运输过程中奶制品变质仍上市销售，奶制品供应链中出现的种种问题使得消费者人身安全受到威胁。这不仅反映出奶制品企业目前的生存发展问题，还反映出奶制品企业的社会责任感。

2. 奶制品冷链物流现状

要保障供应链中奶制品的质量安全，冷链物流是重要的解决方法之一(图2-8)。奶制品冷链物流是指以奶制品企业为核心、奶制品为对象，依托冷库、冷藏车及制冷技术在奶制品流通加工、储藏、运输、配送、销售等环节中制造适宜的低温环境，以减少各个环节中奶制品的损耗量，保证奶制品口感、营养价值、质量和安全的整体供应链结构。

2006—2017年，中央政府陆续出台了《全国食品工业“十一五”发展纲要》《冷链即食食品生产审查实施细则》《关于深入推进农业供给侧结构性改革加快培育农业农村发展新动能的若干意见》等政策，逐渐规范包括奶制品在内的生鲜农产品冷链物流建设，奶制品冷链物流也进入了新的发展阶段，冷库、冷藏车数量快速增长，制冷技术明显提高，奶制品鲜度折损水平下降。

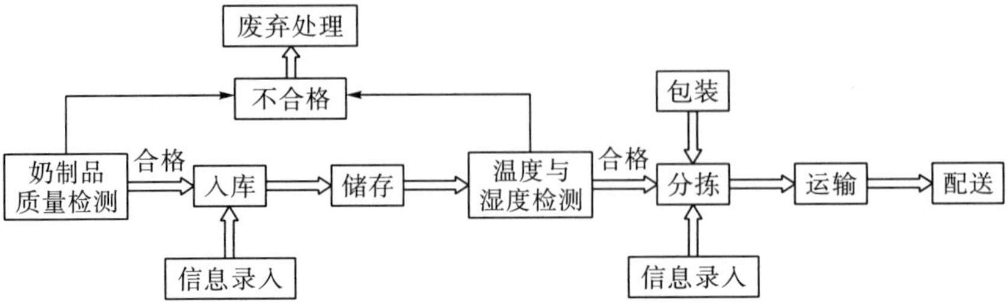

图 2-8　奶制品冷链物流流程图

1) 奶制品冷链物流技术现状

奶制品对保鲜有极高的要求，并且本身具有易腐烂、易霉变的特点，因此对物流配送的时间和运输距离提出了极为严苛的要求。近年来，我国运输系统(如高铁、高速公路等)的大规模建设为我国物流业的发展提供了先决条件。此外，我国冷链物流技术手段正在开发和试验，同时学习国外先进冷链工艺手段后，气调保鲜技术、低温保鲜技术、化学保鲜技术等都在不断应用，充分保证运输奶制品的品质，使奶制品冷链物流进入迅猛发展时期。

国内著名的第三方物流企业——中国外运股份有限公司，总占地面积达 $70000m^2$，于 20 年前在上海投资建成，是国内规模最大、设施最先进的单体多温度分区冷库。很多奶制品企业也进行物流业务的资产重组，建立了独立的冷链物流公司。中粮集团投资创办了食品类 B2C (Business to Consumer) 电子商务网站——中粮我买网，致力于打造全国最大、最安全的包含旗下蒙牛乳业等的食品购物网站，2015 年获得 2.2 亿美元 C 轮融资后计划投资 1 亿美元完善华北、华南、华东、华中城市冷链物流建设，增加对冷藏冷冻包装材料品质的投入，提高仓储标准化作业程度及规模效应，同时确立“我买标准”和国内首个“质量安全 7C 体系”，为包括蒙牛乳业在内的食品提供先进的冷链物流供应。光明乳业独立冷链的物流公司每天运输 2000t 乳制品到江浙沪等地的 3 万多个销售网点。光明乳业为此还在上海成立了全资子公司，引进先进的仓库管理系统、电子标签拣货系统、运输管理系统、全球定位系统及北斗监控系统对产品的储运和交接等过程进行实时监控，有效提升冷链网在全国范围内的布局和管理。

2) 奶制品冷链物流市场化程度

国外的冷链物流大多数是将奶制品、易腐食品外包给第三方物流公司，而不是自营，这样的经营模式不仅可以降低物流成本，还使市场分工细致化、专业化。而我国奶制品冷链物流与国外冷链物流水平相比在运输工具、冷库数量、运输效率方面尚有一定的差距。

不过目前国内奶制品冷链物流以伊利、光明为龙头出现迅速发展的趋势。为了保证销售终端产品的新鲜度，伊利打通了奶制品生产、运输及销售各个环节的数据资源共享。生产、运输、冷库及发货平台与“舱门”直接实现无缝对接。为确保奶制品在发货及运输过程中始终维持在2～6℃的范围内，冷藏车需要尽可能地靠近发货口。为此，伊利打造了技术水平非常高的门封设备，发货口的门封采用的是无记忆、高弹力的海绵，实现发货口和车仓的无缝对接。伊利先进的冷链物流系统，使得绝大部分奶制品可以在24h之内发往全国，即便离生产工厂较远的地区也可在2～3天内抵达销售终端。从产品出厂到销售终端，伊利凭借其冷链物流的速度及适宜的温度保障，有效保证了奶制品的新鲜度。上海领鲜物流有限公司为光明乳业提供经过国家交通管理部门指定检验单位进行制冷能力检测的冷藏车共计1000余辆，冷链物流车辆机组等日常维护每年需要投入2000万～2400万元，1000余座分销冷库和30余座大型物流配送中心，覆盖了全国范围内冷链物流的软硬件设施。

二、奶制品冷链物流存在的问题

1. 奶制品冷链物流成本高

据调查，我国奶制品冷链物流成本是普通物流成本的1.4～1.6倍，并且随着能源价格的上涨，冷链物流成本也出现大幅上升。由于我国奶制品冷链设施不够完善，装备水平不够先进，整体物流成本占奶制品成本的70%，而国际标准是占总成本的50%，这也是我国奶制品价格高于国际平均水平的原因之一。

根据2017年我国冷链物流报告可知，燃油费、路桥费及人工费等每年都在增加，这三者加起来达到冷链企业总收入的80%以上，并且冷藏车的价格是普通车辆的3倍左右，使得我国奶制品冷链物流存在过度竞争，无法实现盈利，导致许多企业亏损倒闭。从中粮投资1亿美元用于冷链物流，到伊利打造7万元一套的门封设备，再到光明每年将2000万元用于日常维护冷链物流车辆均可以看出奶制品冷链物流成本居高不下。而传统运输、储存的方法仅仅是奶制品成本的20%，这使得小规模的奶制品供应商更倾向于选择传统方法，而无法保障奶制品的质量安全，并且在此情况下，有些冷链物流企业可能缩小自身营业利润，而不是提高自身技术设备来赢得更多的客户，使冷链物流市场产生“劣币驱逐良币”的效应，阻碍奶制品冷链物流的发展，尤其阻碍负责冷链物流外包的企业的发展。

2. 奶制品冷链物流轻冷运

国家政策的引导、地方政府GDP政绩导向和资本圈地运动，使得地方十分重视发展仓储物流产业，导致冷库过度建设。在东部沿海一些省份(如江苏省)，奶制品冷库建设过多，容量过大，已经超出实际需求。同时，2017年奶制品冷链物流车辆大约有2万辆，远远少于美国和日本的数量，并且冷藏车数量增长相对缓慢，不能与冷库的数量相匹配，冷藏、冷运不能同步增长造成冷藏资源的浪费。

我国冷链物流运输中，在冷藏车配置方面存在两个方面的失当性问题：其一，使用普通车辆运输奶制品的问题还没有完全解决，无法保证奶制品的质量安全；其二，奶制品运输的过程控制缺乏严格标准，货损率一般高达 30%左右，造成不必要的损失。车辆配置是否得当直接关系到奶制品的质量及口感。此外，奶制品冷藏车的制冷技术还未达到其本身的需求，没有得到根本性的提高，只是采用国外制冷设备，国内奶制品冷藏车制冷技术水平制约着冷链物流的发展。

3. 奶制品冷链物流设施布局不合理

虽然在我国东部沿海地区奶制品冷库发展迅速(甚至超过实际需求)，但在我国中西部经济相对落后地区发展较为滞后。2017 年全国冷库总量达 $1.19\times10^8\text{m}^3$，奶制品冷库约占 $1.8\times10^6\text{m}^3$，同比增长 13.7%，其中 63%分布在东部 11 个省（区、市），18%位于中部地区，而西部地区 12 个省（区、市）只占 19%，即全国 2/3 的冷库容量集中在东部地区，东西部地区发展差异较大。此外，近 5 年全国建成的冷库中，24.89%在东部地区，17.42%在西部地区；在建冷库中，东部地区占 74.76%，中西部地区占 25.24%，东西部地区冷库建设速度差异也十分显著。冷库的功能与种类发展也十分不平衡，大多数选择建设大型冷库，而选择中小型冷库建设的较少；肉类冷库建设较多，奶制品冷库建设较少；大中城市销地保鲜库比产地发展更快。只有 7 个省（区、市）的人均冷库容量超过 0.1m^3，其中天津是全国平均人均冷库容量水平的 2.51 倍，达到 $0.251\ \text{m}^3$，与日本人均冷库容量持平。2017 年我国人均冷库容量仅为 0.09m^3，与国外发达国家水平差距明显(美国人均冷库容量为 0.365m^3)。

4. 质量安全问题在奶制品冷链物流中频发

随着消费者消费结构的变化，奶制品的需求从单一、大量向多元化、少批量的模式转变，所以快速、及时地将奶制品配送到各个城市是目前奶制品冷链物流的最低要求，以保证奶制品的基本质量安全。近年来，奶制品的安全问题在世界范围内爆发，从原奶的集中、储存、运输、加工到奶制品的加工、配送、销售各个环节都暗含着有损奶制品质量安全的因素，而且奶制品的特性使其消费需求变化难以被准确预测，销售未表现出明显的周期性，因此，无法获得消费者需求的有效信息来配送奶制品，冷链环节温度的严格控制显得尤为重要。由于政府多个部门监管奶制品冷链、众多企业蜂拥而至，造成奶制品冷链物流投资不足与投资过度同时存在，经营管理不善，导致全国奶制品冷链不缺资源缺整合，冷链物流效率低下，运输过程中质量损耗率高，每年造成直接经济损失高达百亿元人民币，将奶制品冷藏管理的问题暴露无遗，奶制品质量安全无法保障。

三、奶制品冷链物流的发展对策

1. 推进奶制品冷链物流技术创新

奶制品冷链物流成本较高，要从根本上解决这一问题就要推动技术创新。一是鼓励科研机构、企业等进行冷链技术的研发，开发具有我国自主知识产权的创新冷链物流技术；二是加大财政资金投入力度，积极引导社会资金，形成多元化的投入机制，解决冷链物流全程技术、基础设施建设等因资金缺乏而导致的创新条件不足问题；三是鼓励产学研协同发展，落实好税前抵扣政策，增强企业创新主体的意识和作用；四是要创新冷链物流人才的培养模式，鼓励高校设置与冷链物流相关的学科专业，发展奶制品冷链物流职业教育，形成多层次的冷链物流创新人才教育、培训体系。

此外，还应加大奶制品冷链物流建设的投入力度。一方面，要加快奶制品冷链物流的基础设施建设。根据奶农或奶制品企业的实际情况，在奶农、奶站与企业的主产区增加冷链物流基础设施建设的投入力度，既要增加新的冷藏冷冻设备，同时也要对现有的老化设备进行更新升级，提高奶制品冷链物流设备的覆盖面。尤其是要加强奶制品冷链物流信息系统的建设，因为这是解决奶制品物流信息传递不及时，不利于保障奶制品新鲜度等问题的重要基础条件。通过建立高效的信息共享系统，实现奶制品冷链物流行业信息的及时传递，确保奶制品冷链物流组织的时效性与科学性。另一方面，要加大奶制品冷链物流技术的推广与普及力度和专业人才培养力度。积极引进先进的冷藏冷冻保鲜技术，并结合本地区奶制品生产的实际情况，开发建设适合本地奶制品的冷链物流技术。同时通过从业人员素质的整体提升，提高奶制品冷链物流的组织水平。

2. 加强奶制品冷链物流网络体系建设

加强奶制品冷链物流网络体系建设，提高冷链物流中对冷运的重视程度。一方面，大力发展并加强宣传第三方奶制品冷链物流企业。与传统的冷链运输企业相比，第三方奶制品冷链物流企业的冷链技术和运营管理水平都具有明显优势。鼓励这些企业在牧场、奶站与销售地建立冷藏冷冻保鲜设施，实现奶制品从成熟伊始就进入冷链物流体系，进而提升奶制品的整体保鲜水平。另一方面，引导组建冷链物流联盟。冷链物流设施建设的投入十分巨大，建立奶制品冷链物流联盟，不仅可以使行业内各家企业实现数据信息共享，优化奶制品冷链物流基础设施资源配置，同时可以形成范围广、物流能力强的冷链物流网络，大大缩减了奶制品的物流环节数量，迅速提高奶制品的冷链物流配送率。

制定奶制品冷链物流发展规划。首先，在现有物流行业发展规划的基础上，细化与奶制品冷链物流发展有关的规划，对原奶的集中、原奶获得的资源优势、奶制品与现有物流基础设施的匹配等进行合理规划，以达到对冷链物流基础设施的高效利用；其次，对打通奶制品冷链物流上下游环节进行制度引导，并辅以税收、土地和利益分配等相关政策，为奶制品从生产到消费构建全流程的冷链物流体系，真正发挥奶制品冷链物流的效用，提高奶制品的市场竞争力；最后，通过发展规划的制定，为更多社会资源进入奶制品冷链物流发展领域打通渠道。奶制品冷链物流的发展，要通过建立融合了政府、企业、奶农、牧民的多方联动机制，共同应对解决奶制品冷链物流发展中的问题。

3. 加强奶制品冷链物流政策指引

面对我国奶制品冷库分布不均，借鉴国外冷链物流成功的发展经验，在奶制品冷链物流发展的起步阶段，政府的资金投入和政策扶持是必不可少的。政府的引导和支持对于任何一个产业的发展都至关重要。政府应从国家政策层面提高对奶制品冷链物流的重视程度，综合考虑我国城镇居民消费趋势、消费方式、农业产业发展形势、商业模式的创新等因素，制定奶制品行业发展规划、产业政策，优化冷链物流地区布局；制定相关的技术标准和规范操作流程，积极引导发展配套兼容化冷链设备；出台相应的扶持政策，鼓励发展第三方冷链物流企业；宣传企业诚信制度，通过财税、信贷等手段积极引导冷链物流企业依法、诚信经营。

奶制品冷链物流建设不仅是一种简单的商业行为，还具有一定的社会性，所以政府要积极引导投入，当冷链物流行业发展到一定规模时，逐渐实现政府与市场的双轮驱动。政府应出台多种优惠政策来激励相关冷链物流企业进行物联网化改造，并积极实现追溯系统与政府监控的对接，对于引入物联网的冷链物流企业给予相应的补贴，进行适当的增值税或所得税减免，或者提供低息或无息贷款、许诺更长的还贷期间、允许外资介入等融资优惠政策。

4. 建立完善的奶制品质量安全责任认定机制

质量安全问题要放到奶制品冷链物流的首位。首先，需要建立产品源头的管理追溯体系和配送环节质量追溯体系。为保证实现对奶牛健康安全的有效控制，可结合射频识别技术为每头奶牛建立专一的健康档案标签，利用射频识别技术来标记每头奶牛牛奶的质量，并通过信息管理系统实现奶牛奶量变化的自动分析，进而得到每头奶牛的产奶性能、健康状况、泌乳曲线等信息。借助全球定位系统、地球信息系统、码分多址通信网络等技术，通过系统和车载终端实时控制调度管理，加强对司机及车辆的信息管理，在运输卡车内安装内部带有温度传感器的射频识别技术标签，在卡车通过的路段安装足够数量的读写器，便于实时记录车厢里的温度及牛奶的物流信息。更重要的是，政府应该建立完善以产品源头管理追溯体系和配送环节质量追溯体系为基础的责任认定机制，一旦奶制品出现安全问题，通过追溯体系尽快锁定相关责任方，保障消费者的切身利益与其他利益相关者的品牌权益，从而形成对奶制品冷链物流相关企业与消费者的激励。

第八节　蛋类冷链物流

一、蛋类冷链物流现状

1. 蛋类冷链物流的定义及流程

蛋类冷链物流即指通过较高技术含量要求的低温控制系统工程保持蛋类在被消费前的各个环节中始终置于特定的且能有效抑制蛋类变质的低温条件下，以达到确保蛋类营养成分、质量安全，降低在生产、储存、运输、销售等过程中的损坏，是有效隔绝外界污染的一种特殊供应链系统。

为能有效规避不同模式下可能造成的外部效度不足问题，也为了进一步实现模型的简化，将蛋类冷链物流全过程分为冷链加工、冷链仓储、冷链运输、冷链销售四个环节(图 2-9)，全过程不但要控制温度、湿度，还要控制运输过程、仓储过程的稳定性，减少蛋类在冷链物流过程中破损的可能。

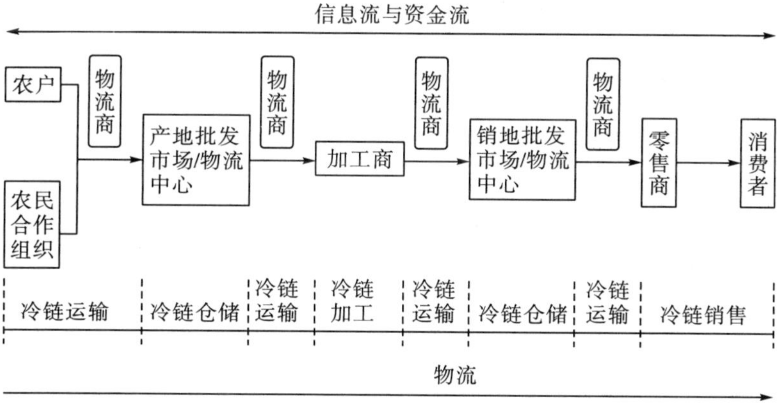

图 2-9　蛋类冷链物流流程图

蛋类冷链运输在冷链物流全程的多个阶段都会发生。以公路运输作为研究对象，每台冷链运输车内都会配备集信息采集系统、定位系统及信息传送系统于一体的设备，并纳入物联网体系之中。当电子运单传送至运输调度系统时，系统会即刻对订单需求、在编车辆、E-Map 及 GIS 信息进行智能匹配，设计出最合理有序的运输方案，同时还能够将配送路线与车辆调度信息及预计到达的时间实现实时匹配，实现两个系统与两个流通环节的无缝衔接。在运输过程中，冷链物流运输车的车载电子标签、司机身份证及监控中心和定位技术与第三方可视化监控平台密切联系在一起，可以实现对车辆编号、车辆司机、联系方式、货物清单、行驶路线、收货地址及在线地标等的实时监控。最重要的是，可以利用传感器获取冷藏运输车车厢温度、湿度的实时信息，通过信息采集系统标签存储传送到可视化监控平台，以实现对冷藏运输车工作状态的实时监控。当温度、湿度超出系统设定的区间范围时，系统会立即启动自动预警系统，并同时向冷藏运输车发出调控指令。

冷链仓储是蛋类冷链物流的一个核心环节，无论是蛋类批发市场，还是蛋类物流中心，甚至大型蛋类加工中心都需要进行冷链仓储。刚产下的蛋类往往因表面附着粪便、泥土、羽毛等而容易腐败变质，可以进行清洗、消毒等来延长储藏保鲜期。储藏保鲜的禽蛋一定要用清水冲洗两次，然后放入消毒液中浸泡消毒5min，最后用凉开水或自来水冲洗并晾干。凡是进行储藏保鲜的禽蛋必须都是新鲜的。蛋类可以采用简易储藏和冷库储藏两种方式进行仓储。简易储藏包括草木灰储藏、干粮储藏、生石灰储藏、明矾储藏、淡盐水储藏，夏、秋高温季节不宜用此种方法储藏鲜蛋。冷库储藏方法适宜大量储藏。入库之前，应先对冷库进行熏蒸消毒，等到药味散去，再入库即可。禽蛋可用木竹或纸箱盛装。储藏时先进行预冷处理，当禽蛋温度达到1～2℃时可置于冷库中储藏。储藏期间每4～5天要对冷库进行换气，每10～15天要抽检禽蛋，便于确定合理的储藏保鲜期。这种方法储藏下的禽蛋在冬、春季的保鲜期为5～6个月，夏、秋季的保鲜期为3～4个月。

冷链加工环节，蛋类在进入流通加工前，首先会被自动采集信息，然后信息采集系统的读写器、温度传感器、摄像头等会详细记录加工的全过程，收集每道工序的信息，包括加工过程中的湿度、温度及操作人员的相关信息等。在加工阶段，要将原有射频标签上的信息及加工后的信息进行匹配融合，形成蛋类的新信息附在电子标签中。为了降低成本，按照附加值、易腐程度对蛋类采用分类信息采集系统电子标签：对于价值低的耐腐品，单品使用条形码、整体包装应用信息采集系统电子标签；对于价值高的易腐品，采用信息采集系统的电子标签，有助于实现对环境的严格控制。该环节采集的信息主要包括蛋类名称、蛋类数量、蛋类质量、产地、加工企业、加工方式、生产日期、等级评定等。此阶段的信息传输是先将采集到的信息保存到企业本地的信息采集系统，再将有关安全追溯的信息通过监控中心上传至政府监控与追溯系统。在加工出库后，要将车上所载的产品单品或整体包装的电子标签整合到运输车辆的车载信息采集系统电子标签中，完成信息的整合，并形成新的接入口，有利于实现信息的传输及各环节的对接。在蛋类冷链加工环节中，先进的物联网技术和设备可实现蛋类的深加工，有利于实现标准化、自动化、流程化的加工流程，典型的如产品等级评定，以往需要专业且富有经验的员工对蛋类的外观、色泽、气味等进行综合评估后做出认定，缺乏客观性及准确性，而基于物联网设备的成像技术及嗅觉系统可以根据蛋类的特点进行自动化检测，并给予可靠的评级。

在冷链销售阶段，蛋类也是通过线上线下相结合的销售渠道进行销售。零售商或电商可以有效利用信息采集技术实现与上一流通环节冷链运输车辆的车载电子标签的对接，利用企业内部追溯系统验证运送过来的蛋类信息，对于验证合格的，商家接受蛋类并进行销售，如果信息不吻合，则拒绝这些蛋类进入消费点。在这个阶段，可以有效利用零售卖场的信息采集读写器、传感器、摄像机及定位系统，还能够实现卖场对蛋类产品进行科学合理的陈列，同时对售卖和零售库存的蛋类进行实时监控以便及时补货等。

2. 蛋类冷链物流产业现状

2017 年我国生鲜农产品的市场规模达到 13.28×10^6t，冷链交易市场产值高达 4700 亿元。同年云南省主要农产品产量水果为 2.439×10^6t，蔬菜为 6.329×10^6t，禽蛋为 0.264×10^6t，猪牛羊肉为 3.341×10^6t，水产品为 0.744×10^6t 等。目前，我国 85%以上的蛋类供应链是在常温下进行的，使得蛋类的供应过程损耗高达 25%，造成直接经济损失高达 38 亿人民币，与荷兰、美国等蛋类冷链物流发达的国家相比高得多。

二、蛋类冷链物流存在的问题

1. 蛋类冷链物流标准化程度低

虽然近年来我国农业领域的发展步伐不断加快，然而我国蛋类生产组织化的总体程度较低，大部分仍然是家庭经营，从而制约了我国蛋类标准化生产。尽管原农业部(现农业农村部)于 2017 年颁布了国内首个鲜活蛋类电子商务流通标准，但是离蛋类分级标准的市场化应用还有较大距离。

目前，我国蛋类生产标准化推进程度进展不一。像玉米、面粉、棉花等大宗商品经过多年发展已经建立了一套相对完善的生产标准体系，而果蔬、鲜肉、蛋类等商品则在生产上还难以做到标准化。在我国 2.5 亿农户中，加入农业合作组织的只有 1/5 左右，而剩下的农户依然是自然生产状态，想生产什么就生产什么，蛋类的生产与市场需求之间缺乏联系，给蛋类的现代化冷链物流增加了难度。成熟的电子商务市场需要对销售的产品进行标准化认证后才能销售。而国内农业生产，特别是蛋类的生产形成规模化的还很少，一般都是小农生产，这些人没有品牌意识，也没有资金进行产品认证。由于我国蛋类生产不能做到标准化、规模化，因此买方不能知道产品优劣，造成难以在电商平台上形成规模流通。相反地，发达国家蛋类生产规模化、品牌化、标准化程度高，产品具有良好的品质和安全信誉，使得市场会优先考虑这些产品。蛋类未实现标准化生产，蛋类运销模式的创新难以实现，使现货电子交易、电商模式及远程拍卖在蛋类领域的应用受到限制。蛋类未实现标准化，就很难实现线上交易，进而抑制因运销模式创新带来的冷链物流的发展。

2. 蛋类冷链物流社会认知不足

过去几十年，蛋类冷链物流在我国发展缓慢，主要是因为消费者缺乏冷链物流的意识。即使在大城市，很多居民对冷链物流也不了解，而且传统蛋类储存方式成本较低，现阶段仍较为普遍，人们在购买禽蛋时很少考虑流通方式。这主要是因为当时我国经济还没有发展到让消费者开始关注食品新鲜度和品质的程度。我国居民恩格尔系数达到富裕线水平，消费者对蛋类安全和品质越来越重视。此外，饮食习惯、传统观念、蛋类质量安全问题也是居民对冷链物流关注度不足的重要原因。第一，饮食习惯。我国食物大多采用煮、蒸、干煎、油炸等方式制作，与鲜食相比对蛋类的要求不高。然而，国外的肉品大多是五分熟、七分熟即可食用，日本比较喜欢直接食用生鲜鱼类，造成西方国家对于冷链物流需求强烈。第二，传统观念。我国传统观念认为只有冷饮食品才需要进行低温储存，冷链是一种浪费资源的运输方式。第三，蛋类质量安全问题。蛋类质量安全受到消费者的密切关注，人们担忧不能买到放心的食品，淡化了追求食品品质的意识。

我国蛋类冷链物流发展较晚、市场规模较小、行业集中度较低、基础设施不够完善、专业化水平较低等问题比较突出，严重制约农民收入水平的提高，阻碍贫困户脱贫。

3. 蛋类冷链物流缺乏法律法规与标准体系

我国冷链体系的不健全已成为物流企业发展的阻碍，由于政府多个部门管理冷链，众多企业盲目跟风投资，蛋类冷链领域存在投资过度和投资不足的矛盾现象，导致在全国范围内的蛋类冷链资源难以优化整合。

我国目前还没有出台专门的法律法规，特别是蛋类冷链物流的出现及发展，主要是蛋类冷链物流市场主体的自发行为，带有比较明显的随意性。也就是说，各蛋类冷链物流企业，往往有着自己的技术标准与操作规范，在冷链物流的各个环节中，在冷藏冷冻设施设备、温度控制方法、冷链操作规范等方面，都缺乏可以参考和执行的国家标准。例如，蛋类产品作为肉禽冷链物流的主要产品，如何实现蛋类产品的冷藏冷冻，如何保证达到食品卫生和安全标准，以及如何实现冷链物流的组织管理，都没有明确的标准，使得市场上的一些企业在追求低成本、高效益时，对冷链物流的要求大打折扣，给食品安全带来了一定的隐患。相对于常温物流，蛋类冷链物流本身就是为了提高蛋类新鲜度，实现蛋类增值而出现的物流组织方式，一旦没有严格的技术标准，很可能会出现蛋类已经变质腐败，却在冷冻冷藏下没有被发现。显然，我国蛋类冷链物流还需要不断发展、完善，特别是要加快制定完善的法律法规和制度体系，让整个行业都有章可循，才能真正保障整个行业的健康有序发展。

4. 蛋类冷链物流第三方物流企业参与度低

蛋类冷链物流市场化程度降低，使蛋类运输过程实现货物的最佳保存存在困难。因而，需要建立起一套完整的冷藏物流链，把控严格的温度控制和包装技术。在放置和转移蛋类产品的过程中，要避免其暴露在空气中。同时，要有专业的运输管理机制及精良的冷藏运输装备，为有效保障货物的保鲜质量和提高运输的经济效益提供技术保证。

目前国内大部分物流配送业务是由其自身的物流部门来完成的，没有发展第三方物流产业，从而缺乏健全的信息系统和网络服务系统，严重制约了在运输途中对蛋类物流信息的准确和及时的把握，同时自营冷链的成本和商品损耗极大地影响了企业盈利。首先，在蛋类自营的冷链物流中，管理型人才和技术型人才匮乏。相比于其他行业，蛋类冷链物流属于低回报、高投入的行业。蛋类冷链驾驶员的文化水平较低，没有接受专业培训，致使部分人员没有意识到蛋类供应链中冷链物流的重要性，有时会在途中浪费不必要的时间。其次，随着畜牧业的快速发展，企业对冷链物流方面的人才的需求越来越大，而第三方物流企业参与度较低的情况下，对制冷技术、信息技术等技术型人才及冷链运输等物流型人才的培养不够，造成蛋类冷链物流效率较低，损耗率偏高。

三、蛋类冷链物流的发展对策

1. 促进蛋类规模化、标准化生产

蛋类规模化、标准化生产是提高我国蛋类质量和生产效率的根本途径，也是蛋类冷链物流业发展的基础。蛋类的规模化、标准化生产，可以通过合作社的生产方式或大规模的土地集中来实现。在我国家庭联产承包责任制的前提下，实现蛋类生产经营的组织化，需要更多的组织模式创新和商业模式创新。一是要扶持具有辐射带动能力的蛋类加工龙头企业的发展；二是要鼓励龙头企业与农民建立紧密的利益共享机制，大力发展蛋类订单；三是要鼓励农民发展蛋类产业协会、专业合作及家庭农场等新型经营模式；四要加快建设蛋类市场体系，开展标准期货、现货交易，鼓励实现“农超对接”及直销配送。

政府部门应联合物联网技术与应用专业委员会及冷链物流专业委员会，通过采用专项基金、重点建设项目及科技攻关项目等手段，积极建立冷链物联网标准化的产学研合作体系。在冷链物流专业委员会和物联网技术与应用专业委员会的组织与筹备下，企业、高校及科研机构联合拟定各种冷链物联网标准，制定以HACCP、GMP(良好生产规范)等为基本原理的蛋类冷链物流全程质量与安全控制技术规程；制定各类蛋类在加工、包装、冷冻储存、冷藏运输、批发配送及分销零售等环节的操作规范，完善各个环节温度和湿度的控制及效率能耗标准体系；

围绕大类生产质量溯源制度和全程监控这一中心，制定采集数据、交换数据及信息管理等信息类标准，制定与冷链企业相关的其他标准，如统一编码规则等。

2. 加强蛋类冷链知识宣传

政府、行业协会、农业企业要加强对蛋类冷链物流的宣传和科普，让消费者了解冷链物流的基本知识及其对提高蛋类品质的作用、“断链”带来的危害等，使消费者能够体会到冷链物流所带来的生活品质的提高。同时，将冷链物流知识与食物营养科普有效地结合起来，特别是改进饮食习惯、提高保鲜技术运用等方面。

同时引导消费者需求，实现蛋类冷链物流需求与供给推动并举。冷链物联网建设既需要大量的初始投资，也面临着高昂的运营成本，其配送的蛋类不得不采取高价格。如果消费者对于产品不认可，也不愿为其额外成本买单，则很难建立起基于物联网的蛋类冷链物流体系，即使能够一时建立起来，在长期内也难以维持。因而，要积极引导消费者进行合理需求，确保冷链物联网配送的蛋类能够得到有效的市场回报，同时实现需求拉动与供给推动。首先，整合电视频道、报刊专栏、官方微博、微信公众号、广播专栏等媒介，宣传蛋类冷链物联网相关知识及食品安全常识，定期发布蛋类质量安全事件、质量安全问题对消费者身体造成的危害与防治知识等，引导消费者主动了解蛋类的质量特征及冷链物联网的优势，理性看待冷链物联网配送产生的高价格，提高消费者的认可度；其次，引导消费者使用蛋类全生命周期查询系统，以免费使用、操作简单、实用便利等特征吸引消费者的注意力，使得基于物联网冷链物流运输的蛋类在消费终端能够实现真正的落地，提高消费者规避蛋类质量风险的能力；最后，消费者也应该为自己及家人的健康考虑，培养食品安全意识，主动选用经由冷链物联网配送的蛋类，并主动进行宣传，让蛋类冷链物流体系得到广泛认可。

3. 完善蛋类冷链物流法规制度建设

一方面，要加强蛋类冷链物流的立法工作。重点是要围绕推动发展蛋类冷链物流行业，通过法律建设营造更加有利的发展环境，使蛋类冷链物流发展有章可循。另一方面，要加快蛋类冷链物流行业相关技术标准的制定。蛋类冷链物流行业风险较高，如果某个中间环节出现问题，就可能产生食品安全问题。必须从蛋类冷链物流技术标准、冷链物流行业操作规范等方面，制定明确的制度体系。可在冷链物流行业引入质量安全认证制度和行业准入制度，提高行业准入门槛，及时清理技术与服务不达标的企业，保障整个行业的健康有序发展。积极落实 2018 年一号文件，重视农产品尤其是蛋类冷链物流，支持、鼓励、配合农业部开展“农产品质量年”活动，加快推进品牌强农的建设目标，指导各地区有序地开展蛋类品牌建设活动。

4. 联合蛋类冷链物流与第三方物流企业

联合第三方物流企业，加强蛋类冷链物流全程管理。从我国冷链物流行业的发展视角来看，专业化的冷链物流企业将成为冷链物流市场的主体，促进专业的第三方冷链物流公司崛起和成长，有利于蛋类冷链物流的快速持续健康发展。

第三方物流企业具有技术水平专业、物流网络和信息技术完善、经济效益成规模等优点。第三方物流企业已发展为针对不同物流市场建立相对应的信息网络，具有强大购买力和货物配载能力的企业，能够大幅度地降低单位运输成本，进而促进企业实现资源的优化配置，减少物流成本投入，集中精力发展核心业务。根据目前第三方物流企业的发展状况可知，大部分第三方物流企业都拥有相应的信息技术，开发企业之间可以实现内部信息的共享，有利于实现企业之间的沟通交流。如此一来，有利于加强对配送车辆的监控，通过车辆上安装的温控系统，可以随时监控车厢的温度，并通过无线网络将监测到的温度传输至企业的调度中心，一旦监测到车厢内温度超出设定的正常范围，便会紧急采取相应的措施。

首先，以在税收、银行借贷等方面的优惠鼓励已有的经营状态良好的冷链物流企业向专业化、规模化、标准化发展，使其得到快速健康发展。其次，政府也要通过优惠政策和补贴调动新建立的或规模较小的冷链物流公司的积极性，促进蛋类冷链物流企业的发展。对于小规模企业来说，也要积极加强同其他实力较强的冷链物流企业的交流与合作，取长补短，谋求蛋类冷链物流的共同发展。

第九节 国内外典型冷链物流管理案例

一、麦当劳冷链物流的标准化管理

20 世纪 90 年代初，第一家麦当劳在深圳开始营业，那时我国多数人还没有听说过“物流”这一概念，麦当劳就将其先进的冷链物流模式带进了中国。随着多年的发展，麦当劳所提供的食品质量得到了消费者的普遍赞叹，这主要归功于麦当劳公司成功的冷链物流模式。

麦当劳将冷链物流业务外包给夏晖公司，将此业务外包的原因除想为自身赢得更加全面和专业化的服务之外，还能够解决自身资源和精力有限的问题，让其更加专注于核心业务和增值性业务的发展。

据了解，麦当劳的冷链物流标准包括温度记录与跟踪、温度设备控制、商品验收、温度监控点设定、运作系统 SOP 的建立等领域。即使是在手工劳动环节也有着严格的标准。在中国，麦当劳还在考虑应用一些国家制定的物流业服务标准和技术标准，以便把工作细化到 MRP 或 VMI 系统的各个节点，进而对整个流程实施控制和跟踪。除此之外，麦当劳对其所有的餐厅实行统一的标准化管理，从对员工的要求到对店长的要求，从对食品制作的要求到对食品运输的要求，麦当劳在全球范围内自始至终执行着一整套标准化管理体系。

麦当劳不仅是对于食品运输、储存有着严格的要求，对于货物装卸过程也有着严格的标准要求。在搬运货物时，搬运人员并不是直接与货物接触，而是将货物放在托盘上，进行整体性的搬运。这样做，不仅能避免人员接触对食品的污染，而且能快速地搬运大量物品，从而也保证了在规定的时间内完成装卸货的任务。

在不少企业还把标准化当作一种技术来处理时，麦当劳已经利用它们构建起了一套有效的食品安全管理系统。在麦当劳来看，凡是在生产、储存中有要求的地方，不论是普通食品还是冷冻食品，都应该设置这种标准。目前，麦当劳正在积极引入一套由美国食品物流协会开发的认证体系，并希望把这种适用于美国航天员的食品标准，逐步扩展到整个食品行业。

麦当劳通过对夏晖公司冷链物流的过程管理，从而实现对自己餐厅销售的食品质量的控制。一般麦当劳公司通过订单管理和库存与配送管理进行管理，麦当劳餐厅的经理需要预先估计安全库存，一旦库存量低于安全库存，便进入订货程序。麦当劳采取在网上下订单，将订单发往配销中心的订货方式。夏晖公司在接到订单之后，便能够在最短的时间内完成装货、送货系列过程。每天，餐厅经理都要把订货量与进货周期进行对照，一旦发现问题，立刻进入紧急订货程序。虽然紧急订货不被鼓励，但一经确认，两个小时后货品就会被送到餐厅门口。麦当劳通过对其订单的有效管理，实现了仓库储备的货物总能保证在安全库存之上，保证随时能够满足消费者对食品的任何要求。

麦当劳对夏晖公司的库存与配送也有很高的要求，提出了保证准时送达率、保证麦当劳的任何一个餐厅不断货、保持每一件货物的质量处在最佳状态的基本要求。其中，保证货物的新鲜度是难度较大的环节。在接到订单后，夏晖公司就开始准备装车的工作。所有需要的货物都在夏晖公司位于北京市大兴区经济开发区的物流配送中心进行配送作业。在装货的过程中，冷冻、冷藏运输车辆停靠在装货的车道内，能与冷库实现完全的密封性对接。两个公司为了保证营业期间食品的新鲜，冷藏库坚持先进、先出的进出货方式，并对物品入库和提出环节也制定了严格的标准。

当食品运到麦当劳餐厅时，麦当劳餐厅经理首先会提前做系列准备工作，如检查冷藏和冷冻库温是否正常，抽查产品的接货温度，检验产品有效期，检查包装是否有破损和污染等情况，如果任何一个环节不符合要求，货品都要退回夏晖公司。

为了满足麦当劳冷链物流的要求，夏晖公司在北京地区投资建立了一个占地面积达 12000m^2、拥有世界领先技术的多温度食品分发物流中心，配备了专业的三温度(冷冻、冷藏、常温)运输车辆。中心内设有冷藏库、冷冻库及干货库，各个库区都有极其严格的温度、湿度要求，从而保证产品的品质。

在这个案例中，不仅涉及麦当劳作为一个连锁企业的自身物流管理过程，还包含了其供应商夏晖公司的第三方物流运作模式。案例包含了供应物流、生产物流和销售物流三个方面，而对供应物流和销售物流来说，夏晖公司的特别之处在于，它不仅扮演了第三方物流公司的角色，而且还承担着供应商的责任。一方面可以说是麦当劳采用了委托第三方物流代理的方式为其制造、储存、配送及管理货物，另一方面它完全采用了供应商代理的形式，由供应商掌握麦当劳的库存，采购也是由夏晖公司来完成，因此麦当劳和夏晖公司是伙伴型的合作关系，不管夏晖是作为第三方物流公司，还是作为供应商，都在整个物流运作过程中起到了不可忽视的作用。

二、雨润集团全自动化控制冷藏系统

近年来，江苏雨润集团在秉承“食品工业是道德工业”的经营理念的同时，紧绷食品安全这根弦，不断强化、完善“肉类蔬菜流通追溯体系”“中国食品全产业链监管”的建设，为消费者买到、吃上“放心”肉制品筑起了安全屏障。作为国家级重点农业产业化龙头企业，严格的食品安全管控使江苏雨润集团在2011年度低温肉制品、冷鲜肉的市场占有率均列全国第一。回眸雨润集团的食品安全模式，可以说是在“可追溯”统领下的“三线并进”。

为保证食品在流通市场销售中的安全，雨润集团创造性地提出了肉食品行业全产业链经营的概念，即纵向覆盖种植、饲料、育种、养殖、屠宰、精深加工、生鲜连锁、熟食专卖和电子商务等；横向延伸到生物制药、冷链物流、农产品电子交易平台等；产业遍及猪、牛、羊、鸡、鸭、鹅、兔等，使企业在从源头到餐桌的全链经营中做大做强。

在上游，雨润集团通过发展现代养殖业，确保原材料的安全；在加工环节，通过全程质量控制体系，确保生产过程产品出厂的安全；在下游，通过全程0～4℃的全程冷链运输体系，确保产品安全到达终端和消费者手中；在研发环节，通过不断的技术创新，不断向消费者提供更多、更健康、更美味的食品。目前，雨润集团已经逐渐形成从良种繁育、科学饲养、屠宰到肉制品深加工和市场流通服务的立体化的产业链经营模式。

目前，雨润集团以300~500km为销售半径，通过冷链物流系统，在12h内为全国的消费者提供新鲜美味的雨润食品。为体现集团旗下各品牌低温肉制品的新鲜美味，雨润集团始终坚持把产品保质期控制在0～4℃条件下30天，远低于国内同行业中的60~90天的销售周期。

同时，产品保质期的缩短也造成了一定的退货，雨润集团专门设立了退货管理办公室，距离保质期还有3天的产品，企业负责收回。对于退回的产品一律不允许送到各分公司，而是送到退货办做就地销毁处理。

早在2007年，雨润集团就建立了雨润食品的追溯机制。在雨润食品的追溯机制中，雨润集团为每批产品建立户口档案并存档。产品档案中记录着从原料检验、杀菌、腌制到包装再到出库等各个环节的原始数据及批次号。

2010年，商务部规定："要用3年左右的时间，在全国36个大城市及部分有条件的城市率先建成肉类、蔬菜流通可倒追体系。"雨润集团完整的可追溯体系及其实践，无疑为我国食品追溯制度的建立和完善做出了积极探索和尝试，并提供了一个可供借鉴的样本。

三、上海可的便利店冷链物流管理创新

上海可的便利店有限公司(以下简称可的便利店)是一家从事便利店连锁经营的商业零售公司，前身是上海可的食品公司，由上海光明乳业股份有限公司控股投资组建而成。公司从1996年开始从事便利店连锁经营，目前已拥有便利连锁店1300多家，分布于上海、江苏、浙江、广东四省(市)的21个城市。在过去的10年中，持续在华东地区的市场份额保持第一。

上海可的便利店基于食品安全的冷链物流管理的提出背景：一是满足消费者对冷链食品数量和质量要求的需要；二是实现企业差异化经营提高核心竞争力的需要；三是降低企业损耗、提高供应链组织与控制程度的需要；四是增强企业辐射能力，服务长三角市场的需要。

基于食品安全的冷链物流管理就是围绕食品安全，以供应链管理思想和系统化管理思想为核心，以效率优先为指导原则，在危害分析及关键控制点确定的基础上，通过组织重组和业务流程再造，综合应用现代管理方法、现代信息技术、节能技术、温度监控技术，对冷链食品原材料采购、生产加工、运输配送，一直到上柜销售等供应链各环节进行全程安全管理与监控，实现投入产出比最优、作业质量和效率最佳、作业成本最低的冷链物流管理效果，最终形成可的便利店具有核心竞争力的冷链食品管理优势。

上海可的便利店基于食品安全的冷链物流管理成果：一是更新观念，建立冷链物流管理的战略理念；二是确定目标，统一制定冷链物流总体发展规划；三是寻找战略合作伙伴，构建冷链物流管理基础；四是组织结构重组，构建适应食品安全监控的集成管理平台；五是业务流程再造，建立安全、快速、高效的协作链条，制定进货验收、库内作业、配送、门店交接等关键环节的流程改进措施；六是现代信息技术的充分应用，实现对冷链物流管理的有力支撑；七是建设现代化冷链配送中心，导入卓越绩效模式，实施5S现场管理方法。

上海可的便利店基于食品安全的冷链物流管理的运行效果：一是确立公司冷链管理者的主导地位，增强了公司对环境的应变能力；二是主要效率指标超越国内先进企业，达到国际先进水平，通过对冷链物流的管理，可的便利店在关键指

标上已经达到或超过业内国际领先企业——日本的“7-11”；三是示范辐射作用明显，形成了可推广的冷链导入模式；四是经济效益明显提高，经济效益比整合前有大幅度提高，低温食品销售量利润增长 167%，投入产出率为 1∶3，劳动生产率增长 144%；五是高回报率，通过本项目的实施，目前可的便利店冷链食品配送费率维持在 5%左右，而国内同行业内的配送费率在 7%~8%；六是冷链物流管理体系的建设有效地支持了可的便利店在长三角的市场拓展，加强了可的便利店的市场地位，使可的便利店在江浙两地冷链食品的销售额平均每年增长 30%以上。

四、伊利冷藏运输模式

冷藏运输是伊利未来销售市场的原动力，不同温度控制下的产品冷藏运输运作模式做到随机应变，并确保了食品安全。众所周知，伊利集团的产品分为液态奶、冷饮和奶粉三大类，其产品流通绝大部分归属于冷藏运输范畴。在国内运输标准缺失，冷藏运输受社会环境约束的条件下，伊利冷藏运输如何运作？

作为全国资源型的龙头企业，内蒙古伊利实业集团股份有限公司（以下简称伊利集团）在业界一直以货物运输量大而闻名，其产品流通大部分归属于运输范畴。

数年前，伊利集团产品运输全部是从内蒙古向外输送，运作方式耗时耗力。随着其各地工厂建设完毕，大大节省了运输成本，提高了冷藏运输效率，进一步保证了产品的质量和新鲜度。

伊利集团拥有国内乳品行业最完整、最丰富的产品线，销售地域宽广，具体运输方式包括海洋运输，铁路集装箱、冰保车、机保车运输，公路运输，铁海联运、公海联运及行包发运等。伊利集团的冷藏运输配送近年来一直是领先行业，具体运作方式在不同区域视产品特点不同而定。

以伊利液态奶产品为例，其冷藏运输有两大特点：货量大、多种运输方式并存。由于奶制品对产品新鲜度、实时性和安全性要求较高，市场对产品的可追溯性要求也非常严格。目前，伊利集团对社会冷藏运输资源进行了有效的整合调度。

伊利液态奶事业部“兵分两路”进行冷藏运输配送。一方面从工厂直接送达客户；另一方面则在全国重点城市布局分仓，通过分仓配送满足中小客户的需求。例如，伊利集团在武汉设立分仓，通过五定班列、车皮、集装箱等方式直接将产品运输到分仓，然后各分仓再按照客户所处的位置以铁路或公路中转配送到客户的手中。

运输是保证产品质量的关键，是消费者拿到产品前的重要环节。因此，伊利集团在这方面一向不惜成本，对于承运商有着特别严格的管理规定和考核标准。伊利集团的冷藏运输配送全部交由第三方冷藏运输公司运作。部门在对第三方冷藏运输集团进行统一招标时，往往要审定对方的资质，要求具备一定的运输能力和资金周转能力。同时，冷藏运输的特殊性也决定了其对冷藏运输供应商的人员素质具有高要求。

对于承运商而言，运量大意味着回报大，伊利集团的销售规模使其具备了整体优势，并因此实现挑选承运商的可能。例如，-18℃的低温条件是最起码的要求，承运商都能达到。另外，对于整个配送过程的恒温要求，伊利集团自有一套体系进行控制。例如，进行相应的数据采集和跟踪管理、不定期对第三方冷藏运输公司进行评估等，达不到要求者就要出局。

由于伊利集团的冷饮销量每年平均增幅超过 30%，行业发展速度较快，因此，总体上来说，每年新加入的承运商要比被淘汰的数量多。尽管如此，公司每年还是会有大约 15%的承运商由于各种原因出局。

不同事业部对承运商的要求不一，伊利集团对配送环节保质保量的要求特别高，如对配送的温度、湿度和卫生条件要求非常严格。同时，对于车辆是否符合管理规定，一方面安排运输管理人员在装卸货和运输环节加强控制；另一方面将这些内容归入对承运商的考核制度。事实上，由于我国冷藏硬件设备严重不足，因此，即便是伊利集团这样的大企业，也时常听到第三方冷藏运输公司抱怨冷藏车辆资源紧张。

伊利集团在全国范围内实施“织网”计划，这是一个通过战略布局调整降低冷藏运输成本的典型案例。所谓“织网”计划，其核心就是实现生产、销售及市场的一体化运作，并对每个市场进行精耕细作。

目前，伊利集团已在全国十多个销售大区设立了现代化乳业生产基地。在这样的布局条件下，伊利在四川、山东、安徽、湖北等地的生产基地不仅可以供应本区域内的市场需求，还可以供应周边地区，从而形成一个庞大的网络体系，大大降低了冷藏运输成本，同时也大大增强了对食品安全的保障。

目前，伊利集团冷藏运输成本占整个集团成本体系的比例为 6.5%左右，与前些年相比有了明显降低。但是，由于油价上涨及生产成本不断提高等因素，近年来，伊利集团的冷藏运输成本也呈现升高的趋势。降低冷藏运输成本关键在于创新。在保证食品安全的前提下，通过产业布局调整和提高冷藏运输技术来降低冷藏运输成本，已经成为一项新任务。冷藏运输作为衔接生产和销售的中间环节，其在企业发展中的积极作用不可小觑。具体的冷藏运输运作模式应随机应变，根据不同产品种类制定合适的方案，并且要切实可行地保证食品安全。

伊利集团对冷藏运输工作的重视，体现在人力资源保障和组织架构的完善两个方面。首先，该公司对人才流失控制得非常好。伊利集团除给予工作人员法定的福利外，还提供具有竞争力的福利待遇。同时，伊利集团还为员工提供双轨晋升制，充分调动员工的潜能，从而成为企业发展最好的助推器。其次，伊利集团一直保持着环境、组织和战略的动态适应，以实现企业持续发展。正如冷藏运输形式的不断变迁一样，伊利集团的组织结构也在发生着细微的调整和变化。

关于伊利集团冷藏运输管理的下一步规划，应该考虑的重要问题是如何用冷藏运输服务赢得市场，增加市场占有率和收益。今后伊利集团将进一步“两手抓”冷藏运输工作。“一手”要使冷藏运输成为销售实力的具体体现，为市场提供及时、安全、快捷的服务；“另一手”则不断探索新的冷藏运输模式，尽快发挥分仓作用，实现客户和产品之间的“零”距离。

五、林德特巧克力的全球冷链配送

林德特巧克力公司属于国际控股集团公司，目前林德特巧克力公司欧洲公司年产品销售总额为 12 亿 3 千万美元，其巧克力加工制造厂除瑞士本土外，还遍布欧洲地区的法国、德国、英国、意大利、奥地利和美国等国家，是世界上生产巧克力最负盛名的企业。而林德特公司规模最大、产量最高的巧克力加工厂是在瑞士本土。瑞士林德特巧克力加工制造厂的巧克力最近几年的年产量达到 5584t，分装为 20 英尺集装箱 250 只和 40 英尺集装箱 250 只，全部都是冷藏集装箱设备。林德特巧克力公司以“林德特”(Lindt Chocolate)命名的绝大部分巧克力产品从欧洲出口到美洲、澳大利亚、亚洲和中东海湾地区，通常使用远洋班轮冷藏集装箱运输，空运巧克力不超过出口巧克力集装箱运量的 1%，这是公司考虑到价格本来就不菲的巧克力不要再增加运输成本，以使世界各地更多的人能够品尝到瑞士林德特牌巧克力。瑞士林德特牌巧克力的最大优势是质量上乘，无论在何处生产，其生产工艺、程序和配方完全一致，质量规范相同，深受世界各地消费者的认同，多年来林德特牌巧克力享誉全球的真正秘密就是其质量久经考验，可以说从 1845 年其创始人戴维(David)和其儿子罗道夫(Rudolph)在苏黎世开设第一家巧克力作坊以来，质量一直是这家古老的瑞士巧克力公司的生命线，如果说瑞士林德特牌巧克力有什么变化的话，那就是其物流配送中心从原来的家庭作坊发展成覆盖全球市场的大型专业食品集团公司，根据当前国际市场发展需要，其巧克力物流配送中心分别设置在英国、奥地利、加拿大、西班牙、波兰、中国香港，在美国和中东地区的阿联酋、迪拜设立巧克力销售办事处，在全球范围内各国家和地区所经营的林德特牌巧克力营销和配送等业务全部由独立分销商网络负责操作，但是这样的模式使物流成本居高不下，可是为了避免假冒伪劣产品混入其中，确保林德特牌巧克力产品的质量，又不得不采用这样的模式，现在世界各地的消费者只要在专卖店和独立分销商处买到的林德特牌巧克力都是正品，就像在专卖店和分销商那里购买瑞士生产的品牌钟表一样。

林德特巧克力公司巧克力产品的出口贸易总量大约 60%是以工厂交货条款(EXW)或离岸价格条款(FOB)成交，即货物装船前的出口价格，或卖方在合同规定的装运港负责将货物装上买方指定的船上，并且负责货物装到船上为止的一切费用和风险的价格，由此林德特巧克力公司就没有必要为集装箱船舶和航线的选择而煞费苦心，而把货物运抵卸货港或最终港口等过程均受制于“国际贸易条件解释通则”，但是出于林德特牌巧克力质量保证的考虑，奥物流中心在为买方选择远洋承运人、班轮订舱和安排码头泊位时必须与瑞士苏黎世湖附近的阿尔腾道夫镇的林德特巧克力公司物流中心保持全面沟通，根据双方签订的协议，前者必须向后者报告有关集装箱船舶及其冷藏集装箱舱位信息和承运条款，并且必须取得后者同意，否则一旦发生林德特牌巧克力质量问题，林德特巧克力公司就不会承担经济赔偿或补偿责任。

目前从瑞士和其他欧洲国家出口到全球各个角落的林德特牌巧克力基本上由铁行渣华航运(P8.0 Nlly)旗下的集装箱班轮承运。而负责装船的荷兰鹿特丹港的奥德贝杰仑德物流中心和负责从工厂发货的瑞士苏黎世湖附近的阿尔腾道夫镇林德特巧克力公司物流中心之间的关系非常密切，基于这种关系发展的远洋承运人的集装箱班轮、卸货港和收货人，以保证质量为重中之重，在高度发达的信息技术的支持下，林德特牌巧克力集装箱物流供应链上的每个环节均配合默契，多年来一直没有发生过林德特牌巧克力质量责任性事故。

瑞士原产的巧克力在全球广大消费者心目中无异于“棕褐色黄金”(Brown Gold)，是生活享受中的高档饮食消费品，因此本土不生产可可豆的瑞士却从用进口可可豆加工制造成瑞士品牌的林德特牌巧克力的过程中创造出巨大的财富，其赖以生存和发展的秘密其实就是严守产品质量100 多年不变，经营管理信誉经得起考验，集装箱物流中心配送程序的严格规范操作，归根结底是质量原则高于一切并贯穿于其全过程，其中包括林德特巧克力公司的集装箱物流，有了物流服务持之以恒的质量保证，瑞士林德特牌巧克力的名扬天下才成为可能。

第三章 专 题 篇

第一节 云南省欠发达地区生鲜农产品冷链物流管理优化

一、理论概述

云南省复杂的地形地貌和特殊的气候条件，多种多样的森林类型和土壤种类，造就了云南省独特的生态环境和丰富多彩的生物资源，蔬菜、食用菌、水果和肉制品等生鲜农产品资源丰富，其中松茸生长在海拔2000～4000m的山区和半山区。云南省生鲜农产品种类繁多，广泛分布于各个地州，是产出大省。国内野生菌贸易总量50%以上的松茸、牛肝菌、鸡枞来自云南省。2011年云南省农产品进出口总额为28.4亿美元(数据来源：昆明海关)，其中“云菌”出口额为1.2亿美元，占云南省农产品出口总额的7%左右。因冷链物流的客观条件的限制，云南省农副产品在采摘、运输、储存等环节上的损失率较高。因此研究云南省欠发达地区生鲜农产品冷链物流存在的问题，并提出相应对策，对控制损耗并优化冷链物流资源配置具有重要意义。

目前，学者已对冷链物流进行了一定的研究。叶海燕(2007)分析了发达国家农产品冷链物流的发展状况，认为日本、美国等发达国家的冷链物流发展水平远高于我国平均水平。张庆英、曾毅(2010)对冷链设备的管理进行研究，设计了完善冷链设备管理的信息系统。王立娟(2010)对云南省花卉冷链物流及铁路运输相关问题进行了研究，提出了完善花卉冷链物流的对策。洪涛、钱春艳(2011)研究了我国农产品冷链物流发展现状及存在的问题。余寒(2011)分析了云南省农产品冷链物流网络的发展现状，认为企业对农产品冷链物流认识水平不够，且缺乏统一规划和管理，损耗量大，第三方物流企业较少及信息化基础弱。刘加加等(2012)提出了优化我国农产品冷链物流的一些具体方法。学者对农产品冷链物流的研究对完善冷链物流理论体系发挥了重要作用。虽然现在对冷链物流的研究已经很多，但是目前的研究领域主要集中于大中城市冷链物流，对西部地区冷链物流的研究较少，对云南省冷链物流的研究则集中于花卉市场的研究，对欠发达地区生鲜农产品冷链物流的研究很少。事实上，云南省生鲜农产品丰富、总量巨大，冷链物流市场需求潜力较大。云南省欠发达地区由于历史、经济和自然条件等限制，对冷链物流的需求具有一定的特殊性，对云南省欠发达地区生鲜农产品冷链物流问题的研究具有重要的理论价值与现实意义。

二、云南省欠发达地区生鲜农产品冷链物流中存在的问题

1. 农产品产量分布不均给冷链物流节点设置带来困难

云南省大部分欠发达地区的地势较为险要、森林覆盖率高或土地石漠化问题严重，生产方式多为粗放式生产，农产品产量少，且产量分布不均，平原及半平原地区产量高，山区及半山区产量低，导致云南省欠发达地区存在货源分散且不稳定的现象。首先，云南省农产品产量分布不均，企业在设置冷链物流节点时很难兼顾到省内的各个区域，容易导致部分地区被遗漏，而部分地区则辐射重叠，致使服务效率低下。其次，农产品产地的地域分布广，产量分布不均匀，导致相应的服务网点需求量大，构建冷链物流网络系统的成本高而收益低。例如，2010年云南省食用菌的总产量达到504945kg，主要分布在曲靖、保山、楚雄、大理和德宏等地州以下的各个乡村，由于野生菌的生产特性，所以产量小且分布不均的现象比较普遍，而冷链物流节点初始投资大，回报周期长，还具有城乡双向物流的特点，造成冷链物流企业运营成本高，风险大，节点设置比较困难，所以云南省野生菌分布比较密集的大部分地区都因产量分布不均而很少设有冷链物流节点。

2. 网点选址缺乏科学依据

目前云南省冷链物流的网点选址欠缺科学性，大部分选址依靠投资者的经验和感觉，随意性较强，没有利用现代的科学选址理论和模型基于经济指标进行选址，导致生鲜农产品产地、中转地的布局欠缺合理性，各网点存在服务范围重叠的现象，冷链物流企业的运营成本较高。云南省的冷链物流网点数量较少，规模也普遍较小，各网点经营独立，相互之间的合作与交流匮乏，导致同一区域内不同地区的冷冻设备有的存在闲置，有的存在不足，资源利用效率有待提升。此外，云南省冷链物流网点多集中在昆明市，在其他城市的网点较少，而这些地区才是生鲜农产品的主产地，造成需求与供给之间的矛盾较为突出。

3. 路况差，冷链布控困难

云南省面积约为$3.9\times10^5km^2$，2010年铁路营业里程为1924km，公路通车里程为209231km，因云南省地质、地形、气候和经济条件较差，所以交通体系尚待完善。地质方面，云南省处于印度板块与欧亚板块间的挤压地带，地震、泥石流、滑坡及火山喷发等地质灾害多发。地形条件方面，云南省地形复杂，西北高东南低，高原波状起伏，高山峡谷相间，江河纵横、湖泊棋布，云南总面积的84%为山地区域。气候条件方面，云南省拥有丰富多样的气候类型，气候的区域差异和垂直变化十分显著；年温差小、日温差大；降水充沛，干湿分明，分布不均。全

省大部分地区年降水量达到 1100mm，多雾天气居多，能见度低。云南省特殊的地质、地形、气候和经济条件，导致道路比较崎岖、陡峭。一旦发生泥石流、滑坡等地质灾害，冷链物流的网络就有中断的风险，导致受灾区的生鲜农产品难以运出，只能腐烂在地里或冷库里，给农户和冷链物流公司造成不可预料的损失，所以投资风险较大。云南省的雨雾天气时期，道路湿滑且能见度低，道路安全性差，这一时期恰好是生鲜农产品采摘旺季，如野生菌的采摘季节主要集中于雨水丰富的夏季。因此冷链物流布控需要考虑地质、地形和气候等众多因素，决策困难较大。

4. 冷链设备匮乏

2010 年由云南省商务厅制定的《云南省农产品冷链物流发展规划(征求意见稿)》指出：目前云南省的冷链物流处于初步阶段，正在着重建设面向南亚、东南亚地区的区域冷链物流中心，但是云南省的冷链物流水平远低于全国平均水平 5%。云南省目前还没有建立规模化、规范化的冷链物流企业，只有小规模的物流公司，冷链设备不齐全，种类少且容量小，使用的基本是中东部城市淘汰的陈旧设备，运行效率低，成本高，缺乏全程冷链运输技术，仍以常温运输为主。对于远途运输，大部分采用普通大货车来运输，它们被统称为“棉被车”，冷藏设施仅是利用棉被、劣质的化工原材料和塑料布进行保护，很容易滋生细菌；对于短途运输，欠发达地区主要的运输工具是三轮车和面包车，货物完全处于常温运输状态，而且路途遥远，生鲜农产品品质难以保障。

5. 人才匮乏

冷链物流企业的运营少不了冷链技术人员，他们需要掌握冷链加工、储存及运输方面的专业知识和实际操作技能，掌握市场行情和冷链物流技术设备的最新动态，具备吃苦耐劳和防范风险的能力。但是目前云南省各地普遍存在冷链物流人才供不应求的局面，主要原因是云南省目前在物流和配送方面的教育相当落后，我国高校中开设物流课程的仅有十多所，而且物流知识的教育十分匮乏，物流企业对员工的教育不够重视，培训内容和方式也很不规范。云南省欠发达地区，受生活水平及工资福利情况的影响，技术人员更为匮乏。冷链设施对操作员技术水平要求高，即使是冷链物流公司引进了部分先进的冷链设备，在运营和维修的过程中因为冷链技术人员的空白，导致冷链设备的检查和维修存在很大困难，这是限制冷链物流企业正常运营的难题。

6. 农产品进入冷储前预处理不合理

生鲜农产品具有水分含量高、易蒸发、易腐烂的特点。大部分农户在农产品生产过程中都只在乎数量，而不在乎质量，对农产品的质量和安全问题重视不够，导致农产品农药残留和其他有害物质成分较高。云南省欠发达地区农产品预处理水平有待提升，现有的预处理只是对农产品进行简单的清洗和整理，对卫生、安全和包装等方面的处理有所欠缺，只有部分大型冷链物流企业才会对生鲜农产品的农药残留及其他残留物进行严格的检测。例如，冷链企业对松茸的预处理过程还停留在把鲜松茸根上的土除掉，再用清水把松茸洗净，并移送到冷库里进行存放的阶段，这样的预处理工作太过落后，忽视了消毒环节对生鲜农产品的重要性。

7. 管理粗放，缺乏现代技术管理方法

冷链物流运营系统是一个复杂的系统，由相互关联、相互制约的众多因素构成。这一复杂的系统既具有物流的一般性，又具有其自身的特殊性。冷链物流的管理不能没有专业冷链物流技术人员的参与，作为我国西部落后地区，云南省经济基础差，冷链物流的管理很滞后。主要表现在企业对冷链物流管理认识落后，对生鲜农产品至关重要的预冷、保鲜、路线、时间等重视程度不够，导致生鲜农产品损耗率高，损失比较大，成本费用居高不下。云南省冷链物流管理中信息技术的利用率不高，对生鲜农产品生产、加工、运输及储存等经营管理信息的掌握比较滞后，存在严重的库存积压情况，风险较大。例如，目前云南省冷链物流供应链管理系统的应用率还很低，而在国外这一管理模式已经非常普遍。此外，冷链物流企业工作人员对冷链设备性能认识缺乏，许多重要功能被闲置，企业的生产能力无法得到充分发挥。而且目前云南省冷链物流企业主要为私人投资，管理权集中在少数的投资人手中，冷链技术人员参与管理的话语权低，从而导致资本收益率相对较低。

三、云南省欠发达地区生鲜农产品冷链物流发展对策及建议

1. 借助物流选址理论科学选址

冷链物流网点科学选址可以合理规划网点的服务范围，冷链物流的选址需要考虑各种各样的基础条件和影响因素，然而目前的选址主要考虑经济指标，其他的限制条件经常被忽略，从而导致冷链物流选址依据过于单一，所以云南省欠发达地区应将单目标选址方法改为多目标选址方法，提高选址的科学性和合理性。其中，大中城市的大型冷链物流网点应结合本网点辐射范围的货源总量及产品属性，利用科学选址常用到的定性分析方法——德尔菲法、层次分析法、模糊综合评判法及定量分析方法中的最短路径法、遗传算法等构建模型，求解出最优选址点。在大中型城市的基础上，城镇小型冷链物流网点还应该将生鲜农产品货源的分散性、农村性，农产品的季节性，物流的双向流通性，信息技术的滞后性，基础设施和人才情况等因素考虑到模型当中，构建多因素模型，以提高选址的科学性和合理性。

2. 提高冷链运输设备通过复杂路况的能力

针对物流网点实际路况，冷链物流企业应考虑实际运输要求，对一些旧的运输设备进行改装并提升其性能，在采购新的冷链运输设备时，要结合实际需求，把冷链运输设备需要的目标指标详细告知设备生产商，进行专门定制，必要的时候可以通过招标的方式来选择冷链设备生产商，以提高设备的抗震、抗损能力。引进国外先进的具备抗震装置和特殊结构的关键冷链物流设备及技术，可以选择购买安装抓地性能及耐磨性能强的高质量轮胎的设备作为运输设备，以满足云南省各地农产品的特性、种类及数量等个性化运输要求。冷链运输企业可以在车厢内使用库架合一结构，其余的空隙用夹心板来填充，降低运输汽车左右摇摆和上下波动所造成的损失，提高车厢内部结构的稳定性。此外，冷链物流节点应该选聘冷链技术人员周期性地对冷链运输设备进行检测和维护，保证冷链运输设备的正常运作。

3. 建立总公司技术人才定点帮扶制度

云南省欠发达地区的冷链物流相关人才十分匮乏，跨区域经营的冷链物流总公司可以建立总公司技术人才定点帮扶制度，根据各地不同的情况实行冷链物流人才轮岗制度，鼓励冷链技术人才到基层网点去工作或锻炼，并给予他们物质和精神方面的双重奖励。总公司应该通过开设管理与技术培训班的方式，来培养本地冷链的人才，这是一种可以非常有效地留住人才的方式。同时冷链企业应该在总公司建立技术、管理帮扶组，定期对各网点进行专项指导。通过选择技术合作方的形式来解决小型独立的冷链企业在技术方面的缺陷问题，弥补其没有实力建立人才帮扶机制的缺点。

4. 加强农产品预处理和预包装

生鲜农产品预处理可以降低长途运输中的损耗率，增加物流企业的收益，确保生鲜农产品的品质。在生产地投入资金建立预处理厂无疑是进行预处理最好的选择，入库前的生鲜农产品必须进行修剪、整理、清洁、消毒和包装，其中修剪必须做到自然美观，而清洁和消毒环节必须严格监控，预处理厂应该应用农药残留净化剂和消毒清洗机等清洗工具对农产品进行科学的处理，再利用O_3、电子束辐射等保鲜技术对生鲜农产品进行保鲜操作，以延缓生鲜农产品的衰老，有利于防腐、防霉和保温。在包装方面，企业应该根据产品的属性选择无公害的、多功能的、含纳米微粒和耐热性能好的包装材料进行产品包装，同时必须保证包装材料已进行加热消毒。例如，可以采用目前国外常用的比较先进的“活性”包装材料，除去过多的CO_2、乙烯及水汽，及时补充O_2，维持适合于生鲜农产品保鲜的环境。

5. 借助科学的现代冷链物流管理理论，提高管理效率

目前国内外的冷链物流管理理论已十分丰富，比较常用的冷链管理理论包括冷链物流质量控制理论、库存控制理论、交易费用理论、供应链管理理论、产业组织理论、运输系统理论。云南省冷链物流企业应该积极学习国内外冷链物流企业成功的管理经验，经济条件较好的冷链物流企业可聘请经验丰富的冷链高级管理人员，进行授权管理，提高冷链物流服务质量。重视现有冷链物流技术的应用，提高计算机系统和电子信息系统的利用效率，合理配备冷链监控系统，确保及时地掌握冷库或车厢内部温度变化情况，以便对突发情况做出及时的处理。同时与上下游企业之间做好信息沟通，提高货源的稳定性及销售的通畅性，以减少企业的库存量。此外，物流企业应该对生鲜农产品的预冷、保鲜等流程的管理加强重视，合理规划运输路线，降低成本，提高综合管理效率。

受经济和自然特色等众多因素限制，云南省欠发达地区冷链物流发展过程中存在许多的困难，如生鲜农产品分布不均和路况条件不佳等，导致云南省欠发达地区的冷链物流体系尚不健全，不能满足市场需求，云南省欠发达地区冷链物流体系的完善仍有很长的路要走。本节通过数据调研，分析云南省欠发达地区生鲜农产品冷链物流中存在的问题，并针对这些问题提出相应的解决对策和建议，对完善云南省欠发达地区生鲜农产品冷链物流体系建设具有重要意义。

第二节　云南省欠发达地区城乡冷链物流资源合理转移措施研究

一、理论概述

冷链物流是指为实现顾客的需求，连接供应与需求的双方，克服温度、空间和时间阻碍的一种快速且有效的低温商品流动和服务的经营活动，它的主要对象是生鲜农产品。最近几年来，云南省各大城市纷纷瞄准物流行业这一“第三利润源”，抢占物流制高点，要把物流业打造为支柱型产业，其中以冷链物流的发展尤为突出，它已经成为城市冷鲜经济发展的产业支撑。对于城市冷链物流的广义理解既包括城市内部的冷链物流，也包括以城市为主体的输入型冷链物流和输出型冷链物流。经过长时间的发展，云南省各大城市的冷链物流已经形成了比较完整的体系，从物流输入到物流输出都应用了冷链运输技术。生鲜农产品在从生产者到最终消费者的流通过程中，有 80%以上的时间耗费在各类配送和运输上，因此冷链物流是生鲜农产品供给中一个极为重要的环节。目前，城乡冷链物流资源配置不均衡、不合理现象较为严重。与城市相比，农村地区冷链物流资源严重匮

乏，尤其是在冷链预处理资源、冷链运输工具等方面。由于云南省地处我国西南边疆地区，山区面积占总面积的 94%，交通欠发达，冷冻冷藏设施落后且推广不足，所以云南省农村的物流大多以常温物流运输为主。农村冷链物流的发展严重滞后，导致生鲜农产品在物流过程中存在运输时间长、在途损耗大等问题。鉴于此，研究城市冷链物流资源向农村地区合理转移的措施具有很高的理论价值和现实意义。

目前，国内外对冷链物流已进行了一定的研究，兰洪杰(2009)对从供应地向接收地的实体流动过程中的生鲜食品进行研究，以提高冷链农产品物流效率、保障冷链农产品安全和降低冷链物流成本为目标，研究食品冷链物流系统协同的对象和过程，提出主体协同、设施设备协同和信息协同的方法。龚晓莲(2011)研究国外较成熟的冷链物流后，总结国外的经验和教训，将国内外的冷链现状进行对比，指出我国冷链物流出现问题的原因，并提出建议。符瑜(2011)提出我国冷链物流配送体系的不足后指出，发展冷链物流的共同配送是我国冷链物流配送模式的优化选择。共同配送是一个共享资源的过程，它对降低物流成本、提高物流服务水平、减少污染具有重要意义。Gulnar 和 Nursen(2008)研究冷链系统在使用过程中，尤其是在运输和储存处理方面，保持最佳状态的条件。但是已有研究没有分析城乡冷链物流资源配置的不合理现象，没有考虑城市和农村资源配置差异对冷链物流的影响，以及没有促进城市冷链物流资源向农村欠发达地区合理转移的措施。本节立足于城市和农村冷链物流资源配置的不合理现象，研究城市冷链物流资源向农村合理转移的措施，以期望提高农村地区冷链物流技术水平和管理能力，优化云南省城乡冷链物流的资源配置。

二、云南省农村冷链物流发展滞后的表现

昆明长水国际机场空港经济区正在建设“昆明空港冷链物流产业园”项目，建成后将成为中国西南部及南亚地区最大的国际冷链物流商贸区，它将极大地改善昆明冷链市场功能单一的现状，积极促进冷链市场的整合。同时，这项工程也会为云南省各大城市冷链物流的发展提供动力。但云南省农村冷链物流发展仍然比较滞后，无法从源头上保障冷链物流的高质高效运行。农村冷链物流环节的薄弱制约了云南省城乡冷链物流的整体水平。目前云南省农村冷链物流的发展主要存在如下问题。

1. 农村与城市缺乏有效信息共享

目前，云南省处于城乡一体化的重要进程中，但是冷链物流信息共享滞后影响了城乡冷链物流资源的合理配置。城市和乡村在冷链物流资源转移方面受到阻力，这与没有重视信息共享有很大的关联，特别是农村冷链物流信息建设投入不

足，为冷链在城乡间合理转移增添了阻力。信息是市场经济的重要基础，任意生产经营单位，从生产什么、为谁生产，到生产多少、怎样生产等一系列决策的确定，从原料的购进到产品的销售、商品价值的实现都离不开上下游参与方所提供的信息。对于冷链物流产业来说，城市冷链物流向农村地区转移，需要双方进行充分的信息共享，才有可能找出城市冷链物流资源向农村转移的切入点，而云南省欠发达地区缺少这样的信息共享平台。云南省农村地区是新鲜瓜果蔬菜产地，城市是销售或加工地，二者沟通渠道不畅会导致信息沟通和共享耗时长、信息共享范围小、信息沟通不对称等问题，严重影响了生鲜食品的保鲜与销量，还会在一定程度上影响农村供应商的利益。此外，信息共享产生的信息不完全、失真、过时等问题也加大了城乡冷链物流资源合理配置的难度和风险。

2. 农村与城市冷链物流产业收益率差距大

冷链企业追求利润最大化，投资者对冷链产业的投资是为了取得回报或收益，而回报则来源于价值增值。目前，云南省城市和农村冷链物流收益不均衡现象较为严重。冷链物流在城市的资本收益率和价值增值速度远远高于农村，这使得冷链企业多集中在城市。农村则由于资本收益率低，冷链技术和设备投入严重不足。城市地区技术型企业和高校比较集中，冷链物流企业可获得的劳动力数量和质量远远高于农村地区，再加上技术、资本、市场和管理优势使城市冷链物流企业拥有较高的劳动生产率、经营效率和资本收益率。而农村冷链企业没有高素质的冷链劳动力，经营方式也较粗放，技术进步缓慢，资金的回报收益周期较长，造成农村冷链物流产业收益率低。城乡冷链物流企业的成本差异也是影响城市和农村收益率的一个重要因素。城市具有人口多、市场广阔、技术先进、交通便利等优越条件，因此城市冷链企业可以通过经营多种产品或加大运输批量来降低经营成本。而且城市的冷库维护费用比农村低，冷链更靠近下游市场，下游市场中的冷链企业规模更大、博弈地位更高，使城市冷链企业可以获得更高的收益率和分成。综上所述，由于内外因素相互影响，城市冷链物流企业可以获得高于农村冷链物流企业的收益，这促使有限的冷链资源在城市集中的程度较高，造成城乡冷链物流资源配置的失衡。

3. 农村冷链物流产业运营成本偏高

特色生鲜农产品的生产往往都分布在偏远的乡村地区，由于云南省山区交通不顺畅，物流设施较为落后，农产品配送的及时性、有效性和质量安全都很难得到保证，大大降低了云南省生鲜农产品的竞争力。受恶劣路况和交通不便的制约，很多生鲜农产品无法有效配送到目标市场，因而丧失了销售机会。而且很多冷链技术设备在农村是无法使用的，造成冷链物流配送中货损过大，使得当地生鲜食品的冷链运输成本偏高。云南省欠发达地区的农村冷链库房设施不完善、技术较为落后，生鲜农产品在储存过程中非常容易腐败变质，增加了冷链物流企业生鲜食品库存费用。云南省农村地区基础设施落后，经营条件差，如农村经常出现停电的情况，停电会影响到冷库中生鲜农产品的保鲜时间，增大冷链企业的经营成本。此外，农村冷链物流企业经营管理的科学性较低，进一步增加了农村冷链物流企业的整体运营成本。

4. 农村冷链人力资源匮乏

优秀的人力资源是推动农村冷链物流企业发展的基础资源之一，然而冷链物流人才主要聚集在城市地区的冷链物流企业，农村地区由于生活条件、晋升空间、工作条件、培训和职业发展等诸多因素限制，对高素质的冷链人才缺乏吸引力，造成农村冷链物流企业发展缺乏高素质人才支撑，使城乡冷链人才鸿沟进一步加大。农村劳动力虽然人数众多，但是普遍素质不高，要实现农村劳动力由传统农业生产方式下的以体能型为主体向工业生产方式下的以技能型为主体的转变很难。农民普遍教育水平偏低，想要培养出既懂得冷链物流专业知识，又对农村情况了解透彻的综合性冷链人才是耗费时间且十分困难的。没有高效的冷链劳动力做支撑，农村的冷链物流行业就缺少了必要的技术人力条件，这给冷链物流中长期运作管理带来压力，同时也制约了农村冷链物流的健康和可持续发展。

5. 农村地区冷链物流产业融资困难

资本是重要的生产要素，经济学家亚当·斯密在其著作《国富论》中把资本的增加作为国民财富的源泉。云南省欠发达地区的冷链物流企业规模小，实力比较弱，内部的财务制度还不健全，企业的信息透明度不高，使得银行无法准确地把握贷款企业的经济状况和还款能力，这种银行和企业之间的信息不对称大大降低了银行对于云南省欠发达地区冷链物流企业贷款的积极性。由于企业规模普遍较小，这些冷链物流企业拥有的基础设施和设备较少，持有的资金有限。农村冷链物流企业多是租用厂房或土地进行生产经营，缺乏可用于银行抵押的自我资产，抵押贷款非常困难。云南省欠发达地区农村的金融机构很少，且各大银行对于中小企业的贷款持谨慎态度，贷款准入门槛高，中小冷链物流企业很难从金融市场上获得融资。农村地区冷链资金供应缺乏，抑制了当地冷链物流企业装备技术的提高和基础设施的建设。由于利润微薄，民间借贷资本也不愿意向农村冷链物流企业提供资金，造成农村冷链物流企业多靠自有资金运转，发展空间受到限制。云南省欠发达地区农村冷链物流发展受到资金不足的限制，城乡冷链物流产业资本配置失衡，加大了城乡冷链物流发展的差距。

6. 农村冷链物流管理落后

云南省欠发达地区的冷链物流企业管理由于受传统思想和模式的制约，未能应用和推广先进的冷链物流管理理念和方法，造成农村冷链物流企业配送速度慢，运行成本高，安全性差，和城市冷链物流企业相比缺乏竞争力。农村冷链物流企业中绝大多数都是从传统的冷藏运输企业转变而来，一般只能提供普通的冷藏运输服务，冷链物流管理的方法比较落后。虽然一些农村冷链物流企业配备了冷链设备和信息设备，但是数量少且无法形成网络系统，对高科技冷链物流设备应用不足，维护管理不善，冷链管理还停留在纸笔阶段。滞后的管理信息系统建设影响了整个农村冷链物流系统的运营效率和节点交互。农村冷链物流企业多为家族管理式的中小企业，对于冷链物流的管理仅是依据订单进行组织和指挥，而对于重要的计划、协调和控制环节，其决策主要凭经验和直觉，缺乏科学决策方法指导。对于出现的冷链物流管理问题，农村冷链物流企业大多数情况下是凭借以前的运营经验进行决策，这种做法会降低整个冷链物流系统的运行质量和利润。这种粗放的冷链物流管理方法不能保证生鲜食品的配送质量和安全，影响了云南省农村地区冷链物流企业的发展和相关产业竞争力的提升，导致城乡冷链物流发展差距难以消除。

三、促进冷链物流资源从城市向农村合理转移的对策建议

1. 加强冷链信息平台建设

城乡冷链物流信息建设差距较大，为促进二者间进行信息共享，应建立一个可使城市与农村冷链物流企业能够快速沟通并交流的信息平台。在这个信息平台上，冷链物流的各参与方——企业、农户、收购商、批发商、零售商及其他冷链参与方都可以进行注册，通过这个平台各参与方可以了解到农村生鲜农产品的生产和供应等信息，以及城市销售和需求的信息。通过这个平台各参与方可以建立与冷链上下游企业的联系，犹如一条链条将城市的收购企业、农村的生鲜农产品供应商、第三方的冷链物流商和其他冷链参与方联系在一起，彼此可以迅速准确地了解对方的供需信息，这样不仅可以实现冷链物流各参与方间高效的信息交流，而且还可以进行更便捷、有效的冷链物流合作，为城乡冷链物流资源有效和合理地转移提供信息支持。

如图 3-1 所示，农户生鲜农产品供应商和城市的收购企业在进行交易之前可以从冷链物流信息沟通平台上了解生鲜农产品的市场购买信息和出售信息，在此基础上农户对出售信息进行填写，城市收购企业填写购买信息，之后双方登录到订货系统，从中寻找具有合作意向的合作伙伴。当双方达成交易后，再进入冷链物流系统中寻找符合条件的第三方冷链物流企业，完成农村生鲜农产品到城市的冷链运输配送。

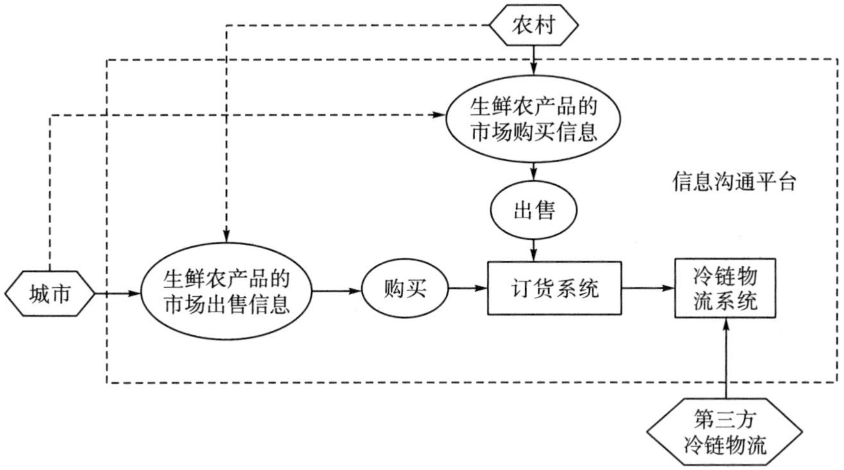

图 3-1　农村和城市的冷链物流信息平台建设

2. 政府提供补贴，提高农村地区冷链物流产业收益

市场失灵是冷链物流产业在城市和农村出现收益不均问题的源头，要缓解这一问题，需要政府指定政策予以干预，以实现城乡冷链物流资源的合理配置。政府不仅应逐步加大对农村冷链物流的财政投入比重，而且应确保各项扶持措施落实到位。对农村冷链物流产业的资金补贴需要加大，可以一定程度上使农村冷链物流产业的资金回报率提高。政府应在征税和经济补贴等方面向农村地区冷链物流企业进行倾斜，促使城市冷链物流企业向农村转移，并将更多的优秀冷链人才吸引到农村，带动农村冷链行业的发展，使农村冷链物流产业资金回报率得到提升。政府应通过各种措施的实施，消除城乡间冷链物流企业收益率的差异，并给予农村地区冷链物流产业相应的优惠政策，如减免冷链物流企业的营业税和运输车队的过路费等，以及采取其他可降低农村冷链物流产业运营成本、提高收益的必要措施。

3. 降低农村冷链物流企业运营成本

农村冷链物流企业运输成本偏高的原因是货损过高、运输批量过小。云南省农村冷链物流企业之间应建立协调机制，整合运输资源，增大每次运输的批量，努力降低单位运输成本。对运输货损过大的问题，应提高农村冷链运输设备的适应能力。农村冷链物流企业可以增加一些防震措施，如在冷藏运输设备上下增加抗震垫等，但是这种方法减少了可以运输的生鲜农产品的数量。企业还可以改良冷藏运输设备或引进其他的高新技术来达到提高冷链运输设备适应能力的目的，如冰温技术和各类传感技术等。

在库存方面，建立大型冷库，并将其中的剩余存储空间出租给冷库使用率高的冷链物流企业，这样可以提高冷库利用率，使整个行业库存成本降低。仓库的货架应该合理规划设计，生鲜农产品应该根据产品属性排放，避免不必要的货损发生。针对农村地区电压不稳的情况，应该建设高效的稳压装置，提高电压稳定率，并对制冷设施进行改进，提高其抗电压变动能力。而对常断电的问题，一方面建设后备电源，如柴油发电机，以便在停电条件下确保冷库不断电；另一方面应提升冷库抗断电能力，以延长冷库断电后生鲜农产品的保鲜时间。

此外，各冷链物流企业可以签署合作协议，共用冷链库存或冷链运输设备，这样不仅可以实现资源的有效利用，而且降低了各冷链物流企业的运营成本，提高了冷链物流企业的利润。

4. 设置农村冷链物流工作联络点

加强农村的冷链人力供给最直接有效的方式就是有效运用城市现有冷链物流产业的优质劳动力。城市冷链物流企业可在农村专门设置联络点，将其作为总公司经营战略的一部分规划，对于自愿到联络点去工作的员工给予一定的奖励。此外，可在冷链物流企业内部实行轮岗制度，对城市与农村的部分员工进行岗位轮换，这样既可以避免经常在农村工作员工的不满情绪，也可以为农村的冷链物流产业注入新鲜血液。对在农村冷链工作联络点工作的优秀员工，企业应组织进行相关冷链专业知识和技能的进修和学习，提高员工对冷链业务技能的认知，这样可以有效解决农村地区冷链物流人才匮乏的问题。

5. 完善农村冷链融资体系，吸纳社会闲置资金

政府和行业协会应通力合作，建立农村中小冷链物流企业信用体系，提高银行向农村冷链物流企业贷款的信心。提高企业内员工的素质，改善企业经营状况，提升企业的形象和信誉，增大银行向企业贷款的可能性。农村冷链物流企业在融资方面可以借鉴城市的民间金融机构组织模式，建立为中小冷链物流企业提供金融服务的资金互助组织。冷链资金互助组织由农村冷链中小企业及社会各界成员组建，为农村冷链物流企业的正常运作提供必要的资金支持，提供的资金一般按银行利率计息，并且在规定时间内由得到资金支持的企业返还资金和利息，这样既吸纳了社会的闲散资金，又可以缓解农村冷链物流企业资金短缺的问题。

由于农村地区冷链物流企业可供抵押的固定资产种类和数量均较少，普通抵押贷款很难得到银行等传统金融机构的批准，因此农村冷链物流企业可以采取存货质押融资、票据融资等方式获取资金，拓宽农村冷链物流企业融资渠道。

6. 引进先进管理模式，改善农村冷链物流管理

转变传统的冷链物流观念，解放思想，将现代的冷链物流模式引入农村冷链物流企业，改变农村冷链物流企业的陈旧管理方法。在农村冷链物流企业中推广现代冷链信息技术，提高冷链物流管理的网络化和信息化水平，改变原有冷链物流管理方法，提高冷链物流企业的效率和竞争力。当今的企业竞争已经不是单纯

的产品竞争而是整个供应链的竞争，因此农村冷链企业要在管理中树立供应链管理思想，要根据市场情况对整个冷链进行规划管理，对各种要素进行协调，对冷链物流运营效果进行控制，加强整个冷链的竞争力。

农村冷链物流企业管理中还要树立员工参与意识，实行例会制度，定期由冷链物流各部门人员代表交流工作心得与收获，同时研究近期运作中出现的问题，让企业员工参与到企业的运作和管理中，防止冷链物流企业高层领导专断而导致决策失误。冷链物流的决策、日常管理、运输、配送都由各环节上的不同责任部门负责，各部门要经常沟通并相互协调，这样可以避免参与方的个体决策与冷链系统整体决策发生冲突和失调的情况。

云南省欠发达地区的农村冷链物流发展较为滞后，影响了云南省整体的冷链物流运行效率。云南省农村冷链物流的发展与城市还存在较大的差距，不利于城乡间冷链物流的协调发展。相比农村，城市冷链物流在很多方面的发展具有相对优势，如果将城市的冷链资源合理转移到农村，则可以弥补农村冷链物流发展滞后的问题，促进农村冷链物流行业的发展。

本节对云南省欠发达地区农村冷链物流存在的问题进行分析，有针对性地提出相应的对策建议，并对云南省欠发达地区城乡冷链物流进行研究，发现城乡间缺乏有效的信息共享机制，城市、农村冷链物流产业收益率差异较大，农村冷链物流企业存在运营成本偏高、冷链人力资源较为匮乏、融资困难、管理方法不先进等问题。为克服农村冷链物流的不足，国家、社会和企业需要采取措施促进城市冷链物流资源向农村合理转移，改善农村冷链物流企业的经营状况。建立城乡冷链物流信息平台，增大城乡信息交流，减少城乡之间的信息障碍；加强政府对农村冷链物流发展的补贴，尽量缩小城乡间冷链物流产业的收益率差异；优化冷链物流运输、库存及相关成本，降低农村冷链物流产业的运营成本；在农村建设冷链联络网点，并采取一定的措施吸引高素质的综合型技术人才到农村冷链物流企业工作，壮大农村冷链物流企业的队伍，增加人才；积极吸纳社会闲置资金，解决农村冷链物流企业资金匮乏的问题，促进冷链物流产业的发展；改善农村冷链物流管理方法，应用先进的管理理念武装企业，提高冷链物流企业的效率。这些措施的运用可以促进农村地区冷链物流产业的发展，对改善农村冷链物流落后现状，缩小云南省欠发达地区城乡冷链物流之间的差距，实现资源的优化配置具有重要的意义。

第三节　政府冷链资源合理配置策略分析

一、现状概述

我国粮食、蔬菜、水果的生产均居世界第一位，是农业生产大国。随着经济水平的提升，人们对新鲜蔬果、冷冻肉制品、奶制品等需要冷链运输的农产品的需求量逐年升高。然而，相比于 20 世纪 30 年代欧洲和美国就已经初步建立了现代化的食品冷链系统，我国冷链物流行业起步较晚，在冷链资源配置中仍存在诸多的问题。相比于发达国家平均 5%以下的农产品流通损失率，特别是美国平均 1%～2%的农产品流通损失率，我国水果、蔬菜等农产品在流通环节上的损失率高达 25%～30%，其中在运送途中腐烂的果蔬每年就有约 3.7×10^4t，浪费情况严重。冷链物流运营成本高的问题也相当严重，相比于欧美发达国家 10%左右的物流成本，我国农产品在物流过程中所用成本占总成本的 30%左右，鲜活农产品甚至达到 60%以上。我国冷链物流行业发展问题是由多方面的原因造成的，其中政府在促进冷链资源合理配置、新兴冷链物流行业健康快速发展上起着至关重要的作用。因此，对现阶段我国冷链物流行业存在问题的研究和政府策略的分析具有一定的理论价值和现实意义。

二、我国冷链物流资源配置存在的问题

1. 冷链物流各参与方之间的道德风险问题

道德风险是指由于信息和行动的不对称，导致委托人无法准确观察代理人的行为，代理人则可能做出有损委托人利益的行动。现在，冷链物流中特别是库存与运输联合优化信息共享中还存在信息泄漏、联合优化利润分配问题、道德风险、信用信息共享困难等一系列问题和障碍。而其中道德风险问题尤为突出。农户在收获生鲜农产品后往往需要集中卖给上游的收购商，上游的收购商再按其下游批发商的订单量和配送要求与第三方物流公司签订运输合同配送产品。收购商应严格遵守与批发商合同内关于该生鲜农产品配送的要求，保证货物质量，同时第三方物流企业也应该严格遵守与收购商合同内关于该农产品的冷链物流服务质量要求。按照既定的运输合同规定，收购商与第三方物流企业之间形成了一种典型的委托—代理关系。而委托—代理过程中容易发生因信息不对称、代理方追求自身利益最大化等因素而产生“哄抬价格”“名不副实”等道德风险问题。例如，在运输合同签订后，收购商缺乏有效机制来实时监督第三方物流企业的运作状态，第三方物流企业出于自身利益最大化考虑可能出现订单延迟、包装“以次充好”、配送延迟等问题，而冷链物流运输对时间、质量的要求相比于普通物流更加严格，如果出现问题则会出现生鲜农产品腐烂变质的现象，导致批发商与收购商的业务往来受到威胁，并最终反馈到农户，使整个供应链系统失调。部分冷链物流企业采取“投机行为”，虚报服务绩效，牟取“一次性交易利益”，也严重威胁到收购商并最终影响到农户利益。

2. 各冷链物流企业之间过度竞争，缺乏合作协调

我国冷链物流业内各企业的业务具有较高的相似性，且因为缺乏健全的合作

机制、合理的政府引导及完备的信息平台，经常会导致恶性竞争。特别是欠发达地区的冷链物流设备尚不完善，某些中小型企业接到配送任务后往往无法依靠自身拥有的资源独立完成，而激烈的市场竞争却往往导致其他网点“置若罔闻”，因此供应链系统的合作已经成为新时期供应链系统的本质内容。合作观念的缺乏对物流企业的运行效率和产品价值都会造成损失。此外，对于某些稀有且价格昂贵的生鲜农产品，如松茸鲜品，因为含水量极高，表面又无保护结构，极容易腐烂变质，往往需要采取低温、高湿的储藏方法，温度应恒定控制在2～3℃，相对湿度控制在85%～90%，这样也只能延长保鲜期到10天左右，故需要以高品质、快速的联运合作运往全国甚至全球各个网点。因此，各物流企业应对良好的库存与运输整合优化方案，包括如何有效地组织和管理配送活动，在有限(或无限)的周期内，将一种(或多种)货物从一个(或多个)供货点配送给一个(或多个)零售商，或其相反过程。这种联合方案的缺失限制了冷链物流的发展。位于各省（市）的冷链物流网点因为信息交流障碍，有时会出现货物到岸与接货的衔接问题，或出现运输工具、路线不当导致的周转次数增加等问题，严重影响松茸的品质。

3. 各冷链物流企业之间未形成合力，话语权缺失

我国冷链物流行业存在的一个重大问题是“注重量的扩张，忽视质的累积”，“遍地开花”且服务质量较低的现象严重。同时，因冷链物流企业没有根据所在地的特点形成自己的“特色项目”，彼此间在仓储配送方式、设备配置水平等方面严重雷同，在与收购商谈判时容易以价格战来为自身争取更多业务，经常出现多个企业争抢一单的情况，导致各企业自身利益受到损失。由于竞争的激烈性，部分冷链物流企业在未能确保服务质量的情况下就盲目接单，后又因自身经营和管理问题引来不必要的纠纷，使冷链物流企业的信誉丧失，在谈判中失去与需求方讨价还价的能力。

4. 冷链物流设备的损耗率高，经营成本过高

冷链物流业务中的成本可以分为人工成本、材料成本、公用成本、设备成本及综合管理成本等，其中设备成本是所有冷链物流企业关注的重中之重。常见的冷链物流专用设备有冷藏车、保鲜车、保温车等，其结构、科技含量及操作难度相比于普通的物流设备（如叉车、堆垛机、装箱机等）要精密且复杂得多，维护和修理费用也高很多。在云南省，山地占全省总面积的91%，复杂的地形提高了冷链物流运输设备在运输过程中的损耗率。再加上云南省内未能提供发达的公路、铁路、水路和航空条件，也增加了冷链设备在运输过程中的损耗率。据资料显示，现在急需大规模修理的冷库占总容量的1/3以上，超过2.0×10^6t，大大超过5%的正常维修比例，如此高的维修率增加了冷链物流企业的经营成本。同时，我国很多冷链物流设备的生产未能形成规模经济效应，故多为直接进口，如冷藏车和

保险车主要采用热王、开利和三菱等美国或日本生产的机组，其维修保养费用比国产设备要高很多。

5. 冷链物流企业资金需求量大，而中小型企业融资贷款困难

中小型物流企业一般指固定资产在1000万元以下、年营业额在数百万至数千万区间内、企业员工在500人以下的物流企业。据相关统计，我国物流企业中约有99%为中小型物流企业。其资金来源主要包括内部融资和外部融资，我国冷链物流企业普遍经济效益较低，限制了内部融资渠道。外部融资则包括债券融资、融资租赁、银行贷款等，然而中小型物流企业往往缺乏长久良好的信誉记录、先进高额的可担保资产、获得回报的周期长，金融机构很难为其提供大量的融资贷款。即使愿意提供，相比于房产抵押率为70%，生产设备抵押率为50%，动产抵押率为20%～30%，专用设备抵押率明显偏低，仅有10%，而物流企业资产最主要部分是专用设备。冷链物流企业作为物流企业的一部分也面临着相同的境况，故其融资渠道和融资额颇受限制，这与冷链物流业高额的资金需求相矛盾。

6. 冷链专业人才匮乏，企业运营状态堪忧

Dorothy Leonard在*Building and Sustaining the Source of Innovation*中强调对企业内外系统功能、实体资源、信息、网络等要素进行统一规划管理实现总体最优目标。同样，为实现总体最优目标，冷链物流企业发展建设的每一环都需要高素质人才的决策。而冷链物流方面的专业人才少是制约冷链物流行业发展的重要因素。据统计，"十二五"期间，我国每年物流专业毕业生人数约为40万，远远难以满足110万一线操作人员的需求。与普通物流相比，在相同的配送标准下，冷链物流所需的劳动力要多20%。故110万人才需求量中冷链物流专业的人才需求量将占大半，但是，我国每年物流专业40万毕业生中却只有极少部分是冷链物流专业人才，缺乏对冷链物流中低温仓储运输设备的认知，对生鲜农产品运输的操作规范和流程也不了解，物流人才的需求与供给的结构性矛盾限制了冷链物流的发展。我国冷链物流专业人才的培养体系尚未形成，设有冷链物流专业或方向的本科、专科院校屈指可数，如广州大学(唯一的一所本科院校)、广州工商职业技术学院、湖南铁路科技职业学院等，且院校的师资条件、实训设备欠缺严重。目前我国物流人员中拥有大学及以上学历的仅占21%，高中及中专、职业学校学历的占50%，相比于美国物流行业，92%的物流人员具有大学及以上学历，其中41%具有硕士学位，22%具有正式的仓储工程师、配送工程师等资格证书，我国冷链物流行业的专业人才质量亟待提高，冷链物流企业因为人才匮乏而运营状态堪忧。

三、政府对冷链资源合理配置的政策建议

1. 建立有效市场机制，鼓励长期合作弱化道德风险问题

(1)政府应建立起有效的“监督+激励”机制。首先，政府应鼓励电子商务、GPS、WSN、RFID等技术在冷链物流行业的运用，对各个环节实行实时跟踪，确保货物质量安全；其次，政府设置物流监察机构为农户提供服务，鼓励农户申请政府专职人员对物流过程进行实时和现场监督，或在物流终点检验部分货物以确保物流服务质量；最后，扶持物流监察机构建立和维护冷链物流的跟踪网络平台、完善的信用系统(具备信用评估、管理、监督、公开四项基本职能)和评价指标体系，农户也可通过该平台自行监察相关的数据，如车辆满足率、货物破损率、准时率等数据，农户选择冷链物流企业时可通过政府公开的评价指标获得参考，同时该指标也为冷链物流企业积累市场信誉带来一定的压力，督促其更好地完成每次配送服务。政府应给予市场信誉好的冷链物流企业一定的激励，如为其提供一段时限的铁路或水路运输的补贴，或对其相关仓储运输设备的建立、维修提供一定比例的补贴。当然，对于蓄意损害农户利益的冷链物流企业，政府也应制定相应的法律规范，对其进行惩处。

(2)政府应鼓励农产品收购商与信誉良好的冷链物流企业建立长期合作关系。由博弈理论可知，因人们自身的机会主义倾向，往往会做出损害对方利益的行为，由此产生了冷链物流中的“投机获利”行为；而由重复博弈模型可知，在一定的条件下，博弈双方会通过长期合作来规避风险，政府应让农产品收购商与冷链物流企业双方认识到只有建立长期合作关系才能让彼此利益最大化，对机会主义者进行罚款等惩处，建立公平的回报机制，使双方合作获得的收益大于其投机收益，而使合作关系长期维持下去。

2. 政府鼓励各企业跨区域交流合作，促进信息共享

(1)由于我国物流运输地理跨区大，就铁路运输而言，平均运程在2000km左右，最长可达5000km。例如，将松茸从云南省采集后运往北京市，地区跨度导致温度变化大，且云南省内昼夜温差也非常显著，不同运输条件下对生鲜农产品的仓储运输要求不同，而各冷链物流企业由于资源有限，往往无法在全国各省（区、市）都拥有高水平的仓储运输设备。因此政府应建设并维护好统一的网络信息平台，在考虑各地物价水平的基础上，对不同条件质量要求的仓储运输设备的租用实施区域差异化定价。当某个冷链物流企业的冷链设备资源短缺时，可以通过该信息平台按既定价格联络到其他有闲置设备的企业，彼此合作完成生鲜农产品的仓储和运输，“互利互惠”“明码标价”的物流合作形式能更好地促进物流企业间的合作，有效地避免了“宁可浪费资源，不愿共享收益”的现象。

(2)对于各个冷链物流部门的跨区域合作，政府应对相关责任划分和争议解决问题予以重视。因为冷链物流对技术的要求相对较高、设备耗损的维修费用较为昂贵、运输过程存在复杂难测的突发情况，故政府应对不同仓储设备的风险赔偿、责任划分做明确规定，并成立相应的争议解决机构，同时对于技术人员和普通人员的调度机制也应有相应的细分报酬制度，避免产生纠纷。

3. 政府鼓励兴建冷链物流行业协会，增强行业话语权

政府应拨款成立冷链物流行业协会，如德国拥有冷库和冷藏物流企业协会(VDKL)，我国也应该拥有自己的主力军地位的行业协会，该协会应尽可能地吸纳信誉良好的冷链物流企业，除提供基础性服务外，还可以代表冷链物流行业与供应商，甚至在国家层面上代表政府与他国进行谈判。对供应商来说，可就一般冷链物流运输费用，特殊生鲜农产品(如松茸)的包装要求、附加收费费率、运输周转次数等问题进行统一的规范。同时还可与政府谈判，为冷链物流行业发展争取更多的优惠政策和补贴。该行业协会可以代表政府在国际贸易层面上积极与他国进行有关于绿色贸易壁垒等问题的谈判，维护本行业和本国的利益。

4. 政府支持硬件设备建设和生产，帮助企业降低经营成本

(1)政府可以有差别地为冷链物流企业提供购买冷链专用设备的政府补贴，特别对欠发达的西部地区，因其物流行业起步晚，应针对相关冷链物流运输工具，如保温车、冷藏车等的购买、维护给予更大的优惠和补贴。同时，对于日益更新的物流要求，政府也应积极赞助部分发展较优的企业进行设备的更新换代，提高服务质量。

(2)交通部应投入专项资金对全国范围内的水、陆、空冷链设施进行维护与更新，对欠发达地区路况差的铁路和公路进行翻新改造，设置安全防护措施以降低危险路段事故发生频率，全国范围内，应投资建设更多高等级公路，为品质要求高的生鲜农产品运输开通专门路线，在最好路况的线路上让其有专门的运输时间或为其保留专门的运输车道，以此降低设备的损耗率。

(3)扶持我国冷链物流设备批量化生产。鼓励我国冷链设备的生产厂商与外资企业合作，对其生产提供一定的税收优惠和政策补贴；同时，对购买国产冷链设备的物流企业给予一定的补贴，使其能更多地享受购买本国物流设备的价格优惠与售后优惠。

5. 引导创新融资模式，为中小型冷链物流企业解决融资贷款问题

(1)引导银行创新融资模式，为各网点提供多样化的融资途径。例如，因物流行业多为“先配送，后收款”的服务模式，而冷链物流企业又有很多分散的应收款项，政府可鼓励各大金融机构针对中小型冷链物流企业开展应收账款融资。冷

链物流企业为解决资金缺口，可将应收账款作为质押物出质，待金融机构收到债务企业的付款承诺书后，便可为该物流企业提供相应的贷款，若债务企业不履行承诺，物流企业具有追索权。作为供应链金融下的存货融资模式也应受到政府部门的关注，与传统的存货融资只为核心企业带来收益不同，更多中小型企业能在该供应链中获得更多利益。银行会首先评估该供应链中核心企业的信用和财务状况，再对整个供应链进行不同角度的评估，而中小型融资企业则以产品作为质押物存入物流企业的"融通仓"内而获得贷款，物流企业为其提供保管、评估、监督、信用担保等服务，物流企业可以通过"融通仓"服务实现规模经济。"融通仓"融资流程图如图 3-2 所示。

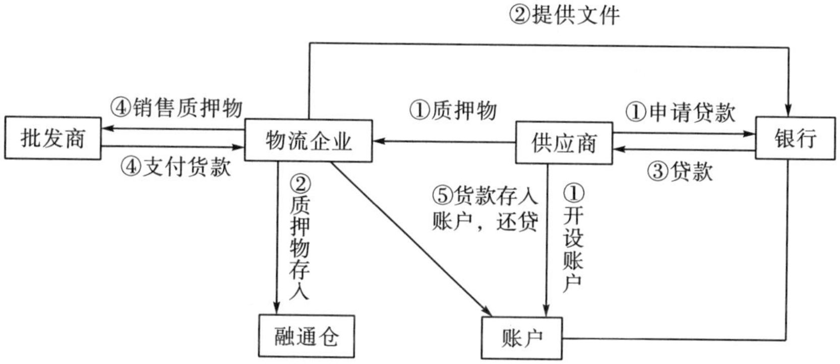

图 3-2　"融通仓"融资流程图

(2)随着国内物流园区的兴起，地方政府应鼓励以物流园区为单位，通过统一的官方机构(如冷链物流协会)以统一的审核标准对物流园区内进驻的企业进行评估，达到标准的可以给予相关合格证明，创新使用联保融资模式，将各合格企业结为一体并提供一定金额的联保基金，利用集体的信用水平作为保障来提高融资和贷款额。例如，2012 年，长春市物流企业和民生银行、九台农商银行等金融机构建立了企业联保制度，四家物流企业联合担保就可获得贷款支持，不需要抵押物，并且规定物流企业须经过长春物流协会的审核并成为会员才能进行联保融资，若实践成功将是一次很好的尝试，政府应该鼓励在全国进行推广。

6. 投资冷链物流专业人才体系建设，解决人才匮乏问题

(1)政府应投资建设技术工作站，技术工作站的冷链物流技术员应定期开展冷链物流的专业技术交流研讨会，并与该区域内资信良好的冷链物流企业建立长久的合作伙伴关系，定期派专门技术人员进驻冷链物流企业交流专业技术。冷链物流企业内的技术人才与技术工作站的技术人才应建立网络交流站，当偏远网点遇到技术问题时，可通过该网络交流站寻求远程协助。

(2)政府应积极建设冷链专业人才系统，鼓励更多高等院校开设冷链物流专业，在书籍编辑上应更注重操作性与实践性，师资设置上可以效仿专业硕士教育方式，推广“理论导师+实践导师”的形式；政府可拨款建设大型冷链物流实验室供给学校教学使用，同时开发相应的教学软件，合理安排学校组织学生进行学习与实践；同时，鼓励校企合作制度，为冷链物流公司有针对性地培养企业所需要的人才。

四、研究发现

我国冷链物流行业在快速发展的光环中应该理性地看到资源合理配置上存在的道德风险、信息不畅、成本高昂、融资困难等问题。政府作为宏观调控的主要力量应该合理引导该新兴行业的发展，立足于改善农户、收购商的利益，保证批发商的收货质量，降低冷链物流成本比重和生鲜农产品的流通损耗率等。从建立合理的市场合作、竞争机制，鼓励各部门跨区域长期合作，支持冷链物流协会的建立，补贴设备的维护更新，引导新型融资模式的推广，促进冷链物流专业人才体系建设等不同的角度入手，既要从国家宏观层面出发，又要结合各地地理环境、人文环境、经济环境的特点，因地制宜地实施不同策略，最终促进冷链物流行业的良性和可持续健康发展。

第四节　安全可靠度视角的云南松茸冷链物流配送优化

一、现状概述

随着社会经济的发展，人们对于食品安全问题越来越重视，苏丹红鸭蛋、孔雀绿鱼虾、三聚氰胺奶粉及地沟油事件加剧了人们对食品安全的担忧。根据卫生部公布的数据，2012 年第二季度全国共收到食物中毒类公共卫生事件 51 起，中毒2227人，死亡31人。微生物性的食物中毒人数占比最多，占总中毒人数的70.9%。出现这类问题的原因是供应商忽视了安全可靠度这一度量因素在食品问题中的重要地位。在冷链物流配送中引入安全可靠的制度，既可以满足人们对食品安全的要求，又能改进冷链物流配送的系统绩效。

目前国内外学者对冷链物流进行了一定的研究。国外学者对冷链安全可靠度的研究侧重于食品微生物度量的评估方法，微生物生长模型的主要代表是由McMeekin 等(1993)最初提出的预测微生物学模型。Jolly 针对冷链物流的配送环境进行了模拟。Malandraki 针对有时间和节点要求的冷链物流配送的路径问题进行了研究。国内学者也对冷链物流进行了一定的研究，方昕(2004)针对冷链物流的特点，提出了冷链物流应当遵循的“3T”原则：产品最终质量取决于冷链的储藏与流通时间(time)、温度(temperature)和产品耐藏性(tolerance)。张莹(2006)在冷链物流过程中提出了 HACCP 的控制措施，目的是将可能发生的食品安全危害消除，以保证食品的安全性。陆旭群(2008)提出冷链物流属于控温型物流，将带温度传感器的 RFID 系统应用于冷链物流系统中。赵艳艳(2009)依据生鲜食品冷链配送存在的问题及其特殊性，建立冷链物流配送优化模型，最后利用启发式算法解决实际问题，并验证了模型的有效性。

以上研究没有在安全可靠度的基础上考虑生鲜农产品的冷链物流配送，本章在冷链物流配送过程中考虑安全可靠度，以易逝品云南松茸为研究对象，首先构建冷链配送安全可靠度模型，分析影响因素后提出相应的解决方案，优化冷链物流的配送过程，有效提高易逝品松茸的冷链运输安全可靠度，减少配送中的安全风险。

二、基于安全可靠度的云南松茸冷链物流配送理论模型

可靠度是指相应产品在规定的条件和时间内完成规定功能的数学期望。依据可靠度的定义，可如此定义冷链物流配送的安全可靠度：在规定的时间和条件下，冷链物流企业提供的配送服务能使产品的安全性保持在一定的数学期望范围内。

基于安全可靠度的云南松茸冷链运输运作流程如下：松茸在采摘后于原产地进行预冷处理，之后发送给收购商；由收购商将预冷处理过的松茸进行冷藏、装卸、运送到冷链物流配送中心，在运送过程中对松茸的温度和细菌进行安全可靠度监控；物流中心收到冷链运输货物后，对存在损耗变质的松茸记录货损，录入货物损耗信息系统，再将该信息发送给松茸收购商，对不存在货损的松茸进行集货和配货，并按订单要求进行冷藏加工，加工后储存一段时间，并且对储存中的松茸进行温度、细菌的安全可靠度监控；储存一定时间后，配送中心将松茸运输到批发商处，由批发商安排专人对松茸进行抽样检查。对微生物含量超标的松茸数量、品种等信息进行汇总统计，以此生成信息反馈表，发送到相关物流配送中心，随后录入货损信息系统，反馈给供应商。对未变质的松茸继续进行低温装配、运输，直至零售商处。在零售商将松茸销售给消费者的过程中，相关责任方也应对松茸进行温度和细菌安全可靠度监控，以确保松茸销售过程中的品质。

在松茸的冷链物流配送过程中，安全可靠度至关重要，对松茸的微生物抽样检查及货损信息系统的建立，不但可使松茸在配送过程中的质量安全得到保证，而且能让整个配送过程透明化，减少由于信息传播不畅导致的货物损耗。冷链物流配送模型如图 3-3 所示。

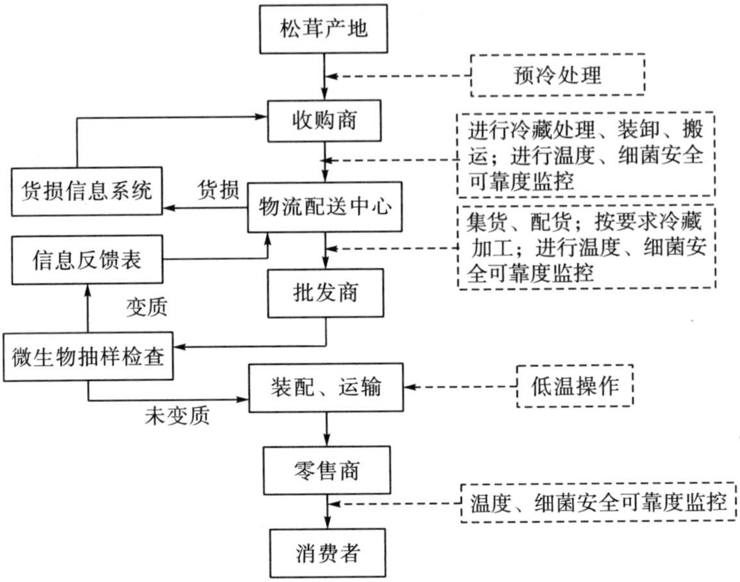

图 3-3 基于安全可靠度的云南松茸冷链物流配送模型

三、基于安全可靠度的云南松茸冷链物流配送影响因素分析

1. 基于安全可靠度产生的高昂成本

冷链物流在云南省发展迅速，以保障松茸食品质量安全为目的的低温环境冷链物流配送操作流程比一般的物流配送要求更高、更细致。因此，大多数冷链物流企业在考虑安全可靠度的基础上购买相关设施设备来保证冷链产品的品质，购买设备需要高昂的成本，而且不少冷链物流企业的配送过程，虽然具备先进的技术、设备，但是缺乏科学的管理水平，间接导致高昂的货物损耗成本。在安全可靠度的基础上没有进行科学、准确的作业也会产生高昂的成本，不仅损害企业的利益，还损害产品的质量。

2. 缺乏充分的冷链信息共享

在松茸的冷链配送过程中，一是由于落后的监控系统存在监控盲区，不能及时并充分地向配送中心反馈温度、细菌及货损监控报告，导致存在安全隐患的松茸流向消费领域；二是松茸在冷链配送过程中虽然出现安全质量问题，但物流中心并没有向供应商及时反馈问题，而是将存在安全质量问题的松茸配送给批发商，借此降低冷链物流企业所承担的责任和损失。这种信息不对称的情况，直接影响到消费者对松茸质量的信任和松茸质量的安全可靠度。

3. 冷链配送中心选址的不合理

冷链物流是针对易逝品配送的特殊供应链，而松茸的保质期较短，易受细菌的腐蚀而变质，需要具有时效性的冷链物流配送。冷链物流配送中心的选址是影响时效性的关键因素之一，大多数配送松茸的冷链物流企业为了节约成本，将配送中心的地址选在离市区较远的郊区地带。位于郊区的冷链配送中心不能够积极地响应零售商的配货、送货要求。另外，收购商的选址也没有在离松茸产地较近的地方，松茸从采摘、运送至收购商需要花费大量的时间，直接影响了松茸的新鲜度。不合理的选址不仅使物流企业的潜在收益降低，还影响松茸质量的安全可靠度。

4. 冷链人力资源的匮乏

物流人才被国家列为 20 种紧缺人才中的一种，在冷链物流业快速发展的今天，专业的冷链物流人才却非常稀少。人才资源能够保证冷链物流配送合理并健全发展。当前这种高技术人才的缺失也恰巧成为冷链物流配送安全可靠的一个重大障碍因素。不少第三方冷链物流企业招聘不到专业的冷链技术人才，不得不对普通工人进行简单的技术培训后参与到冷链过程中，这给冷链配送过程埋下不小的隐患，普通的技术人员无法进行更精确的操作，作业中存在的纰漏不仅降低了物流企业的冷链运作能力，而且严重地降低了安全可靠度。

5. 冷链软硬件设施落后

由于成本高昂，不少冷链物流企业不得不用落后的设备和设施完成冷链物流作业。从软件设施方面来看，对温度、细菌的监控系统及信息系统平台的建设缺乏科学性和时效性，无法保证产品的质量安全。从硬件设施方面来看，大多数冷链物流企业仍在使用不带冷藏设施的运输工具，粗糙的搬运、装卸工具，以及落后的冷藏设备，无法避免地造成松茸的物理损耗，增加了货损成本。这不仅不能确保松茸在流向消费领域之前的安全性，还使冷链物流企业的成本负担加重。

四、基于安全可靠度的云南松茸冷链物流配送优化

1. 实施安全可靠的共同配送模式

由于云南松茸的物流配送要求低温冷藏，对安全可靠度的要求较高，而大多数的冷链物流企业规模较小且资金少，单独建立安全可靠的冷链物流中心及配送中心，存在投资成本高、回报率低且周期长等问题。因此，云南省各地州的冷链物流企业应联合起来，建立共同配送的模式以整合资源，共同建设冷链物流配送中心。共同配送的模式不仅能够整合整个区域内的冷链物流资源，还能够在安全

可靠度的基础之上优化当前的配送模式。多方共同投资建立安全可靠的冷链物流配送中心，可有效降低安全可靠度给冷链物流配送带来的高昂成本，降低操作不当导致的货物损耗，充分保证松茸的质量安全。

2. 对配送“断点”进行安全可靠的低温冷藏处理

根据现有资料研究显示，松茸从采摘到供应商之间的配送过程是松茸冷链物流运输中最大的“断点”。因此，在配送“断点”中进行冷藏低温处理是十分必要的。松茸的保质期较短，出产松茸的地方大多经济发展滞后，无法按冷链的要求进行低温预冷处理，这就需要供应商给农户提供相应的技术支持。供应商可为农户提供一定数量的干冰进行预冷，干冰使用方法十分简单，价格低廉，冷藏温度低，对于松茸的保存无任何影响，还能避免细菌的滋生，大大提高了松茸配送过程中的安全可靠度，并且还能降低由于货损而带来的高额损失。

3. 建立安全可靠度的冷链信息共享平台

通过建立安全可靠度的冷链信息共享平台，完善冷链物流配送活动的中枢神经，对配送过程中松茸的温度、细菌菌落数及货损进行实时监控，并实时反馈到信息系统内，再由信息系统反馈给冷链物流的各参与方，建立信息共享、透明程度高、及时、正确、安全且可靠的冷链物流信息系统。

通过冷链物流信息共享平台的建设，可使冷链物流供应链上下游企业之间的恶性竞争、信息不对称所导致的货物损耗及隐瞒货物品质信息而导致消费者承担的利益损失等问题得到有效的避免。建造一个安全可靠的冷链物流信息平台可保证整个配送过程的信息畅通无阻，还能有效防止松茸在配送过程中的滞留，提高配送的时效性，提高配送过程中的安全可靠度。

4. 合理布局冷链配送网点

冷链物流配送中心与批发商、零售商之间可以建立配送网点，配送中心将松茸运输到配送网点后，配送网点按照消费者所需的最终配送方式将商品配送给零售商，配送网点的布局需位于交通较为便利的市区，方便带有冷藏设施的配送车辆出入。配送中心再将松茸运至各个配送网点，有利于松茸的快速配货和调货，能够有效缩短松茸在运输途中的时间，提高时效性，能更好地保证松茸质量的安全可靠。

配送网点布局的合理网络化建设较难，首先是网点建设的高昂投资成本，其次是网点需要建在交通较为便利的地区。配送网点的布局与建设不但需要各冷链物流企业共同投资，还需要政府的积极参与。冷链物流基础设施的建设具有较强的公共产品性质及外部经济性，政府应重视冷链物流网点的发展与建设，给予适当补贴。配送网点的选址还要符合协调性、适应性和经济性要求，实现与供应商、零售商的有效协调，才能充分体现配送的时效性。

5. 基于安全可靠度的配送过程中的软硬件优化升级

配送过程中的软件升级是对细菌监控系统、温度及信息系统平台的升级，不断提高系统的时效性和先进性，才能确保松茸在冷链物流配送中不会受到细菌、温度的影响而出现质量受损，更能使供应商、物流企业、批发商和零售商准确地监控松茸的品质变化。依靠监控和反馈系统来确保松茸的安全可靠度具有重要的现实意义。

配送过程中的硬件升级针对运输、搬运、装卸等操作机器的升级。虽然在冷链物流的配送流程中，影响食品安全的主要因素往往不是物理损耗，但是搬运和运输设备落后导致食品在配送过程中发生损耗也是需要被考虑的问题。因此，在软件系统升级的同时，不可忽略建设冷链配送过程中的硬件设施，软硬件的双重保证才能构造安全可靠的冷链物流配送模式。

6. 外包冷链物流配送

随着社会对冷链物流扩大经营规模的呼声不断加大，大多数第三方物流企业为了获得更多的利润都选择在不影响现有业务的情况下兼营冷链物流业务，然而由于第三方物流企业配送的产品、订单数量繁多，无法完善考虑冷链物流货物的特殊要求，服务水准不高，无法保证松茸等生鲜农产品的安全可靠度。出于对冷链物流体系所耗费的高昂成本的考虑，已经形成物流系统规模的第三方物流企业不会建设专业的冷链物流体系。在第三方物流企业没有专业化的冷链物流配送水平，也没有专业的技术人才、设备的情况下，第三方物流企业可以将自身的冷链物流外包给专门的冷链物流企业来运营，不但可以降低物流的运营成本，还可以获得一定的利润。只有这样各参与方才能实现互利共赢，确保冷链物流配送过程中松茸的安全可靠度。

五、研究发现

本章考虑云南松茸这类易逝品的特殊属性，认为基于安全可靠度的云南松茸冷链配送优化不仅具有重要的理论研究价值，也具有相当的实践意义。将安全可靠度引入冷链物流配送过程中，建立基于安全可靠度的冷链物流配送理论模型，从成本、信息、配送中心选址、人才和软硬件设施五个方面分析对安全可靠的冷链物流配送产生影响的因素。之后根据问题提出相应的对策建议，如实施安全可靠的共同配送模式、在配送“断点”进行安全可靠的低温冷藏处理、建立安全可靠度的冷链物流信息共享平台、合理布局冷链配送网点、基于安全可靠度的配送过程中的软硬件优化升级、外包冷链物流配送等，以上举措不仅能提高冷链物流配送的时效性，降低货损，还能充分保证云南松茸的安全可靠度，保障食品安全和消费者的饮食健康。

第五节　云南省冷链物流技术设备现状及优化对策分析

一、现状概述

据昆明市农业局数据显示，昆明市蔬菜、花卉在销往省外的过程中，因缺乏专业的冷链物流配套设施造成的损耗率为 20%～30%，反映出云南省冷链物流技术设备配置率低。研究云南省冷链物流技术设备的适用性及配备情况对提高云南省农产品附加值、保证农产品质量、发展云南经济和提高社会福利等具有重要意义。鉴于冷链物流发展对云南的重要作用，部分学者对云南省冷链物流进行了研究，余寒(2011)分析了云南省冷链物流体系存在的问题及未来五年冷链的需求量，构建了云南省区域内和跨区域的农产品冷链物流网络。王立娟(2010)，杨佩元(2011)，张科静、黄朝阳(2011)研究了云南省花卉产业冷链发展的特点和存在的问题，提出了完善云南省花卉产业冷链管理运作的对策建议。孙良涛(2012)研究了云南省农产品冷链物流发展存在的问题，指出云南省农产品冷链物流的发展对推动云南省农产品冷链物流全面协调具有重要意义。虽然目前已有学者对云南省冷链物流问题进行了研究，但相关研究起步较晚，研究比较初步，对云南省冷链物流技术设备的研究更少，在先前研究的基础上，通过实地调查，总结云南省冷链物流技术设备配备的现状，并对在云南省提高冷链物流技术设备利用率的可行性及对策进行分析。

二、云南省冷链物流技术设备现状分析

1. 冷链预处理技术设备普及率低

目前云南省越来越重视生鲜农产品的预处理工作，大部分农产品生产加工企业把农产品的挑拣分级、清洁、消毒和包装列为提升农产品附加价值的重点工作，特别是对于农产品的包装，大量企业设计了新颖美观的外包装来提高自身产品的吸引力，部分冷链物流企业已经购进了预处理设备。但是云南省生鲜农产品冷链预处理中还存在许多的不足之处。即使部分冷链物流企业已经意识到农产品分级销售的重要性，但冷链物流企业大多缺乏对农产品的分级意识，导致生鲜农产品预处理技术设备普及率较低，销售仍以混合销售模式为主，且部分规模较小的企业受到成本的限制，几乎没有购买任何一件冷链技术设备，预处理工作多采用人工处理，工作量大且效率低下。冷链物流企业为控制成本对消毒技术设备的利用

率很低，以人工手动消毒为主，容易导致消毒不到位，造成部分农产品被遗漏，而且目前消毒方式均以甲醛等化学成分为主，很少采用目前比较先进的冷链消毒技术设备，导致大部分工作只做到表面消毒，消毒效果不佳。此外，尽管成本较低的填充、罐装、封口、贴标、打码等预处理技术设备的使用率有所提高，但推广面仍然较小。

2. 冷藏技术设备安全防范不到位

受经济发展水平的限制，云南省冷藏技术设备配置具有显著的地区特点。第一，冷冻设备单一，普遍使用的冷冻设备主要有冷库、鼓风机、制冷机和冰箱，其共同的特点为成本低、能耗小，而成本较高的设备使用较少，如制冷机组、冷柜、冷库板、计算机管理和监控系统等。第二，云南省目前的冷库自动化程度较低，内部设施陈旧，耗能量大，存在设计不规范、不同程度的安全隐患、制冷方式比较落后等问题，而且冷库容量较小，分布不均匀，无法满足市场需求。第三，生鲜农产品的一般营养成分较高，极易滋生细菌和霉菌，特别是存放肉类、鱼类等腥味较重的农产品的冷库，不仅存在较大的异味，而且细菌的繁殖速度也很快。通过调查发现除大型的冷链物流企业以外，很多小型企业对冷库、冰箱等冷藏设备很少进行周期性的卫生清洁和消毒，导致冷库卫生条件差，容易影响生鲜农产品的品质。第四，冷库里的货架结构布局混乱，仓储企业只对少数生鲜农产品专门设计了适合其储存的货架结构，大部分的货架结构都很相似，且货架质量没有得到统一的规范，无法保障安全性，导致农产品堆放比较混乱，而且容易受到挤压，导致农产品的破损率较高。第五，设备相对陈旧。受人才条件限制，企业很难周期性地对装卸设备进行检查和维修，设备破损比较严重，冷藏设备表面都布满灰尘和油渍等污垢，影响冷链设备的工作效率。第六，冷冻设备内部结构不合理，目前的问题是云南省大型冷冻设备相对较多，批发零售以冰柜和冰箱为主，其余冷冻设备相对较少；鲜花和肉类的冷冻设备相对较多，水果、蔬菜类冷冻设备则相对较少；城市地区冷冻设备发展较快，农村地区冷冻设备发展迟缓。

3. 冷链装卸设备不适应农产品的特点

在生鲜农产品的冷链运输过程中，农产品的搬运和装卸是影响冷链物流运作效率的两个重要环节，重视农产品装卸设备的使用对提高冷链运输效率具有重要的意义。首先，云南省生鲜农产品体量大，种类多，且农产品的形态、性质、质量和体积等参数差异较大，对装卸设备的专业化程度要求很高，受技术和经济条件限制，冷链物流企业购买的装卸设备以通用型设备为主，没有考虑不同生鲜农产品的个性化需求。其次，云南省冷链物流企业的装卸设备尚不齐全，大部分仅配备了托盘、叉车、室内搬运车和堆垛机中的部分设备。特别是近几年来，云南省冷链物流企业为在冷链行业中提升自身的竞争力和市场份额，大部分采用低价竞争策略，尽可能地压低成本，而对于成本较高的起重机、输送机、升降平台等设备尽量不购买，所以装卸设备数量极为有限。

4. 冷链运输技术设备匮乏

云南省地形地貌相对其他省份而言较为复杂，运输条件也较差，导致云南省物流企业的运营成本较高，2011 年云南省物流行业运输费为 1102.4 亿元，占到总成本的 65.5%，高出全国 11%，可见运输成本在云南省冷链物流运营成本中占有很大比重，冷链运输技术设备至关重要。目前云南省冷链物流企业冷链运输技术设备种类和数量均较少，已有运输技术设备以海运报废的冷藏集装箱为主，专业化的冷冻冷藏车数量严重不足，车厢内部缺乏规范式的保鲜冷链运输车厢、温度控制设施及 GPS 定位系统，且货架质量和结构不稳定，导致农产品后翻或侧翻现象经常发生。云南省内地质灾害频繁、道路崎岖且陡峭，交通事故发生概率较高，对运输技术设备的稳定性和司机驾驶水平有较高的要求，但目前云南省的运输设备都是普通卡车和货车，安全性能较低，农产品在运输过程中受到严重的颠簸。此外，云南省经济基础差，冷链运输技术设备较为匮乏，导致云南省冷链运输的过程中容易出现断链情况，尽管在各主要城市之间的冷链运输基本已经实现了点对点的运输模式，对冷链设备的使用率较高，但到市级及其以下的农村地区基本就使用普通的大卡车、小型面包车或三轮摩托车运输，没有使用任何冷链设备对生鲜农产品进行妥善的储存和运输，而生鲜农产品的冷链运输过程一旦断链，食品安全就会受到影响，容易导致生鲜农产品变质。

三、优化云南省冷链物流技术设备可行性分析

1. 国家对冷链物流行业的政策支持

在我国冷链行业发展比较晚，和发达国家相比发展水平很落后，发达国家易腐食品的冷藏运输率已超过 60%，其中美国、日本、西欧等国家和地区超过 80%，而我国只有 20%左右。随着人们生活水平的普遍提高，大幅提升了对高品质食品的需求量，冷链运输是食品保鲜的重要保障，国家已将其列为政策扶持的重点产业。近几年国务院、国家发展改革委、商务部相继制定了有利于冷链物流行业发展的相关法规、标准和制度，同时也在资金、技术、税收、政策方面给予冷链物流企业大力的支持，以构建我国冷链物流行业体系，实现冷链物流行业的专业化、组织化和规模化发展。例如，2012 年我国制定的《药品冷链物流运作规范》和《食品冷链物流追溯管理要求》为我国冷链物流行业规范化发展奠定了基础。国家政策对冷链物流行业的支持，为云南省冷链物流企业的发展提供了资金、技术、税收和政策等支持，在一定程度上能够提高云南省冷链物流企业的效益，为冷链物流技术设备的推广和普及提供有利的条件。

2. 积极构建适宜冷链物流发展的行业环境

改革开放以来，云南省在经济、社会、政治和文化等方面取得了较大成就，全省宏观条件得到改善，与冷链发展相关的法律法规体系正在不断完善，制定了公司、税收、专利等与冷链物流企业发展密切相关的法律法规，有利于使冷链物流企业的市场行为更加规范，为冷链物流企业创造规范的市场秩序使其有序竞争。云南省正在积极构建总投资 6 亿元的云南东盟国际冷链物流中心，该中心将成为面向全国、辐射东盟的现代冷链物流中心。其中包括建设 $1\times10^4m^2$ 的冷链相关商务信息交流平台，为农产品加工企业、冷链物流企业和其他农产品生产商的信息沟通提供了平台，在很大程度上缓解了供求信息不畅的问题。此外，近年来云南省不断增加交通基础设施项目的建设投入，使省内交通网络覆盖的面积逐渐扩大，全省整体运输能力大幅提升，为冷链物流企业在云南省的发展创造了良好的环境。例如，昆曼国际大通道贯通通车后，2010 年全省通过昆曼公路进出口的农产品产值达到 1.5 亿美元。改革开放以来云南省的教育条件得到较大的改善，特别是高校数量增速较快，高校入学率也在逐年大幅提升，部分高校设置了物流专业，部分培养方向为冷链物流方向，为云南省冷链物流的发展提供了人才支撑。

3. 冷链运输产品产量大，品种多

2010 年云南省产业结构为 15∶45∶40，第一产业占经济发展的贡献比重较大，其中鲜花和农产品不仅产量大，而且品种多，2010 年农产品总产值超过 638 亿元。需要冷链运输的农产品类别主要是水果、肉制品、水产品、蔬菜、食用菌、禽蛋和鲜花。其中，蔬菜、水产品、肉制品和食用菌的产量分别达到 1255×10^4t、481717t、321.37×10^4t 和 504945kg。2011 年云南省农产品进出口总额达到 28.4 亿美元，其中出口占 17.6 亿美元，进口占 10.8 亿美元。据余寒(2010)利用 2001—2009 年的生鲜农产品产量数据作为分析基础，预测在全省天气情况不遇到严重自然灾害的情况下，2010—2015 年云南省六大类生鲜农产品的产量将平稳上升。目前云南省正在大力打造优质的特色农产品市场，不断提升农产品的附加值，冷链运输则是重要的提高农产品新鲜度的方式，市场需求量非常大。云南省农产品随着农业技术知识的普及，产量不断提高，与此同时，城市居民越来越重视健康保健，经冷链运输技术设备运输的生鲜农产品在一定程度上满足了现代人对食品质量、新鲜度及安全性等方面的要求，以上需求带动了冷链物流运输业的快速发展，冷链物流技术设备是冷链物流行业运营的核心，其有效利用率会随着市场的发展不断提升。

4. 农产品出口贸易扩大，带动冷链设备和技术需求

东盟作为云南省农产品出口的主要市场，随着中国—东盟自由贸易区的建成，

云南省利用中国面向东南亚“桥头堡”的地理优势，与东盟国家的贸易规模迅速扩大，特别是农产品的出口额大幅增长，2011 年前三季度云南省农产品对东盟出口超过 6.23 亿美元，同比增长 36.4%。云南与东盟国家之间（如老挝、缅甸等国家）的交通运输条件在逐渐改善，且云南与东盟国家农产品存在较强的互补性，所以未来冷链运输市场潜力巨大，对冷链技术设备的市场需求潜力也很大。此外，最近几年云南海关出台了不少支持出口的政策，据《云南日报》报道，云南省自 2009 年起全面提升口岸综合服务能力和口岸通关便利化水平，逐步实现审批便利化、查验电子化、信息网络化、交通便捷化、口岸现代化，推动云南对外经贸合作创新发展，开创云南对外开放新局面，地方政府政策上的支持，在为云南与东盟贸易的开展创造良好环境的同时，还为云南省农产品开辟东盟市场奠定了基础。

5. 省内高质生鲜农产品需求增长

中国统计年鉴中的数据显示，云南省人均生产总值变动情况如图 3-4 所示。近年来云南省经济发展较为迅速，人均生产总值从 2001 年的 4866 元增加至 2011 年的 18957 元，十年间增长了 2.9 倍，收入水平提高，城乡居民的消费水平也得到改善，云南省本地居民对农产品质量和品质的消费结构随之发生转变。生鲜农产品因具有新鲜度及营养成分含量均较高的优势，而成为城乡居民日常生活的首选。云南省地区面积较大且气候条件变化多样，导致云南省的农产品种类差异大，形成了多样化的市场供给和需求，这必然带动云南省内冷链物流市场的发展。

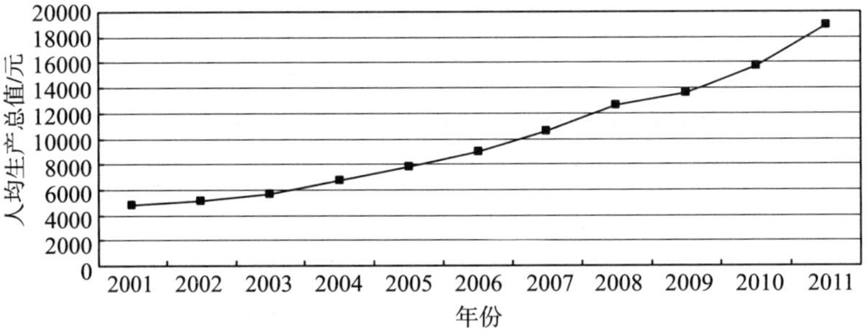

图 3-4　2001—2011 年云南省人均生产总值变动情况

四、优化对策分析

1. 政府部门继续加大对冷链技术设备建设的支持力度

在冷链技术设备配置过程中普遍存在市场失灵现象，作为市场经济活动的重要参与者与管理者，政府在冷链行业发展中发挥着重要作用。第一，云南省政府部门应为冷链物流企业的发展创造良好的宏观营商环境，继续完善支持冷链物流企业发展的法律法规，为冷链物流企业技术设备的普及提供稳定的市场秩序。第二，冷链技术设备的购置和维护成本较高，为加大冷链物流企业对冷链技术设备的利用率，云南省政府部门可借鉴家电下乡政策的成功经验，对购买冷链技术设备的冷链物流企业给予一定额度的财政性补贴，鼓励冷链物流企业继续追加冷链技术设备的投资，提高冷链新技术设备普及速度，加速陈旧技术设备折旧。第三，云南省政府部门应该把发展冷链物流行业列为地区经济建设的重点工作，实地调查研究，在分析和总结其他地区冷链物流行业发展成功经验的基础上，重视冷链行业发展规划的制定，合理规划冷链物流企业布局，建立专门的冷链工业园区，吸引省外大型冷链技术设备经销商和技术人才公司入驻工业园区，在此基础上，构建冷链物流技术设备信息交流平台，实现冷链工业园内技术人才和设备的共享，这样既可以降低冷链物流企业的运作成本，又可以提高冷链技术设备和技术人才的收益，以实现共赢的目标。第四，政府部门应该鼓励云南省高校增设物流专业中的冷链物流方向，培养具有高素质、高技能的冷链人才，以适应冷链物流行业发展对人才的需求。

2. 加快构建地区冷链行业协会，优化冷链技术设备管理

冷链行业协会作为解决市场失灵和政府失灵的一种方式已基本成熟，在维护冷链行业技术设备应用，促进本行业发展，避免本行业内部无序竞争，实现行业内的自我协调、自我约束、自我管理中发挥着举足轻重的作用。鉴于云南省冷链物流技术设备的配置现状，云南省应成立地区冷链行业协会协调本地冷链技术设备的利用，增强冷链物流企业应对市场风险的能力，维护冷链物流企业的共同经济利益，规范市场行为，合理调配市场资源。首先，云南省冷链物流行业协会应设立专门的冷链物流企业监管部门，定期对冷链物流企业技术设备的清洁、消毒等维护工作进行视察和监督，提高冷链物流企业对技术设备清洁、消毒等维护工作的重视，保障云南省生鲜农产品品质，并规范冷链物流企业的市场行为。其次，冷链物流行业协会应成立一个专门的培训和考核部门，定期对冷链物流从业人员进行冷链理论和技术知识的培训及考核，提高冷链行业从业人员的职业技能和职业道德素质。此外，为实现冷链行业的长远发展，云南省冷链行业协会可以通过定期举行企业间的交流论坛等加强企业技术设备使用经验交流，提高冷链物流企业运营效率。

3. 加强冷链物流企业间的合作与交流，共享先进经验

目前云南省未形成比较系统的冷链行业规范性文件，导致从事冷链物流的企业均通过减少冷链技术设备的应用来控制产品的价格，从而提高企业竞争力，这在一定程度上限制了冷链技术设备的普及。冷链物流企业间应该建立行业联盟组织，相互之间进行学习与监督，尽量避免冷链物流企业间的恶性价格竞争对各冷链物流企业技术设备的利用造成负面影响。冷链物流企业应该与冷链技术设备的

开发商和经销商加强沟通，将云南省冷链运输对技术设备的特殊需求与经销商协商，以提升冷链物流技术设备在云南省的适用性，从而满足不同生鲜农产品对技术设备的个性化需求。

4. 冷链物流企业加大对技术设备的投资，提高冷链技术设备使用率

冷链物流企业应该积极利用国家和云南省政府部门对冷链物流行业发展的支持政策，加大对冷链物流技术设备的投资额，积极购进新的技术设备，加快旧设备的折旧与更新，以加快物流企业转型，提高冷链物流企业的核心竞争力。由于云南省生鲜农产品产量大，出口贸易占比高，为提高云南省生鲜农产品在国际市场的竞争力，冷链物流企业应提高生鲜农产品冷链技术设备使用率，不断增加生鲜农产品的冷藏储存和运输数量。冷链物流技术设备的成本较高，冷链物流企业可与其他企业建立长期合作伙伴关系，通过协商共同出资购置冷链物流技术设备以降低彼此的成本，实现技术设备的共享，若技术设备出现闲置，还可通过出租等方式提高技术设备利用率。

5. 重视冷链物流技术设备的维护和升级

重视冷链物流技术设备的维护与升级，对延长冷链物流技术设备的使用寿命和提高生鲜农产品品质具有至关重要的作用。冷链物流企业要充分意识到冷链技术设备在其经营管理过程中的重要性，提高技术设备维护和升级意识，周期性地对冷链技术设备进行清洁、消毒、维护和升级，其中对于规模较小的冷链物流企业可以通过建立人才共享机制，在小城市和城镇成立冷链物流技术设备维修站以降低冷链物流企业在维护和升级上的成本。

五、研究发现

云南省冷链物流发展相对来说较为落后，冷链物流企业数量少且规模小，冷链运输主要以规范化程度不高的小型物流企业为主，小型物流企业能够负担的技术设备都是价格较低的技术设备，针对性不强。然而冷链物流的主要目的是防止食品变质腐烂，所以必须保持低温运输和储存，必须配备标准的冷链物流技术设备，主要包括立体的自动仓库、挑拣系统、自动识别系统、标准集装箱、标准的冷链物流容器、升降台、温度记录仪及标准化的冷藏车或冷藏船等。冷链物流企业的技术设备多为资本密集型和能源密集型产品，能耗大且成本高，但在冷链物流行业经过冷链物流技术设备储存、运输的冷冻食品价格却和普通物流运输的食品几乎一样，导致正规冷链物流企业竞争力弱，经济效益低，所以目前云南省冷链物流发展水平低，对冷链技术设备的利用率较低。近年来，云南省的社会、经济、政治等条件均有了较大改善，且云南正积极建设面向国际的冷链物流中心，为冷链物流技术设备的普及奠定了基础。为提升冷链物流技术设备的利用率，政

府部门应该持续加大冷链物流技术设备建设的支持力度，冷链物流企业间积极构建地区冷链行业协会，优化冷链物流技术设备管理，加强冷链物流企业间的合作与交流，共享先进经验，加大对技术设备的投资，提高冷链物流技术设备使用率，重视冷链物流技术设备的维护和升级。

第六节　冷链物流系统的安全可靠度评价研究

一、现状概述

近年来，随着人民生活水平和生活质量的不断提高，对于生鲜、冷冻农产品的需求也不断增加，城镇居民对于生鲜农产品的消费量已占总消费量的 50%以上，冷链物流行业在我国逐渐兴起并发展迅速，据统计，全国冷库的总容量已超过 $7\times10^6m^3$。冷链物流是一个对时间、温度、湿度等均有严格要求的复杂过程，从冷藏加工、控温储藏、冷藏运输配送到最后的冷藏销售均要遵守“3T”原则，即产品的最终质量取决于储藏与流通的时间（time）、温度（temperature）和产品耐藏性（tolerance）。而任何一个环节的差错都可能会对生鲜农产品的安全性产生负面影响。例如，2012 年，光明乳业上海乳品四厂生产的小口瓶鲜奶在配送前转移至仓库的过程中，因车辆温度不达标，导致其中部分产品变质；近年来甲醛白菜、蓝矾韭菜、敌敌畏生姜等现象的高频发生也与冷链物流超标使用保鲜药品有关。随着亚健康人群的增加，人们对于食品安全问题的重视程度也越来越大，从原材料安全、生产安全到逐渐走入人们视野的冷链物流安全问题越来越突出，因此对于我国冷链物流安全可靠度问题的研究具有重要的理论价值和现实意义。

二、基于安全可靠度的冷链物流模型

可靠度是产品在规定条件与时间内完成规定功能的数学期望。而冷链物流安全可靠度是指冷链物流各环节在规定时间条件下，提供的冷链物流服务能使食品的安全性处于规定的允许范围内的数学期望。食品安全性又分为绝对安全性与相对安全性两种异质性的概念。绝对安全性是指在食用该食品后不会直接损害健康，而相对安全性是指在合理食用及正常食用下不会直接损害身体健康。冷链物流运输过程包括预处理、长途或短途运输、装卸货、储藏和销售等环节，冷链物流安全可靠度监控流程的构建如图 3-5 所示。农户在收获生鲜农产品后统一运送至收购商处，收购商将生鲜农产品进行预处理后交付第三方冷链物流企业配送。收购商在收到冷链货物后先对该生鲜农产品进行预处理操作，包括分级处理、特殊处理、包装和预冷处理等环节，因生鲜农产品量大且来源于不同的农户，故质量和外观统一起来有一定难度，需对其进行分级处理以便之后的储存、装卸及运输。

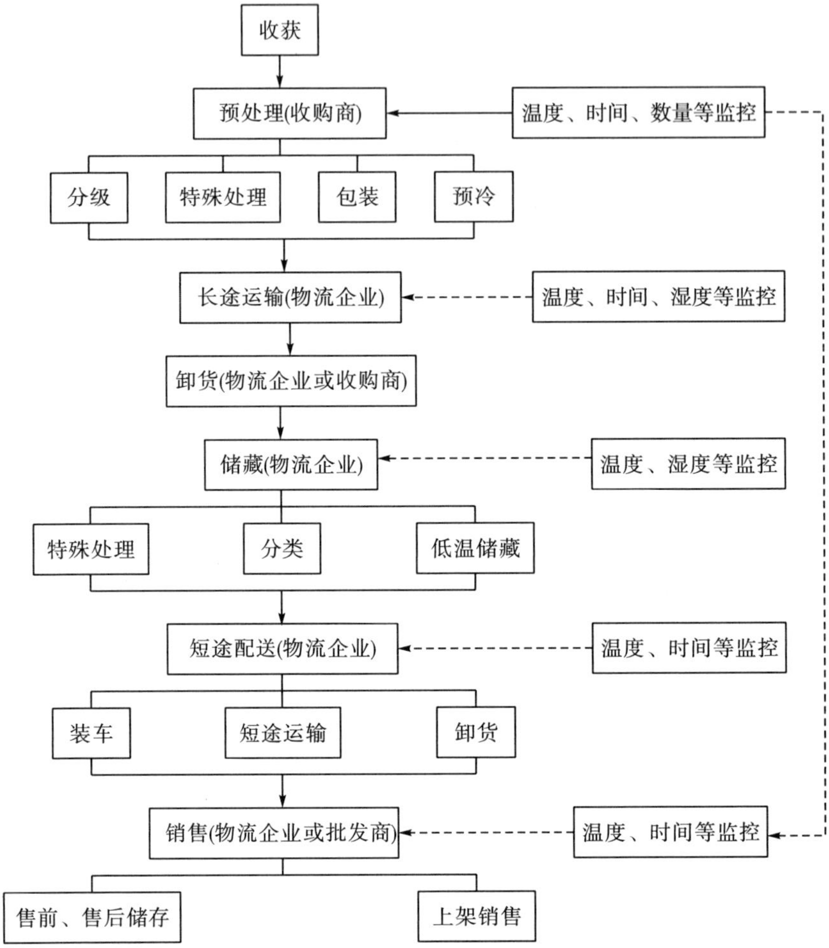

图 3-5 冷链物流安全可靠度监控流程图

此外，某些生鲜农产品还需要进行特殊的（如打蜡、杀菌防腐、去除内脏等）处理，待处理干净后，就要对其进行包装，如网袋、保鲜膜、透气袋等包装，最后根据生鲜农产品的种类采取预冷措施。在预处理阶段应对生鲜农产品的数量、包装物的种类与质量、特殊处理时化学品的种类和浓度、预处理时的温度、工作环境、处理时间进行监控和记录；预处理完成后，需要对生鲜农产品进行运输并配送，该环节由冷链物流企业来完成，冷链物流企业使用保温车、保鲜车、冷藏车等冷链设备进行装载运输，通常运输时间会比较长，应对其运输过程中的温度、运输时间、湿度及光线进行记录并监督；在到达目的地后，应在相应网点卸货，而卸货过程往往在常温下进行，应对卸货过程温度变化、搬运时间、搬运方式进行记录；在目的地的冷链物流网点完成卸货后应继续对生鲜农产品进行低温储存，部分生鲜农产品可能因为长途运输而有所损坏，储存前应对其进行处理，对于不同损坏程度的生鲜农产品应采用不同的处理方式，对于已经无法满足安全可靠度的生鲜农产品应丢弃(因为安全可靠度具有不可逆性，且其下降从起始点就开始累积，细菌含量超标、酶活性超标等甚至可能会污染其他生鲜农产品)，再将其按不同的要求分类储存，如一些气味较大的生鲜农产品应单独储存，一些液体含量较多的生鲜农产品应隔离储存，储存过程中应对其湿度、温度、光线环境、储藏时间等进行监控和记录，一些价值高且储存条件要求高的生鲜农产品应特别重视，如松茸，其温度应恒定控制在 2～3℃，相对湿度控制在 85%～90%。生鲜农产品经过短途运输，可由冷链物流网点运往下游的各个批发商处，短途运输比长途运输的时间短，但是此时的生鲜农产品已经在先前的长途运输途中经过了较长时间的储存和颠簸，故在短途运输时应更加注重对温度、配送时间、装卸货时间、装卸货方式等信息的监控和记录，保证其销售前的安全可靠度；销售环节的安全可靠度监控也不能被忽视，这是与消费者直接联系的环节，销售方式也包括很多种，如大型超市冷柜销售、一般生鲜农产品批发市场销售、小型连锁超市简单摆放销售等，这一环节中，应对其销售时间、销售展示温度进行全程监控和记录，对售前、售后的储藏环境也应全程跟踪并记录。

三、实施冷链物流安全可靠度评价的影响因素分析

1. 评价标准欠规范

如图 3-5 所示，冷链物流的运作流程是一个复杂且对整体性要求较高的过程，包括预处理、运输、储存、配送、销售等环节，而各环节有各自不同的安全可靠度评价指标要求，即便同一环节对于不同种类的生鲜农产品也有不同的指标评价要求。就温度而言，不同种类的生鲜农产品均有适宜储存的温度区间，如蔬菜、果类、奶类的加工温度为 5～10℃，生食鱼贝、生鲜肉类的温度为-2～5℃，冷冻鱼、冷冻肉的温度在-15℃以下，我国尚缺少一个具体、详细的各指标临界值衡量标准，对于生鲜农产品在温度、湿度、时间、酶活性等方面的衡量上没有确切的指标体系，无法评价其好坏程度，为冷链物流安全可靠度的测量带来阻碍。具体表现在：我国部分冷链物流企业在生鲜农产品配送过程中依旧使用普通物流评价标准对冷链物流配送进行评价，《农产品冷链物流发展规划》指出，目前冷链物流中各环节的设施、设备、温度控制和操作规范等方面均缺少统一的标准，且存在不同地区、不同产品都用一套标准的问题，而不同生鲜农产品的生物结构和特征不同，其对配送环境的要求也不一样，如冷鲜肉要求在 0～4℃的条件下，迅速进行冷却处理，使胴体温度一天内由 38℃降为 0～4℃，并在后续的加工、流通和分销过程中始终保持在 0～4℃的冷链中。而鲜奶配送更注重“无缝隙”的配送，对温度要求也不一样。故缺乏灵活多样的冷链物流评价标准而导致的标准与产品不适应现象严重影响了生鲜农产品的配送质量。

而对于国家已经出台的相关生鲜农产品的评价标准，如2011年初，商务部已经批准发布并于3月1日起实施的《黄瓜流通规范》等7项国内贸易行业标准，对黄瓜、番茄、青椒、洋葱、豇豆、鲜食马铃薯、冬瓜等主要农产品的商品质量、等级、包装、标志均做出了规定，对产地采购、运输、批发、零售等流通过程也提出了具体要求。相关生鲜农产品流通标准也在200个以上，但是因为这些标准文件均停留在纸质化阶段，且对于冷链物流企业相关部门缺乏有效的监督，对违规企业也缺乏明确的惩处规定，故导致部分冷链物流企业将普通物流与冷链物流的安全可靠度评价混为一谈，以降低配送成本。

2. 打分主观性强

在确定好冷链物流安全可靠度的指标体系后，需要对该冷链物流链的各指标打分，按其完成程度给予相应的分数，而打分行为本身不仅是一个评价过程，还是一个决策过程。而决策主体难免会因自身的需求，根据各自不同的知识水平、生活环境等对某些指标高估或低估，如在对松茸冷链物流配送的安全可靠度进行评价时，对于温度这一指标，有10分、8分、6分、4分、2分、0分六个等级，松茸的储存温度应恒定控制在2～3℃，当监测到储存温度为2.5℃时，打分人员可能打10分或8分，乘以相等的权重系数后则会产生截然不同的分数，从而影响最终的评价结果。

3. 权重系数难确定

权重系数是表示某一指标项在指标项系统中的重要程度，它表示在其他指标项不变的情况下，这一指标项的变化对结果的影响。冷链物流安全可靠度评价体系内有众多指标，而每个指标重要程度不同，应根据生鲜农产品的实际情况做出不同的规定与调整。在设置权重系数时，经常会采用主观权重系数（又称经验权重系数），即由专家等根据指标的重要程度确定权重系数，尽管专家对于冷链物流安全可靠度评价指标的客观理解和实践经验较为丰富，但也很难完全摆脱主观因素的干扰。具体来说，对冷链物流流程进行监控记录，再利用层次分析法进行分析，其中包括众多正向指标和逆向指标，而对于各指标的权重系数的确定却具有较强的主观性，在对冷链物流安全可靠度进行相应的评价时，因其流程烦琐且复杂，各指标的重要程度缺乏统一的量化衡量标准，故其权重系数存在主观性较强的问题，这对冷链物流安全可靠度的衡量具有不利影响。

4. 信息共享渠道不畅通

供应商将生鲜农产品交予第三方物流企业配送后，通知批发商已安排配送，但是生鲜农产品安全可靠度信息的透明化和实时化尚未能达到，现阶段我国冷链物流 GPS、RFID 等实时信息交互技术未能广泛运用，每天在运行的500万辆货运车辆中 80%以上的业务活动通过电话来调度和监控，通过现金交易来实现完全的手工结算。对于冷链物流配送流程的监控尚且较为复杂，供应商、批发商对于配送中的生鲜农产品的存放温度、湿度、周转次数、装卸时间等数据更是难以监控，容易使第三方物流企业“钻漏洞”而懈怠，降低服务质量和安全可靠度，导致原本质量达标的生鲜农产品出现质量安全问题。

5. 评价模型的鲁棒性低

鲁棒性已提出很多年，但对其尚未形成一个统一的精确定义，在不同的领域定义不同，对于一个模型的鲁棒性，即指如果一个模型在某种假设下是正确的，而这个假设不同于设计该模型时所用的假设，那么这个模型就具有鲁棒性。冷链物流安全可靠度模型在现实实施中会遇到很多特殊问题，如对于某些贝类产品麻痹性贝类毒素 PSP 会导致人类中毒，这样的事件屡见不鲜，常规的安全可靠度模型可能在一定条件下不再适用，否则将无法监控到运输、销售过程中贝类等水产品的毒素含量，从而发生危及人们健康的食品安全问题。

现有的冷链物流安全可靠度模型还不能囊括所有现实操作中可能遇到的问题，难以迅速应对复杂的冷链物流操作中可能发生的各种突发情况。冷链物流安全可靠度的测量有众多环节，从预处理、运输、卸货、配送到最后的销售都需要安全可靠度模型的实时监测。因整个流程环节烦琐、耗时长、地理跨越广，存在诸多人为、机械、气候或地理等因素导致的突发情况，如气候的骤变会导致交接货物的监控标准发生变化、地理交通因素导致运输时间标准变化、人为操作失误导致某环节评价分数濒临临界值或超出评价系统选择的范围，这些情况都要求冷链物流的安全可靠度评价模型具有较高的鲁棒性，以便即时应对突发情况。

四、冷链物流安全可靠度评价优化的策略分析

1. 建立科学评价指标体系

由于确定冷链物流安全可靠度指标的方法欠缺科学性，故在整个配送环节中难以准确地监控关键指标，使得生鲜农产品配送的品质无法得到保证。对于冷链物流安全可靠度指标的选取方法应该遵循专业化、多样化、科学化原则。此外，冷链物流行业日益更新，指标的选取不能一成不变，头脑风暴法作为一种创造性的思维方法非常值得冷链物流行业借鉴，参与讨论的人也应该多样化，可以包括冷链物流一线工作人员、批发商、供应商、冷链物流高层管理人员、其他行业人员等，在无评论原则的讨论中能充分调动创新性思维，有利于搜集到具有创新性和建设性的指标选取方案。在选取冷链物流安全可靠度指标时也可采用德尔菲法，它要求集合一定数量的冷链物流业内专家，在没有横向交流的前提下让专家匿名提出冷链物流安全可靠度指标选取体系建议，最后由相关人员反复归纳、征询、

修改并最终汇总成统一的结果。该方法具有广泛的代表性和一定的科学性，因专家的观点往往都较为严谨，而广泛的无横向交流、汇集各专家的各类意见及反复征求的修改意见更能使最后的统一结果具有代表性，有利于抛弃掉部分专家极端的、主观色彩较为严重的想法。此外，使用安全系统工程分析方法中的事故树分析法(FTA)选取评价指标也具有较大的参考价值，它是美国贝尔实验室的 Watson 等为解决复杂的系统可靠性问题而提出的，是一套分析计算方法，可以在冷链物流行业中利用此方法帮助确定安全可靠度的指标体系，即从大量的冷链物流事故切入，利用 FTA 从“果”到“因”的分析方法，逐级找到事故的最终缘由，即可知晓哪些指标在冷链物流服务中被忽略了，并知晓其重要程度，从而完善安全可靠度的指标体系。

2. 加强指标的规范化和打分的客观性

由于缺少违反冷链物流评价体系的制约办法，很多生鲜农产品的冷链安全可靠度评价指标只是主观的“推荐性指标”，而且并未予以落实。为了让各冷链物流参与企业严格遵守冷链物流的相关评价指标，保证冷链物流的配送品质，我国已出台相关规范，如我国制定并出台的《低温仓储作业规范》、《食品冷链物流追溯管理要求》及《冷库管理规范》三项全局性标准，对于生鲜农产品冷链物流的安全科学配送及作业规范进行了明确且详细的规范。

为避免内部包庇现象的产生，确保具有客观性的打分，应禁止冷链物流企业的内部人员对自己提供的服务打分。通常情况下，内部人员为了维护企业形象与企业利益，可能无法客观评分，这就需要组织专业的第三方人员和部门对每个环节各个指标的安全可靠度进行独立打分；同时为了避免安全可靠度指标打分的主观性问题，应采用综合评分的形式，如让供应商、专家、顾客等不同人群从各自的角度对该生鲜农产品某项指标的安全可靠度进行打分，再取其加权平均数得到最后的得分。

3. 重视权重系数的客观性和整体性

在确定冷链物流安全可靠度指标的权重系数时，可采用：①客观赋权法，如独立性权重系数运用多元回归分析法，由负相关系数定权；②因子分析法，运用统计学中的因子分析方法按共性因子的累计贡献率定权，运用此类科学定权法避免了主观赋权法导致主观色彩严重而影响安全可靠度测算的不科学性，如在 AHP 决策时，可以运用 AHP 构权法，侧重对权值的精度计算，而科学客观的权值体系对评价结果的影响很大，对生鲜农产品的质量有很强的说明价值且对下一环节的具体操作有较大的指导性，选取指标时也应尽量选择客观且可量化的指标，在对该指标进行赋权计算时还应明确其定义，避免出现因该指标的歧义而影响其权重系数的现象，对于赋权的技术人员也应进行包括冷链物流安全可靠度的专业知识、冷链物流制度等培训。此外，对于现有的权重体系的调整更应注重整体性，在地区差异的基础上进行统一的调整，不可由某个冷链物流企业的内部人员进行私自调整。对于某些特定的生鲜农产品，如葡萄，因呼吸作用显著而需要尽快降低温度，故其在预冷环节的温度、预冷时间等指标的权重系数都应相应增大；而香蕉对温度也有自身的特殊要求，一般是13℃最为适宜，高温或低温会导致其不耐储存或产生冻害，因此在温度上的指标权重系数也应该增大；而奶制品的酶活性指标权重系数则应该增大以强调其重要性。

4. 加强信息共享渠道建设

我国物流运输的地理跨越较大，如铁路运输的平均里程在 2000km 左右，最长可达 5000km。生鲜农产品在长途运输过程中可能遇到各种意想不到的紧急情况，因此对于安全可靠度的实时监控与信息共享就显得尤其重要。因此政府部门应建设并维护好统一的冷链物流安全可靠度监控信息平台，生鲜农产品从开始安排配送后就采取 RFID、电子商务、GPS 等技术进行跟踪并记录其各类信息，对其所处的流通环节、防腐处理的药物种类和浓度、所使用的包装材料、储藏的湿度与温度，配送车辆的种类、装卸时间等各类指标，供应商和批发商的工作人员可以通过该平台查询到相关指标的信息，并能直接观察到各个环节的安全可靠度，从而了解生鲜农产品配送中的品质状况，且该平台应特别注重交互性和时效性，在紧急事件发生的情况下，能够让供应商和批发商积极协助冷链物流企业在最大程度上保证生鲜农产品的安全可靠度。此外，在全国范围内构建冷链物流安全可靠度信息交互平台时，还应注意区域性冷链物流安全可靠度网络平台的建设，特别是以某些对生鲜农产品需求量较大的大型城市为中心向周边地区辐射，结合该区域的特点和冷链物流发展水平制定有特色的安全可靠度评价体系和交互平台，有助于该区域信息的更快流通，或针对该区域某些大型商家制定特殊的冷链物流运输与安全可靠度评价体系，也有利于在紧急情况下采取有效的措施。

5. 提高评价模型的鲁棒性

具有鲁棒性的冷链物流安全可靠度评价模型直接关系到冷链物流企业的持续运作收益与效率，而对于冷链物流的安全可靠度模型而言，对配送过程中各种紧急情况和产品变化带来的不确定性进行评价是其重要任务。为了提升冷链物流安全可靠度评价体系的整体鲁棒性，应从合理应急和制定多样化的指标入手。不确定性来自内部或外部，对于内部的不确定性，如批发商或供应商对某批生鲜农产品的配送要求、数量等临时变换，该评价模型能及时做出相应的调整；而来自外部的不确定性，如冷链物流设备的损坏、运输过程中发生的意外等，可能会对其既定的安全可靠度评价流程造成较为严重的偏差，所以应当建立规范化的通用模型，该模型能满足绝大部分类别的产品评价，且该模型应该尽可能地细分，对温度、湿度、光线等指标的要求能符合国际要求；同时，对于某些有特别监控要求的生鲜农产品应该合理地扩展安全可靠度评价体系，使其能为松茸、鱼类、贝类等特殊生鲜农产品的安全可靠度评价提供参考。

五、研究发现

随着人们对生鲜农产品食用安全的重视，我国冷链物流业在快速发展的同时应该注重生鲜农产品安全可靠度的监测。从保证生鲜农产品的食用安全角度出发，科学地建立冷链物流安全可靠度评价体系。针对我国现阶段冷链物流安全可靠度体系中尚存在的众多问题，从不同的视角出发，合理结合各领域的科学方法和冷链物流特点规范冷链物流安全可靠度评价体系，并强调其现实操作性，结合地域特点、产品特点等因素建立完善科学的冷链物流安全可靠度评价体系，保障生鲜农产品冷链物流的安全可靠性。

第七节　安全可靠度视角的云南松茸冷链物流库存管理优化

一、现状概述

随着人们对食品要求的不断提高，农产品在消费市场上的消费量逐年增大。目前我国有 80%的农产品采用常温物流运输，粮食在流通储存环节的损失率占总产量的 12%～15%，果蔬损失率则高达 25%～32%，鸡蛋损失率达 5%，肉干等变质率达 3%，农产品货损直接导致的经济损失高达 750 亿元。为了降低农产品的损耗，不少企业将变质食品重新加工，继续流向消费者市场，导致不少消费者在食用后出现食物中毒现象。消费者对农产品企业的信任度逐渐下降，人们对食品安全高可靠度的呼声越来越强烈。因此，将安全可靠度引入冷链物流的库存管理中，不仅可以满足人们对安全可靠食品的需求，还能提升冷链物流运作中的库存效率。

目前国内外学者对冷链物流库存管理进行了一定的研究。Net（2003）研究了在冷链库存过程中不同温度对食品的影响。Gupta（2003）研究了季节性需求的易腐品库存订货策略，针对实际情况分别讨论并最终得到订货的经济批量。Bogataj等（2005）研究了冷链物流中易腐产品的稳定性，主要研究了在低温库存环境下易腐食品的腐败轨迹。国内也对冷链物流库存管理进行了一定的研究。张曙红等（2011）通过对湖北省中百集团等大型零售企业的调研，提出了基于农产品质量安全的冷链物流供应商管理库存（VMI）模式。张歆祺和何静（2011）认为优化库存成本是优化冷链物流成本的重中之重，并提出相应的优化方法。许彤和蒋明霞（2012）

依据冷链物流库存管理的现实情况，以进出货动态为参照，分别构建了进出货速率固定的和随机的两种进出货库存模型，并与传统 EOQ 模型进行了比较分析。

以上研究都没有在考虑安全可靠度的基础上研究冷链物流库存策略。本章将安全可靠度引入冷链物流的库存管理中，以云南松茸这种易腐性生鲜农产品为研究对象，首先构建基于安全可靠度的云南松茸冷链物流库存理论模型，然后分析妨碍冷链物流库存正常运作的因素，并在此基础上提出相应的优化对策，以有效提升库存运作效率，充分保证松茸在冷链运输过程中的安全可靠度。

二、构建基于安全可靠度的云南松茸冷链物流库存模型

依据前面对安全可靠度的定义，可将冷链物流库存的安全可靠度进一步定义为，在规定的条件和时间下，冷链物流企业提供的库存服务能使生鲜农产品的安全性保持在一个规定范围内的数学期望。

以安全可靠度为基础的云南松茸冷链物流的库存运作流程如下：收购商首先向冷链库存中心提交松茸的入库单据；然后由冷链库存中心审核松茸入库单据，审核通过后开始货物验收，对存在残损的松茸返回给收购商，对不存在残损的松茸进行入库操作，通过卸货、搬运、冷藏等流程后入库妥善储存；储存过程中对松茸分类上架，避免与其他冷藏食品发生相互干扰，并且定期对松茸的数量和质量进行监控；冷链物流库存中心在接到出库单时对松茸安排出库，应要求按出货先后顺序来整理冷链货物，避免冷链货物在出库环节出现滞留导致货物品质受损；最后由冷链物流库存中心将货物运送给转运商，由转运商安排冷藏运输工具将松茸运送至批发商处。从松茸入库、储存到出库的这段流程中，要进行 HACCP 监测和 RFID 温度安全可靠度预警，利用 HACCP 预测各种潜在的微生物污染，并尽早地预防或处理可能发生的问题，避免冷链产品变质，将食品可能产生的危险性降到最低。利用带温度传感器的 RFID 射频技术对库存操作过程中的温度变化进行实时监测，如发现温度降到临界值以下时立即进行预警，以方便冷链工作人员及时进行调整以确保货物品质。通过 HACCP 和 RFID 监测，将具有潜在风险和已出现温度变化的库存信息及时发送至信息平台，由库存信息平台再将信息反馈给冷链库存中心进行处理。

在松茸的整个冷链物流的库存过程中，安全可靠度至关重要。从松茸入库到出库的一系列过程中，进行 HACCP 危险监测及 RFID 温度监测，不但能控制松茸储存过程中的各种潜在危险因素，还能提高松茸的库存作业效率。冷链物流库存模型如图 3-6 所示。

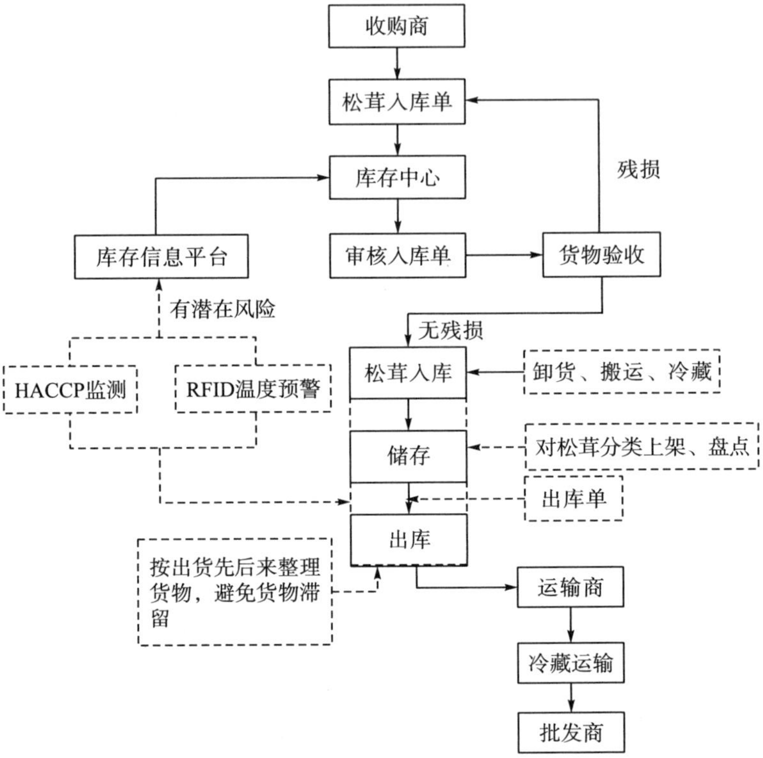

图 3-6　基于安全可靠度的云南松茸冷链物流库存模型

三、基于安全可靠度的云南松茸冷链物流库存管理影响因素分析

1. 安全可靠度管理产生的高昂成本

高昂的冷链物流库存成本制约着基于安全可靠度的云南松茸冷链物流库存管理。冷链物流企业在库存作业的一系列过程中为了充分保证松茸的安全可靠度，需要将大量的成本耗费在 RFID 和 HACCP 等监测预警系统及冷链物流库存信息平台的建设上，监测系统则需要覆盖到整个库存作业的流程，并且要定期进行系统维护与调试，监测设备的运行、管理和维护都需要消耗大量的人力物力。而高昂的成本使不少冷链物流企业望而却步，企业为了进一步降低成本，保证合理利润，转而使用低成本的设备进行管理，给冷链库存带来一定的管理漏洞，危害松茸的质量安全。

2. 冷库建设不合理

冷链物流的库存活动主要在冷库中发生，而冷库作为库存活动的核心环节却经常存在建设不合理、设施不齐全等情况。云南省大多数松茸冷链物流企业的冷库只安装了制冷设备却缺乏隔热、防潮等设施，制冷设备通常的运作需要将外部的热量转换为低温，才能冷藏。在这个转换过程中，因缺乏相应的隔热与防潮设施，热量一旦从外部进入冷库，就会破坏松茸冷藏的低温系统，导致微生物开始繁殖，影响松茸的质量安全，甚至引起松茸贬值，制冷和隔热、防潮设备只有相互结合使用才能充分保证松茸的安全可靠度。

3. 监测系统缺乏统一标准

云南松茸冷链物流库存管理需要依赖RFID温度预警系统、HACCP危害分析与关键点控制监测系统。RFID温度预警系统是通过温度传感器来获取实时温度数据，然后通过传送给RFID阅读器来实现对库存操作过程中的温度变化进行预警，从而帮助识别可能由温度变化引起的质量变化。HACCP危害分析与关键点控制监测系统则是对库存过程当中的各个关键点进行监测分析活动，找到可预见的各种微生物污染，及早进行预防和处理，避免影响松茸的安全可靠度。虽然这两种监控系统都能够在一定程度上避免库存环节对松茸质量产生危害的问题，也能更好地保证松茸的安全可靠度，但是目前云南省的松茸冷链行业缺乏统一的温度和危害标准来监控松茸的安全可靠度。对于不同的冷链物流企业来说，危害的度量标准也是异质性的，无法有效地避免松茸在库存环节出现问题。

4. 冷链库存信息沟通不畅

云南松茸冷链物流企业在库存操作过程中，会因系统不完善或人为操作不当而产生信息闭塞的情况，这会导致整个库存流程缺乏一定的透明度。一方面，一旦储存过程中出现信息不畅或信息错乱问题，会间接导致松茸在冷链物流作业过程中出现滞留。松茸滞留超过一定时限后，会受到微生物感染继而出现变质。另一方面，冷链物流流程信息的不畅也会直接导致松茸“消失”，无法通过监测系统跟踪到相对应的货物，不能按正常环节进行出库操作。这不仅给云南冷链物流企业造成了成本上的损失，而且给松茸的安全可靠度也带来了比较大的隐患。

5. 缺乏安全可靠度的绩效评价体系

大多数云南松茸冷链物流企业的库存操作流程不容乐观，其中存在很多问题，库存绩效的好坏在很大程度上制约了基于安全可靠度的冷链库存优化。云南冷链物流企业库存各个环节中虽然加入了RFID和HACCP等监测系统和信息平台，但是各个环节之间缺乏规范，储存环境、设备和流程等活动也缺乏具有科学合理性的绩效评价体系，而冷链活动的运作是否科学直接关系到食品的安全可靠度。大多数冷链物流企业没有具有合理性的绩效评价体系，仅仅依靠RFID和HACCP对温度和细菌进行监控，不足以完全保证松茸的安全可靠度。目前云南松茸冷链物流库存绩效评价体系无法从库存的经济型指标，冷库的冷藏能力、设备设施和人员，食品的易腐性指标，库存内部管理和外部满足顾客的能力等方面来进行全面的绩效评价。

四、基于安全可靠度的云南松茸冷链物流库存优化策略

1. 实施联合库存管理

基于安全可靠度产生的高昂成本是不少云南省松茸冷链物流企业无法保证食品安全可靠度的重要因素，基于安全可靠度的冷链物流库存中心的初始投资巨大，后续的投资回报率低且时间周期较长。为了降低高昂的可靠度管理成本，需要各物流企业实施库存联合管理策略，联合各个冷链物流企业，建立长期互利共赢的合作伙伴关系，将现有资源整合，共同建设、共同管理安全可靠度的冷链物流库存中心，以提升云南冷链仓储的经济性，增加规模效应，优化冷链物流的库存管理模式。在联合库存管理下，才能有效地节约各物流公司的成本，保障云南松茸在库存过程中具有高的安全可靠度。

2. 基于安全可靠度的冷库软硬件优化升级

大多数云南松茸冷链物流企业为了降低管理难度和经营成本，经常使用落后的软硬件设施，不但无法达到安全可靠度的标准，还为松茸的质量安全埋下了巨大的隐患，因此需要进行冷库软硬件升级。软件部分的升级针对 FRID、HACCP 等信息平台，提升管理人员劳动素质。不断提升监测系统和信息平台的先进性和时效性，可避免松茸在储存过程中出现质量问题。硬件部分的升级针对运输、装卸、搬运、上架等物流作业流程过程中使用的叉车、冷藏运输装备、托盘、货架等机器设备。虽然冷链物流库存操作中，物理损耗已不再是影响食品安全的主要因素，但是由于硬件设施的落后而导致食品质量安全受损也不容忽视。云南松茸冷链物流企业可以引进国内外的先进技术设备和监测系统以完善库存操作过程中的不足，充分保证松茸质量的安全可靠度。

3. 建立统一的监测标准

RFID 温度预警系统、HACCP 危害分析与关键点控制监测系统由于缺乏统一标准，会影响云南松茸冷链企业对产品的监测，以及产品在流入消费者市场时的安全可靠度。由于云南各个地区、企业及产品之间的异质性导致监测系统临界值的变化多样，给冷链库存管理带来一定的不便，因此，云南省政府和松茸冷链相关行业应根据不同的冷链产品制定相应的监控标准和规范，各地区企业应以政府或行业制定的标准来执行库存过程中的监测工作，这才能有效地进行基于安全可靠度的库存管理。

4. 建立基于安全可靠度的冷链库存信息共享平台

冷链物流库存信息共享平台是冷链物流库存的中枢系统，可将 RFID 和

HACCP 监测得到的数据发送至冷链物流库存信息共享平台，由冷链专业人员对松茸作业过程进行实时监控，将反馈到信息系统的问题进行及时、有效的处理，避免由于信息处理不及时和信息错乱而导致货物滞留。另外，在云南松茸冷链物流库存作业流程中，同样可以引入 RFID 射频技术。在松茸入库时，贴上 RFID 标签，根据 RFID 读写器所获得的信息，将货物准确安全地送至各个区域储存并将信息录入冷链物流库存信息共享平台，避免出现货物突然“消失”的情况，减少由于人工误操作所带来的误差。这不仅能提升云南松茸冷链库存作业的效率和准确率，降低冷链物流的库存成本，保证信息畅通和作业流程的透明化，还能充分保证松茸在冷链库存环节的安全可靠度指标。

5. 科学管理冷库中的货物“干扰”

在云南松茸冷链物流库存的作业流程中，由于管理粗放及人为因素影响而忽略了一些潜在的安全隐患。冷库中大多采用 HACCP 和 RFID 进行监控来保证产品不受温度和其他因素的影响，可是往往忽略了在储存过程中相邻不同质产品彼此之间可能存在的化学反应，以及气味之间的彼此渗透和干扰。由于存在这类的“盲点”问题，变质的风险在大多数食品中都存在。针对这些“盲点”问题，云南松茸冷链物流库存中心应加大监控力度，使各个产品之间的储存和货架摆放都按照科学方法来实行。对容易受到其他仓储品影响的货物进行简单的加工包装后再进入冷库储存，更好地避免松茸在冷藏过程中发生贬值，保证松茸的安全可靠度。

6. 建立科学和系统的绩效评价体系

绩效评价不能只包括对员工的绩效考核，还应该包括对冷链物流库存监控系统、冷链物流库存建设环境及软硬件设施的综合考察。松茸冷链物流库存运作不仅影响到生鲜农产品的质量安全，还关系到整个冷链物流的运作水平。因此云南松茸冷链行业需要建立科学且系统的冷链物流库存绩效评价体系，对冷链物流整体的运作能力进行科学测评，这不仅可以提高冷链库存的安全质量，还能不断改善系统中存在的各类缺陷，提升系统工作效率，维持整个库存运作系统的稳定性、高效性和安全性，保证松茸的质量安全。

五、研究发现

在安全可靠度的基础上研究云南松茸冷链物流库存策略优化，具有重要的理论价值和现实意义。将安全可靠度这一指标纳入云南冷链物流库存操作流程中，首先，建立安全可靠的冷链物流库存理论模型；其次，从成本、冷库建设、监测系统、信息不畅、绩效评价体系五个方面分析基于安全可靠度的云南松茸冷链物流库存管理的影响因素；最后，针对这些影响因素，从实施联合库存管理、基于安全可靠度的冷库软硬件优化升级、建立统一的监测标准、建立安全可靠的冷链库存信息共享平台、科学管理冷库中的货物“干扰”、建立科学和系统的绩效评价体系等方面提出相应的对策建议。在安全可靠度的基础上，对冷链物流库存策略进行优化，不但能降低云南松茸冷链物流企业的成本，提高库存作业效率，充分保证松茸的质量安全，还能提高消费者的信任度和满意程度。

第八节　云南省城乡冷链物流知识联盟构建研究

一、现状概述

当今社会已经进入知识经济时代，外部环境竞争日益激烈，随之兴起了一种新型的战略组织模式——知识联盟(knowledge alliance，KA)。知识联盟源于贝克尔(Becker)和墨菲(Murphy)对知识分工模型的研究，是一种新的战略组织模式，并逐渐被国际社会关注。知识联盟不仅是一种战略联盟，更重要的是为组织学习和创造知识，增加竞争优势。云南省中小冷链物流企业大多比较弱小，要想真正实现自主创新、使冷链物流业走上良性循环的道路，就一定要大力加强中小冷链物流企业的创新能力，加入冷链物流知识联盟的冷链物流企业可以在组织内部互助学习，并创造出新知识和新能力。一种冷链知识或冷链资源，只有在同行业相当一部分冷链物流企业中得到应用才能够发挥它的最大经济价值。一种新冷链知识或新冷链资源的产生也要集合多个冷链物流企业的智慧才能够实现。因此在云南省城乡日益普及的冷链物流行业中建立知识联盟具有重大的理论意义和实践价值，可以形成新的竞争力，避免恶性竞争，在冷链物流行业内实现互惠互利，对单个冷链物流企业降低研究成本、提高研究效率、培育自身核心竞争优势极为重要，还可使整个城乡冷链物流行业实现利益最大化，使各冷链物流企业受益。

国内外与本章相关的研究主要是供应链知识共享方面的研究，这为供应链知识联盟的构建奠定了基础。王宪立(2012)以“知识联盟”为关键词对中国期刊全文数据库进行了检索，并用共词分析法结合 SPSS，通过因子分析和聚类分析的方式对我国的知识联盟结构进行分析，指出在知识联盟中的七个领域和研究方向，以及亟待解决的核心问题。陈一鸣(2011)在供应链知识共享的前提下建立了对于企业核心竞争力进行综合评价的方法，并分析通过供应链知识共享给企业带来核心竞争力的提升及在知识共享成本影响下产生的企业核心竞争力的下降，以此来确定供应链中的知识共享能否提升企业的核心竞争力。王蕊(2009)在分析了供应链知识共享过程中存在的风险后，提出了知识共享风险的主要类别并对每个类别给出相应的控制策略。李静和陈圣群(2011)从主体、客体、情境、手段四个方面入手分析了在产业集群中进行知识共享的影响因素，他们认为企业内的知识分散在不同的个人和组织当中，要最大限度地发挥知识的作用，要赢得或保持企业的竞争优势，就必须进行知识共享。Guido Voigt 和 Karl Inderfurth(2012)提出供应商有一个先验分布的假设，根据买家提供真实的或不真实的个人信息来调整先验分布的条件和买家信息，得出自己的经营活动计划。Voigt 和 Inderfurth(2012)，发现买家和供应商不同的沟通状况可能影响整个供应链的性能，因此要提高在供应链管理中的信任和信息共享意识。但是他们都没有对冷链物流知识联盟的构建进行研究，因此本章结合云南省城乡冷链物流现状，分析云南省城乡冷链物流知识联盟构建的影响因素，并在此基础上提出相应的对策建议，以促进冷链物流行业共享知识和资源，提高经济效益，加快云南省城乡冷链发展。

二、云南省城乡冷链物流知识联盟构建的影响因素分析

1. 冷链物流知识联盟信息泄漏问题

在高新科技发展的当今社会，知识信息的安全性越来越难以保障。对于冷链物流知识联盟来说，信息泄漏不仅存在于信息交流的过程中，在所有涉及信息传递的过程中都有可能发生。在城乡冷链物流知识联盟进行知识学习互助的过程中，没有参与的其他同行企业也可以从知识联盟参与方的价格和经济行为中推断出共享的信息，他们将其加入自己的经济决策中获得收益，这就是信息共享中的“间接作用”。如果与知识联盟中的企业存在竞争关系的冷链物流企业通过这种信息泄漏获得了利益，则会直接影响参与知识联盟的冷链物流企业的知识共享积极性。此外，冷链知识和资源的接收方由于某种原因有意地将接收到的知识泄漏给其他冷链物流企业的竞争者，这种行为损害了知识联盟其他参与者的利益。信息的泄漏对于城乡冷链物流联盟这样大范围的知识共享危害更加严重。在云南省城乡冷链物流知识联盟中，城市和乡村的冷链物流企业存在联盟能力上的差距，当城市冷链物流企业向农村冷链物流企业提供新知识的时候，由于农村冷链安全管理机制的欠缺，很容易在知识传递或知识学习过程中产生知识泄漏，从而影响云南省城乡冷链物流知识联盟的整体利益。

2. 冷链物流知识联盟激励机制欠缺

冷链物流行业中的企业是相互竞争的，同地区内的冷链物流企业通过竞争来获得更大的市场份额和市场利润，这是每个冷链物流企业的初衷，这种竞争性将成为云南省冷链物流企业之间建立知识联盟的障碍。冷链物流企业对于信息知识的本位主义和利己主义是企业知识信息交流的壁垒，尤其是那些得来不易且可以为冷链物流企业带来收益的冷链知识或资源更是如此，因此，冷链物流企业会有意进行自有知识的垄断来维护自己的利益。冷链物流企业不会轻易将可以为自己

带来巨大利润的知识在知识联盟中进行共享，尤其是对云南省城乡之间实力悬殊的冷链物流企业来说，它们很难在一个大的企业集群中进行相互知识和资源的学习和创新。对于冷链物流知识联盟来说，由于内部缺少激励机制，致使云南省冷链物流企业以一种消极的态度在知识联盟中进行知识共享和学习。此外，冷链物流知识联盟内部没有明晰的利益分配机制，事实上，利益分配机制可以激励冷链物流知识联盟的建立，促进企业进行知识的学习和创新。只有在意识到参与冷链知识联盟可以为自己带来很大利益的前提下，冷链物流企业才会有建立冷链物流知识联盟的动力。

3. 冷链物流知识提供方的担忧

冷链物流知识联盟的先进企业一般来自城市，他们担心自己的核心技术被其他联盟成员学习模仿，导致自己失去在冷链物流市场中的竞争优势，甚至被市场淘汰，也担心自己提供的冷链信息从知识联盟中泄漏出去，给自己带来不必要的损失。71%的企业认为企业业务的发展依赖于企业特有的知识，依赖于员工掌握的技能。他们为了保持自己在冷链市场经济中的优势地位，防止自己特有的冷链物流知识变得大众化，所以不愿意将自己特有的知识共享到冷链物流知识联盟的知识体系中。他们通常会隐瞒自己所掌握的冷链知识和资源，或者设置高的知识保护壁垒，使其他冷链物流企业无法通过知识联盟学习和掌握，尤其是对于云南省农村比较落后的冷链物流中小企业来说，在冷链物流知识联盟中无法得到先进知识技术，冷链物流知识联盟失去了存在的意义。

4. 冷链物流知识接收方的排斥

冷链物流知识联盟中的新知识接收方可能因为自身的惰性或排他性而不接受其他冷链物流企业的先进知识或先进资源，他们担心冷链知识提供方持有不良动机或担心受到歧视，而且对部分冷链物流企业来说，先进技术并不能带来收益的增长，反而会耗费较大成本。这些现象在云南省农村地区冷链物流企业中较为普遍。冷链物流新知识接收企业为了确保冷链新知识有效发挥作用，需要对原有的文化、企业结构和经营设备进行调整，并且还需要有冷链专业知识的人员对新知识、技术平台进行管理维护，这样会带来较大运营成本和管理压力。对于农村冷链物流中小企业来说，可能因顾忌成本压力而不愿改变原有的模式。这些因素都会影响云南省城乡冷链物流知识联盟进行知识或资源的学习和创新。

5. 冷链物流企业知识型人才匮乏

云南省城乡冷链物流知识联盟的建立需要优秀知识型人才的推动。对于冷链物流知识联盟中的冷链知识和资源提供方来说，要拥有可以为自己创造出利益的知识和资源，就必须有尖端的专业型冷链物流知识人才。对冷链物流知识和资源的接收方来说，也需要冷链物流专业型知识人才来快速地吸收其他冷链物流企业提供的知识和信息，并对本企业的经营和新知识进行指导和创新。但是目前云南省城乡冷链物流企业内部的冷链物流资源专业型人才还比较匮乏，尤其是云南省农村地区，缺少冷链物流的专业型人才，无法保障冷链物流知识联盟的建立和运行。而且，由于冷链物流知识型人才欠缺，在冷链物流知识联盟知识共享和学习过程中容易产生理解或运用错误，给各参与的冷链物流企业带来损失，增大冷链物流企业对于新知识吸收的恐惧。冷链物流知识联盟不仅需要对冷链知识进行共享和学习，还需要对冷链物流行业内的知识进行创新。只有对冷链物流有充分认识和对市场有足够了解的知识型人才才可以在合作和交流中创造出新知识，为冷链物流知识联盟的参与者带来利益。云南省城乡冷链物流企业缺少能够进行交流和创新的冷链物流专业型人才；造成云南省城乡冷链物流知识联盟构建缺少必要基础，冷链物流知识联盟知识学习和创新较为困难，制约了云南省城乡冷链物流知识联盟的发展。

三、构建云南省城乡冷链物流知识联盟的对策建议

1. 建立冷链物流知识联盟安全机制

在云南省冷链物流知识联盟中建立防控信息泄漏的部门，由参与知识联盟的各冷链物流企业派出人员组成，这些人员通过感性认识、历史经验、市场相关数据对冷链物流知识联盟的信息安全进行分析。这样在出现信息泄漏隐患的时候冷链物流知识联盟各参与企业可以即时采取措施，保障自己的利益。参与云南省冷链物流知识联盟的企业都要签署保密协议，不得有意将自己在知识联盟中获得的冷链知识和资源泄漏给其他竞争企业。保密协议应规定冷链知识提供方和接收方双方的权力和义务，以及接收方在未经知识提供方允许的情况下将接收的知识泄漏出去所要承担的经济和法律责任，形成冷链物流知识联盟内部安全机制。构建和维护冷链物流知识联盟内部的网络安全体系，保障冷链物流企业的经济信息和知识创新。在冷链物流知识联盟内部建立加密数据库，并且建立分级访问权限制度，只有具有访问权限的用户企业才能读阅相关信息，保证只有参与冷链物流知识联盟的企业才可以了解到共享信息的内容，防止其他冷链物流企业进行经济信息窃取。此外，为了防止城乡冷链知识共享过程中偶然的信息泄漏，避免给冷链物流知识联盟带来过大的损失，应在知识联盟内部建立信息泄漏的紧急应对措施。

2. 对知识提供方提供薪酬和名誉激励

对加入云南省冷链物流知识联盟的冷链企业，根据所持有的冷链知识和资源的价值划分不同的等级，可以对云南省城乡的冷链物流企业建立不同的评估标准，每个等级段对应不同的薪酬比率，并且当产生的新利润到达一定的数额后可以提

升冷链知识或知识资源的提供方在冷链物流知识联盟中的薪酬比率等级。当一个冷链物流企业向其他企业提供了冷链知识或知识资源并且使得接收方获得了利润时，则冷链知识或资源提供方可以依据自己所对应的薪酬比率在接收方获得的利润中抽取相应份额作为知识回报。此外，要建立知识署名制度。对于冷链知识或知识资源接收方来说，新的冷链知识必须署名知识的提供方，且不得外卖、外泄或转移提供给其他知识联盟内的冷链物流企业和知识联盟外的竞争企业，署名的冷链知识或知识资源的所有权仍然归冷链知识的提供方所有。这可以提升冷链物流企业的名誉和企业文化，是一种有效的激励措施。通过建立冷链物流知识联盟利益分配机制，可以使云南省冷链物流企业积极参与到冷链物流知识联盟中来。

3. 在冷链物流知识联盟中建立高度信任关系

云南省冷链物流知识联盟中知识或资源提供方之所以对知识的提供存在犹豫和担忧，是因为对知识联盟中的其他冷链物流企业不够信任，在云南省冷链物流知识联盟中建立高度信任关系有助于企业之间产生信任和默契，减少知识传递中的扭曲，提高知识的质量。由于信任具有传递性的特征，一方对于另一方的信任态度也会对另一方产生影响，从而实现信任关系的良性循环。高度的信任关系可以使各冷链物流企业之间不仅仅是冷链物流知识联盟的关系，同时也可以形成战略伙伴。冷链物流企业之间的高度信任使大家不惧怕与对方共享信息，接收方也相信信息的准确可靠性，这种信任关系也减少了参与冷链物流知识联盟的企业的知识学习成本。这种知识联盟中的高度信任关系可以吸引更多的冷链物流企业加入进来，尤其是云南省城市中拥有高技术的冷链物流企业加入知识联盟，提高了整个知识联盟的知识存量，为所有参与者带来新的知识和资源，提高知识联盟的总体绩效。

4. 在冷链物流知识联盟中建立保障体系

在云南省冷链物流知识联盟内部建立一个基金组织，该基金组织的资金由知识联盟各参与冷链物流企业共同出资构成。它对参加冷链知识学习和试用的企业进行资金支持。基金组织根据不同冷链物流企业的经营状况和抗风险能力提供不同比例的基金支持。冷链知识和资源接收企业得到一定数量的资金支持可减少对于新知识的吸收风险，在新知识产生应用效益后，企业需将得到的支持资金退还给该基金组织，并缴纳一定数量的资金使用费用；如果获助企业发生亏损，则可对支持资金进行延迟支付或分期还款。这可以使更多的云南省农村冷链物流企业加入冷链物流知识联盟，并降低这些企业参与冷链知识联盟的风险。对风险很大的新冷链知识进行学习时，在普遍推广前，可以选定几个典型企业进行试点，成功后再进行推广，这样也可以降低吸收新知识的企业的风险。

5. 在参加冷链物流知识联盟的企业中建立人才培养计划

云南省冷链物流知识联盟内的各企业要建立人才培养计划。增加冷链物流企业专业型人才最直接有效的方式就是有效地运用社会优质劳动力。但是外聘的劳动力可能对于企业和知识联盟内部的情况不是很熟悉，因此发挥其效用还需要一段时间，而且对云南省城乡地区来说，冷链专业型人才还很缺乏，直接聘请存在风险。云南省冷链物流知识联盟可以和高校进行合作，在高校内部培养直接的对口输送冷链专业型人才，这样可以使加入冷链物流知识联盟的企业有固定高效的人才来源。此外，在冷链物流企业的优秀工作人员，可以由企业或知识联盟出资进入高校进行冷链物流专业知识和市场动态的进修和学习，提高对专业方面的认知，提高企业专业型知识人才的质量。这样可以快速地培养出既了解企业内部和知识联盟的经济状况，又专攻冷链物流的知识型人才，建立适合云南省城乡地区冷链物流知识联盟的人才。

四、研究发现

冷链物流行业在云南省发展越来越快，但是城乡冷链物流行业拥有的冷链知识和资源却存在很大的差异，要使知识发挥出它最大的经济价值就要在行业内实现充分共享和应用。因此，建立云南省城乡冷链物流知识联盟对发展云南省城乡冷链物流产业具有重大的理论和实践意义。本章分析了云南省城乡建立冷链物流知识联盟的影响因素，主要是知识联盟内部体系不健全和联盟内各企业从自身利益出发产生的顾虑。为解决这些问题，需要在冷链物流知识联盟内部建立安全机制、激励机制、人才培养计划和保障机制，这样不仅可以解决知识联盟内各企业进行知识共享学习和创新的后顾之忧，还可以吸引更多的冷链物流企业加入其中，壮大云南省冷链物流知识联盟的力量，协调城乡冷链物流产业的发展。

第四章　双渠道优化篇

第一节　双渠道视角下的云南省生鲜农产品冷链物流产业定价研究

一、云南省生鲜农产品冷链物流产业定价的理论分析

1. 服务业定价的理论分析

1）服务业定价的理论

（1）差别消费定价。不同群体对服务性产品的效用评价存在差异，支付意愿也有所不同。实行一致价格时，部分有购买欲的消费者可能没有购买能力，无法形成有效需求。差别定价以划分市场需求为前提，可以满足不同消费者的需求，同时能够将部分消费者剩余转化为企业利益。通过差别定价，可以有效满足消费者支付能力的需求。

（2）差别服务定价。服务业受到产品特征的影响，企业与顾客之间的关系存在比较复杂的关系。因而，企业在给服务产品进行定价时不是简单地给产品一个价格标签，而是要有不同的服务定价战略。差别定价为服务产品提供了一种创新驱动，差别定价考虑顾客的支付意愿，可以赢得更多顾客的青睐，进而获得更大的市场份额。实施差别定价，可以实现产品差异化、服务多元化，同时兼顾到不同消费群体的需求，进而能够更好地发展市场。

2）服务业定价的特点

（1）服务的无形性。服务的无形性使服务产品的定价比一般产品的定价要更加困难。消费者在消费服务产品时，难以客观、准确地检查无形性服务产品的质量。并且，第一次购买服务性产品的消费者通常不了解产品的具体内容，很多服务产品会根据消费者的不同要求做出不同的调整。

（2）服务的同质性。服务的同质性使得市场竞争更激烈，越具有特质的服务卖方越可以掌握定价的主动权。此时，价格可作为质量的指标。基于这种原因，一些消费者往往会倾向于某种消费行为。这种情况为企业进行市场细分和制定价格战略提供了重要的决策依据。

2. 物流业定价的理论分析

1）物流业定价的理论

(1)竞争调节定价。物流业竞争者的价格能够调节顾客价值和物流的服务成本，物流服务企业可以根据实际情况随机应变，制定出高于或低于竞争对手的价格，进而实现增加利润、扩大销售量及扩大市场份额的目标。

(2)产品的经济价值。对于定价决策者而言，需要考虑产品的经济价值，即消费者能够选择的最优价格，加上产品区别于其他产品的差异价值，这个价值模型能为物流企业定价决策提供重要的参考。

(3)物流服务标准化。定价决策者需以物流服务标准化体系的建立为基础来参照行业产品质量标准或行业标杆企业价格。对于经济价值中可为正或可为负的差异价值，可用物流企业绩效或竞争力评价方法来确定企业提供服务的差异值。因此，标准化服务质量体系和企业绩效评价共同构成了物流服务的经济价值体系。

2)物流业定价的特点

(1)顾客价值的可变性。顾客价值是顾客感知到的利益得失之间的一种权衡，也是对服务或产品整体效用的主观评价。顾客价值是可变的，它不仅反映了消费者从产品中获得的全部利益和满足，而且能够衡量消费者从中获得的使用价值或效用。

(2)物流服务成本导向。物流成本是物流服务定价的下限，准确地计量物流成本是物流企业定价决策中的关键。其中，固定成本包括物流企业软件与硬件设施的建设费用和物流服务中的固定费用；可变成本包括与具体物流服务过程有关联的劳动力成本、能耗费用、维护保养物流设施工具费用等。成本导向因素中还包括物流服务企业在多项业务中进行决策的机会成本、在物流运输等存在回程的业务中产生的公共成本和联合成本等。

3. 冷链物流定价的理论分析

1)冷链物流定价的理论

(1)参照价格。在互联网时代，消费者很容易了解到产品的历史价格、同类产品的历史及产品的当前价格，进而形成一个“参照价格”来评价产品的市场定价。当市场定价高于参照价格时，消费者感到效用降低；反之，当市场定价低于参照价格时，消费者感到效用升高。消费者的购买决策与参照价格息息相关。

(2)生鲜农产品定价。对于生鲜农产品，如果定价过低，虽然销售量会增加，但是企业并不一定能够得到丰厚的利润；如果定价过高，就会面临产品销售不出去的现象，从而遭受一定的损失。面对错综复杂的市场环境，生鲜农产品的合理定价机制对企业占领市场、赢取竞争优势具有重要意义。

2)冷链物流定价的特点

(1)生鲜农产品的易逝性。冷链物流产品具有不可储存性和易逝性，这就使得服务的供求难以保持平衡。当供大于求时，须采用优惠价及降价等方式来实现市场出清。但这种方式会增强消费者的期待心理，会故意不消费产品。为防止这种行为的出现，服务业企业要对提前订购服务的消费者给予一些优待性特价服务。

(2) 生命周期的随机性。生鲜农产品具有易变质性，具有随机的生命周期。在实际销售中，产品的库存对冷链品的定价影响非常大。冷链品的定价会影响冷链物流的需求，进而影响冷链物流的库存水平和成本。因此，冷链品的库存与定价息息相关，二者不可割裂。

二、云南省生鲜农产品冷链物流产业定价的方法分析

科学的定价，需要结合生鲜农产品的市场特征和企业自身的优势来制定。科学定价方法和策略的结合，可以在满足客户需求的前提下实现企业效益最大化。

随着国民生活水平的逐年提高，人们对生鲜农产品品质的要求也逐渐升高。并且，云南地区多产生鲜农产品，因而对云南地区生鲜农产品定价的研究显得特别重要。生鲜农产品不同于一般产品，它具有易逝性，对储运和保鲜技术的要求非常高。同时，生鲜农产品冷链物流的增值服务空间比较大。下面结合云南省冷链物流市场及生鲜农产品的特征，提出目前存在的几种冷链物流产品定价方法及策略。

1) 收益导向定价法

这种定价方法要把生鲜农产品的市场需求和组织成本联系起来，根据盈亏平衡点公式计算出平衡价格，这是冷链物流企业提供服务后不亏损的保本价格，并且不同的预期服务量对应不同的收支平衡价格。冷链物流企业可根据这一标准，结合预期的服务盈利选择适当定价。这种定价方法能够科学准确地得到冷链物流企业的保本价格，为其合理定价提供了科学依据。

收支平衡定价 $p=\dfrac{c+r}{N}+CV$，其中 c 代表固定成本价格，r 代表预期利润总额，N 代表销售数量，CV 代表单位变动成本。

2) 服务生产导向定价法

服务生产导向定价法又称价格歧视，是指企业在不同的场合销售同种商品时采取不同的价格。针对不同消费者、不同消费量或不同市场进行差异定价，即一级差别定价、二级差别定价、三级差别定价。基于云南省生鲜农产品冷链物流业的产业特征，可以采用二级差别定价和三级差别定价法。

二级差别定价是根据对生鲜农产品的不同消费量采取不同的定价，以此来调节需求，进而保证稳定的收益。这种定价方法适用于为某些特殊季节性产品提供物流服务的企业，如本章研究的生鲜农产品冷链物流产业。

据此，可以推导出服务生产导向二级差别定价公式 $p=a+bQ$，其中 $a>b$，$b<0$，即产品价格 p 会随着销售量的增加而降低。

三级差别定价是指将生鲜农产品冷链物流市场划分为不同的子市场，企业根

据不同的市场特征采取不同的价格。对于物流服务市场有很多种不同的划分方法，如 DHL 的快递服务按区域定价。同时，基于物流产品的时效性特点，对不同物流服务的时效需求制定不同的价格，既方便了客户选择服务种类，又使企业可以在承诺的期限内灵活地选择运输方式。

3)服务成本导向定价法

服务成本导向定价是指生鲜农产品冷链物流企业要依据提供服务的成本来制定价格，冷链物流企业定价公式如下：生鲜农产品价格=单位固定成本+单位变动成本+单位目标利润。这种方法目前普遍被中小物流企业所采用，其优点是简单明了，便于物流企业进行经济核算，但缺乏对市场需求的把握及反应的灵活性。

生鲜农产品价格 $p=[(F+V)+M]/N$，其中 F 代表总固定成本，V 代表总变动成本，M 代表总的目标利润，N 代表销售量。

4)竞争导向定价法

竞争导向定价是指根据同行竞争对手的价格来制定自己的价格。从生鲜农产品物流的市场特征和产品标准化程度来看，这种定价方法并不是非常适用，从物流服务价格构成中可以知道，竞争者价格只能作为一种参考，作为企业的调节手段，不能够作为生鲜农产品冷链物流定价的准确标准。

竞争导向定价法包含随行就市定价法、追随定价法及流行标准定价法。其中，随行就市定价 p 的决定会根据市场行情随时进行调节；追随定价 p 会以市场领先地位的销售者的价格为参考进行定价；流行标准定价即是根据早已存在的市场定价规则进行计价。

5)需求差异定价法

需求差异定价法是根据时间、地点、商品及消费者的消费需求不同进行定价，影响需求定价的因素主要有以下几种：第一，地点(x_1)，如机场的商店、餐厅提供的商品价格要普遍高于市内的商店和餐厅；第二，时间(x_2)，如购物的黄金期间，商品价格会比平时高；第三，商品(x_3)，如在奥运会举行期间，标有奥运会会徽或吉祥物的商品，价格会高于其他同类商品；第四，顾客(x_4)，如依据顾客的职业、年龄在定价时可给予相应的优惠或价格加成，进而能够获得良好的促销效果。

根据上述分析可生成需求差异定价公式，即 $p=ax_1+bx_2+cx_3+dx_4+\varepsilon$。其中，人群密集的地方会比人群较稀疏的地方定价高，即人群密集的地方 a 的取值要大于人群较稀疏的地方；在节假日，人们的购物欲望会增加，因而在节假日 b 的取值要高于一般时间；因商品的特殊性，独一无二的特质能够为其自身提价，即有特质的商品在进行定价时，c 要高于对普通商品进行定价时的取值；因顾客需求不同，可进行差别定价，如景区门票对工薪阶层的收费要高于对儿童、学生及老人的收费，即对收入水平高的人进行定价时的 d 要高于无收入群体。

上述几种定价方法在生鲜农产品冷链物流产业定价方面并没有得到很好的应用，线上与线下相结合的双渠道供应链是符合时代潮流的销售方式，当然这种定价方式在生鲜农产品冷链物流方面还存在问题。例如，线上销售渠道在消费者购物体验感和服务等方面不如线下渠道。由于消费者对同种商品在不同渠道消费的接受度不同，因此会产生不同的心理价格预期，导致线上与线下销售渠道之间存在生鲜农产品的定价、信息共享、城市与农村地区技术及设备投入等的冲突。

双渠道供应量的渠道冲突表现为线上渠道和线下渠道对消费者资源的争夺。线上及线下销售者会尽可能地追求自身利润最大化，会产生恶性竞争，从而导致供应链的整体利润下降。因而，生鲜物流产业定价需协调这些冲突，如线上销售者可以通过对线下销售者提供一定的补偿激励，以形成双渠道供应的生鲜农产品冷链物流的最优定价水平，进而提升供应链的整体效益，达到帕累托最优，实现双渠道供应链各参与方的共赢。

三、云南省生鲜农产品冷链物流产业定价的模型分析

1. 模型描述

本章将模型简化为一个制造商、一个线下超市、一个线上合作社及众多消费者组成的生鲜农产品冷链物流双渠道供应链系统，其中制造商为市场的主导者。通过分析比较单渠道供应下各参与方及双渠道供应优化下各参与方的利润，进而为云南省生鲜农产品冷链物流产业的定价给出合理建议，最终实现帕累托最优。生鲜农产品冷链物流双渠道供应链如图 4-1 所示。

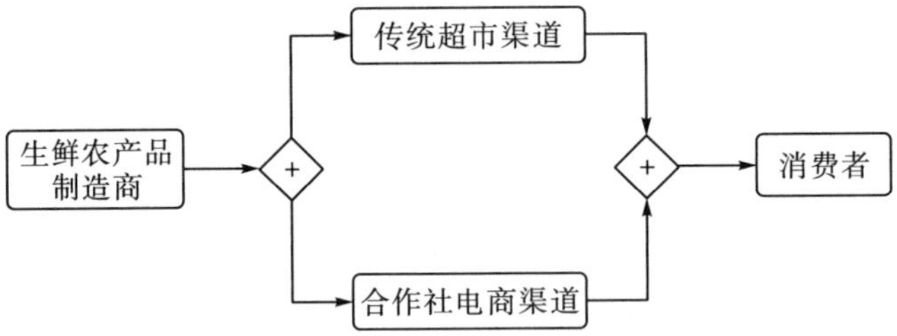

图 4-1　生鲜农产品冷链物流双渠道供应链

如图 4-1 所示，生鲜农产品制造商将商品送达消费者手中有两条渠道，其中一条是传统超市渠道，另一条是合作社电商渠道。其中，传统超市渠道，从生鲜农产品制造商那里获得生鲜农产品，然后直接线下销售给消费者；合作社电商渠道的经营者也是从生鲜农产品制造商那里获得生鲜农产品，然后进行线上与线下结合的销售方式进行销售，最终到达消费者手中。在整个供应过程中最重要的就是要保证生鲜农产品的新鲜度，因此，冷链物流的运输要求对定价有非常重要的影响作用。

2. 模型假设

假设 1：各参与方都符合经济人的假设，传统超市渠道及合作社电商渠道有不同的利益主体且各自追求自身利益最大化，均是风险中性者。

假设 2：借鉴唐润(2018)在考虑质量损失的生鲜农产品双渠道市场出清策略的研究上，假设 T 时刻的生鲜农产品平均质量水平为 $q\mathrm{e}^{-\lambda_1 T_w}\mathrm{e}^{-\lambda_2}\left(T-T_w\right)$，$T_w$ 表示生鲜农产品从合作社送到超市所需的时间，λ_1 表示传统超市生鲜农产品的保鲜变质率，λ_2 表示合作社电商生鲜农产品的保鲜变质率，$q(q<1)$ 表示农产品的初始质量，$\mathrm{e}^{-\lambda_1 T_w}$ 表示生鲜农产品从 0 时刻到 T_w 后的农产品质量水平。

假设 3：合作社生产生鲜农产品的单位生产成本为 c，生鲜农产品可以通过打折实现市场出清，若市场不能出清，则农产品会滞销变质而废弃。废弃农产品的残值对合作社电商及超市均为零，并且都需要相同的处理成本 $a(a>c)$。

假设 4：α 表示渠道自身的价格敏感系数，β 表示渠道之间的交叉价格弹性系数，即传统超市渠道自身的价格敏感系数为 α，它对合作社电商渠道的价格敏感系数为 β，反之亦然。一般来说，渠道自身的价格弹性对需求的影响要大于渠道交叉价格弹性对需求的影响，即 $\alpha>\beta$。

假设 5：U 表示市场的潜在需求量，θ 表示传统渠道所占市场份额，则 $(1-\theta)$ 表示合作社电商渠道所占的市场份额，D_1 代表传统超市渠道市场的需求量，D_2 代表合作社电商渠道市场的需求量。其中，θU 越大，则传统超市渠道的市场需求量 D_1 越大；同理，$(1-\theta)U$ 越大，则合作社电商渠道的市场需求量 D_2 越大。

假设 6：合作社和超市都在 T_1 时刻进行打折决策，超市传统渠道的折扣率为 η_1，合作社电商渠道的折扣率为 η_2。

假设 7：p_1 代表传统超市渠道正常售价，p_2 代表合作社电商渠道的正常售价。

假设 8：γ 表示生鲜农产品质量对需求的影响系数，一般而言生鲜农产品质量越好则其需求量越大，即 γ 是时间 T 的一个减函数。

假设 9：w 表示传统超市的订购批发价，H_1 表示传统超市的固定成本，H_2 表示合作社电商的固定成本。

假设 10：Π_1 代表只进行线下销售的传统超市渠道的利润，Π_2 代表线上线下销售相结合的合作社电商渠道的利润。

3. 模型构建

1) 不打折的双渠道定价模型

传统渠道需求函数由其市场份额 θU 减去其自身价格敏感度所影响的需求量 αp_1 加上合作社电商渠道价格敏感度所影响的需求量 βp_2，最后加上生鲜农产品新鲜度所影响的需求量 $\gamma q\mathrm{e}^{-\lambda_1 T_w}\mathrm{e}^{-\lambda_2}\left(T-T_w\right)$，得到传统超市渠道的需求函数：

$$D_1(t)=\theta U-\alpha p_1+\beta p_2+\gamma q\mathrm{e}^{-\lambda_1 T_w}\mathrm{e}^{-\lambda_2}\left(T-T_w\right) \tag{4-1}$$

由式(4-1)可知，当传统销售渠道的价格越高时，传统销售渠道的市场份额会越小，而合作社电商渠道的市场份额会增大；反之，当合作社电商渠道的定价越高时，合作社电商渠道的市场份额会越小，而传统销售渠道的市场份额会增大。

电商渠道需求函数由市场份额$(1-\theta)U$减去其自身价格敏感度所影响的需求量αp_2加上传统超市渠道价格敏感度所影响的需求量βp_1，最后加上生鲜农产品新鲜度所影响的需求量$\gamma q\mathrm{e}^{-\lambda_1 T}$，得到合作社电商渠道的需求函数：

$$D_2(t)=(1-\theta)U-\alpha p_2+\beta p_1+\gamma q\mathrm{e}^{-\lambda_1 T} \tag{4-2}$$

其中，当合作社电商渠道的价格越高时，其市场份额会越小，当传统超市渠道的定价越高时，其市场份额会越大。

(1)独立定价下的分析。

传统超市渠道假设自己会占领全部的潜在市场份额Q，在进货时会按照Q来选择进货量，其利润函数由其销售额$p_1\int_{T_w}^{T_F}D_1(t)\mathrm{d}t$减去进货成本$wQ$、市场未出清时的处理成本及固定成本$H_1$，所得利润函数如下：

$$\begin{aligned}\varPi_1&=p_1\int_{T_w}^{T_F}D_1(t)\mathrm{d}t-wQ-a\left[Q-\int_{T_w}^{T_F}D_1(t)\mathrm{d}t\right]-H_1\\&=\left(p_1+a\right)\left(\theta U-\alpha p_1+\beta p_2\right)\left(T_F-T_w\right)\\&\quad+\frac{\left(p_1+a\right)\gamma q\mathrm{e}^{-\lambda_1 T_w}\left(1-\mathrm{e}^{-\lambda_2\left(T_F-T_w\right)}\right)}{\lambda^2-(w+a)Q-H_1}\end{aligned} \tag{4-3}$$

由式(3-3)对p_1求偏导得

$$\frac{\partial\varPi_1}{\partial p_1}=\left(\theta U-2\alpha p_1+\beta p_2\right)\left(T_F-T_w\right)+\frac{\gamma q\mathrm{e}^{-\lambda_1 T_w}\left(1-\mathrm{e}^{-\lambda_2\left(T_F-T_w\right)}\right)}{\lambda_2}$$

$\dfrac{\partial^2\varPi_1}{\partial {p_1}^2}=-2\alpha\left(T_F-T_w\right)<0$，表明传统超市渠道的利润$\varPi_1$是其自身定价$p_1$的凹函数。其中，当$p_1=\dfrac{\left(\theta U+\beta p_2\right)}{2\alpha}+\dfrac{\gamma q\mathrm{e}^{-\lambda_1 T_w}\left(1-\mathrm{e}^{-\lambda_2\left(T_F-T_w\right)}\right)}{\left[2\alpha\lambda_2\left(T_F-T_w\right)\right]}$时，实现自身利润最大化。

合作社电商渠道会按照传统超市渠道对市场的反应情况来做出自己的决策，会按照$c(\theta^{-1}-1)Q$来采购生鲜农产品，其利润函数由其销售额$p_2\int_0^{T_F}D_2(t)\mathrm{d}t$加上其批发量部分的批发价与生产成本的差额$(w-c)Q$再减去生鲜农产品剩余部分的生产成本$c(\theta^{-1}-1)Q$减去市场未出清时的处理成本$a\left[(\theta^{-1}-1)\right]Q-\int_0^{T_F}D_2(t)\mathrm{d}t$再减去固定成本$H_2$，所得利润函数如下：

$$\Pi_2 = p_2\int_0^{T_F} D_2(t)\mathrm{d}t + (w-c)Q - c(\theta^{-1}-1)Q - a\left[(\theta^{-1}-1)Q - \int_0^{T_F} D_2(t)\mathrm{d}t\right] - H_2$$
$$= (p_2+a)\left[(1-\theta)U - \alpha p_2 + \beta p_1\right]T_F + \frac{(p_2+a)\gamma q(1-\mathrm{e}^{-\lambda_1 T_F})}{\lambda_1}$$
$$+\frac{w(c+a)}{\theta-a}(Q-H_2) \tag{4-4}$$

由式(4-4)对 p_2 求偏导得

$$\frac{\partial \Pi_2}{\partial p_2} = \left[(1-\theta)U - 2\alpha p_2 + \beta p_1\right]T_F + \frac{\gamma q(1-\mathrm{e}^{-\lambda_1 T_F})}{\lambda_1}$$

$\dfrac{\partial^2 \Pi_2}{\partial p_2} = -2\alpha T_F < 0$，表明合作社电商渠道的利润 Π_2 是其自身定价 p_2 的凹函数。其中，当 $p_2 = \dfrac{\left[(1-\theta)U + \beta p_1\right]}{2\alpha} + \dfrac{\gamma q(1-\mathrm{e}^{-\lambda_1 T_F})}{(2\alpha\lambda_1 T_F)}$ 时，合作社电商渠道可以实现利润最大化。

(2)联合定价下的分析。

当合作社和超市共同定价时，供应链总利润函数由传统超市渠道的销售额 $p_1\int_{T_w}^{T_F} D_1(t)\mathrm{d}t$ 与合作社电商渠道销售额 $p_2\int_0^{T_F} D_2(t)\mathrm{d}t$ 之和减去市场未出清状态时的处理成本 $a\left[Q - \int_{T_w}^{T_F} D_1(t)\mathrm{d}t\right]$ 构成，表达函数如下：

$$\Pi_t = p_1\int_{T_w}^{T_F} D_1(t)\mathrm{d}t + p_2\int_0^{T_F} D_2(t)\mathrm{d}t - a\left[Q - \int_{T_w}^{T_F} D_1(t)\mathrm{d}t\right]$$
$$-a\left[(\theta^{-1}-1)Q - \int_0^{T_F} D_2(t)\mathrm{d}t\right] - cQ - c(\theta^{-1}-1)Q - (H_1+H_2)$$
$$= (p_1+a)(\theta U - \alpha p_1 + \beta p_2)(T_F - T_w) + \frac{(p_1+a)\gamma q\mathrm{e}^{-\lambda_1 T_w}\left(1-\mathrm{e}^{-\lambda_2(T_F-T_w)}\right)}{\lambda_2} \tag{4-5}$$
$$= (p_2+a)\left[(1-\theta)U - \alpha p_1 + \beta p_2\right]T_F + \frac{(p_2+a)\gamma q(1-\mathrm{e}^{-\lambda_1 T_F})}{\lambda_1}$$
$$-(c+a)\theta^{-1}Q - (H_1+H_2)$$

2)打折的双渠道定价模型

由假设 6 可知，合作社和超市会在 T_1 时刻打折，传统超市渠道的折扣率为 η_1，合作社电商渠道的折扣率为 η_2。此时，传统超市渠道定价 $p_1' = \eta_1 p_1$，合作社电商渠道定价 $p_2' = \eta_2 p_2$。

传统超市渠道的需求函数在进行打折促销之前没有发生变化，在 T_1 时刻打折后发生变化，其需求函数由其市场份额 θU 减去其自身价格敏感度所影响的需求量 $\alpha\eta_1 p_1$(进行打折之后，其市场价格变为原来的 η_1 倍，即 $\eta_1 p_1$)加上合作社电商渠道价格敏感度所影响的需求量 $\beta\eta_2 p_2$（同传统超市渠道，合作商电商渠道价格变为 $\eta_2 p_2$），最后加上生鲜农产品新鲜度所影响的需求 $\gamma q\mathrm{e}^{-\lambda_1 T_w}\mathrm{e}^{-\lambda_2(T-T_w)}$，得到传统超市渠道的需求函数：

$$0\sim T_1\text{时刻：}\ D_1(t)=\theta U-\alpha p_1+\beta p_2+\gamma q\mathrm{e}^{-\lambda_1 T_w}\mathrm{e}^{-\lambda_2(T-T_w)} \tag{4-6}$$

$$T_1\sim T_\mathrm{F}\text{时刻：}\ D_1(t)=\theta U-\alpha\eta_1 p_1+\beta\eta_2 p_2+\gamma q\mathrm{e}^{-\lambda_1 T_w}\mathrm{e}^{-\lambda_2(T-T_w)} \tag{4-7}$$

合作社电商渠道的需求函数在进行打折促销之前没有发生变化，在 T_1 时刻打折后发生变化，其需求函数由市场份额 $(1-\theta)U$ 减去其自身价格敏感度所影响的需求量 $\alpha\eta_2 p_2$ 加上传统超市渠道价格敏感度所影响的需求量 $\beta\eta_1 p_1$，最后加上生鲜农产品新鲜度所影响的需求量 $\gamma q\mathrm{e}^{-\lambda_1 T}$，得到合作社电商渠道的需求函数：

$$0\sim T_1\text{时刻：}\ D_2(t)=(1-\theta)U-\alpha p_2+\beta p_1+\gamma q\mathrm{e}^{-\lambda_1 T} \tag{4-8}$$

$$T_1\sim T_\mathrm{F}\text{时刻：}\ D_2(t)=(1-\theta)U-\alpha\eta_2 p_2+\beta\eta_1 p_1+\gamma q\mathrm{e}^{-\lambda_1 T} \tag{4-9}$$

(1) 独立定价下的分析。

传统超市渠道的利润函数由其 T_1 时刻打折之前的销售额 $p_1\int_0^{T_1}D_1(t)\mathrm{d}t$ 与打折之后的销售额 $\eta_1 p_1\int_{T_1}^{T_w}D_1(t)\mathrm{d}t$ 减去进货成本 wQ、市场未出清时的处理成本及减去固定成本 H_1，所得利润函数如下：

$$\begin{aligned}\Pi_1&=p_1\int_0^{T_1}D_1(t)\mathrm{d}t+\eta_1 p_1\int_{T_1}^{T_w}D_1(t)\mathrm{d}t-wQ-H_1\\&=p_1(\theta U-\alpha p_1+\beta p_2)T_1+p_1 rq\frac{\mathrm{e}^{T_w(\lambda_2-\lambda_1)}\left(1-\mathrm{e}^{-\lambda_2 T_1}\right)}{\lambda_2}\\&\quad+\eta_1 p_1(\theta U-\alpha\eta_1 p_1+\beta\eta_2 p_2)(T_F-T_1)+\frac{\eta_1 p_1 rq\mathrm{e}^{T_w(\lambda_2-\lambda_1)}\left(\mathrm{e}^{-\lambda_2 T_1}-\mathrm{e}^{-\lambda_2 T_F}\right)}{\lambda_2}\\&\quad-wQ-H_1\end{aligned} \tag{4-10}$$

合作社电商渠道的利润函数由其 T_1 时刻打折之前的销售额 $p_2\int_0^{T_F}D_2(t)\mathrm{d}t$ 与打折之后的销售额 $\eta_2 p_2\int_{T_1}^{T_F}D_2(t)\mathrm{d}t$ 加上其批发部分的批发价与生产成本的差额 $(w-c)Q$ 再减去生鲜农产品剩余部分的生产成本 $c(\theta^{-1}-1)Q$ 再减去固定成本 H_2，所得利润函数如下：

$$\begin{aligned}\Pi_2&=p_2\int_0^{T_1}D_2(t)\mathrm{d}t+\eta_2 p_2\int_{T_1}^{T_F}D_2(t)\mathrm{d}t+(w-c)Q-c(\theta^{-1}-1)Q-H_2\\&=p_2\left[(1-\theta)U-\alpha p_2+\beta p_1\right]T_1+\frac{p_2 rq\left(1-\mathrm{e}^{-\lambda_1 T_1}\right)}{\lambda_1}+\eta_2 p_2[(1-\theta)U\\&\quad-\alpha\eta_2 p_2+\beta\eta_1 p_1](T_F-T_1)+\frac{\eta_2 p_2 rq\left(\mathrm{e}^{-\lambda_1 T_1}-\mathrm{e}^{-\lambda_1 T_F}\right)}{\lambda_1}+(w-c\theta^{-1})Q-H_2\end{aligned} \tag{4-11}$$

由于生鲜农产品具有易逝性，因而其产品质量会随时间的变化而变化，特别是其新鲜度会随时间的延长而下降。因此，为保证生鲜农产品能够达到市场出清的状态需要进行打折促销。传统超市渠道及合作社电商渠道拥有不同利益的主体，在经济人的假设下各自会追求自身利益最大化，由合作社电商渠道优先定价的斯塔克伯格动态博弈可知，合作社电商渠道会根据传统超市渠道可能采取的折扣率来制定合作社电商渠道的最优折扣率 η_2^*，然后传统电商渠道再依据合作社电商渠道的最优折扣率决策来制定自己的折扣率 η_1。

首先对传统超市渠道利润函数的折扣率求偏导得

$$\frac{\partial \Pi_1}{\partial \eta_1} = p_1\left(\theta U - 2\alpha\eta_1 p_1 + \beta\eta_2 p_2\right)\left(T_F - T_1\right) + \frac{p_1 rq \mathrm{e}^{T_w(\lambda_2-\lambda_1)}\left(\mathrm{e}^{-\lambda_2 T_1} - \mathrm{e}^{-\lambda_2 T_F}\right)}{\lambda_1} \tag{4-12}$$

$\frac{\partial^2 \Pi_1}{\partial \eta_1} = -2\alpha p_1^{\,2}\left(T_F - T_1\right) < 0$，表明 Π_1 是关于 η_1 的凹函数。

令 $\frac{\partial \Pi_1}{\partial \eta_1} = 0$，可得 η_1 的反应函数：

$$\eta_1 = \frac{\theta U + \beta\eta_2 p_2}{2\alpha p_1} + \frac{rq\mathrm{e}^{T_w(\lambda_2-\lambda_1)}\left(\mathrm{e}^{-\lambda_2 T_1} - \mathrm{e}^{-\lambda_2 T_F}\right)}{2\alpha p_1 \lambda_2\left(T_F - T_1\right)} \tag{4-13}$$

将式(4-13)代入式(4-11)中对 η_2 求偏导得

$$\begin{aligned}\frac{\partial \Pi_2}{\partial \eta_2} = &\left[p_2(1-\theta)U - 2\alpha\eta_2 p_2^{\,2} + \frac{\beta\eta_1 p_1 \theta}{2\alpha p_1} + \frac{\beta^2 p_2^{\,2}\eta_2}{\alpha}\right]\left(T_F - T_1\right) \\ &+ \frac{p_2 rq\left(\mathrm{e}^{-\lambda_1 T_1} - \mathrm{e}^{-\lambda_1 T_F}\right)}{\lambda_1} + \frac{\beta p_2 rq\mathrm{e}^{T_w(\lambda_2-\lambda_1)}\left(\mathrm{e}^{-\lambda_2 T_1} - \mathrm{e}^{-\lambda_2 T_F}\right)}{2\alpha\lambda_2}\end{aligned} \tag{4-14}$$

$\frac{\partial \Pi_2}{\partial \eta_2} = -2\alpha p_2^{\,2}\left(T_F - T_1\right) < 0$，表明 Π_2 是关于 η_2 的凹函数。

令 $\frac{\partial \Pi_2}{\partial \eta_2} = 0$，可以得到合作社电商渠道最优折扣率 η_2^*：

$$\begin{aligned}\eta_2^* = &\frac{\alpha(1-\theta)U}{2\alpha^2 - \beta^2}\left[\frac{p_2 + \beta\theta U}{2\left(2\alpha^2 - \beta^2\right)p_2}\right. \\ &\left.+ \frac{\beta rq\mathrm{e}^{T_w(\lambda_2-\lambda_1)}\left(\mathrm{e}^{-\lambda_2 T_1} - \mathrm{e}^{-\lambda_2 T_F}\right)}{2\lambda_2 p_2\left(2\alpha^2 - \beta^2\right)\left(T_F - T_1\right)}\right] \\ &+ \frac{\alpha rq\left(\mathrm{e}^{-\lambda_2 T_1} - \mathrm{e}^{-\lambda_2 T_F}\right)}{\lambda_1 p_2\left(2\alpha^2 - \beta^2\right)} \\ = &\frac{A_1 + B_1 + C_1}{\lambda_2 p_2 + D_1}\end{aligned} \tag{4-15}$$

其中，

$$A_1=\frac{\alpha(1-\theta)U}{\left(2\alpha^2-\beta^2\right)}p_2$$

$$B_1=\frac{\beta\theta U}{2\left(2\alpha^2-\beta^2\right)}p_2$$

$$C_1=\frac{\beta rq\mathrm{e}^{T_w(\lambda_2-\lambda_1)}\left(\mathrm{e}^{-\lambda_2T_1}-\mathrm{e}^{-\lambda_2T_F}\right)}{2\left(2\alpha^2-\beta^2\right)\left(T_F-T_1\right)}$$

$$D_1=\frac{\alpha rq\left(\mathrm{e}^{-\lambda_2T_1}-\mathrm{e}^{-\lambda_2T_F}\right)}{\lambda_1p_2\left(2\alpha^2-\beta^2\right)}$$

由式(4-15)可知：①合作社电商的最优折扣率 η_2^* 与其最初定价 p_2 成反比，即合作社电商的最初定价 p_2 越高，则合作社电商的最优折扣率 η_2^* 越低，也即合作社电商的折扣力度越大；②合作社电商的最优折扣率 η_2^* 与其自身生鲜农产品的保鲜变质率 λ_2 成反比，即合作社生鲜农产品的保鲜变质率越大，则合作社电商的最优折扣率越低，也即合作社电商的折扣力度越大。

将 η_2^* 代入 η_1 的反应函数可以得到合作社电商渠道利润最大化时传统超市渠道的折扣率：

$$\begin{aligned}\eta_1=&\frac{\theta U}{2\alpha p_1}+\frac{rq\mathrm{e}^{T_w(\lambda_2-\lambda_1)}\left(\mathrm{e}^{-\lambda_2T_1}-\mathrm{e}^{-\lambda_2T_F}\right)}{2\alpha\lambda_2p_1\left(T_F-T_1\right)}+\frac{\beta p_2}{2\alpha p_1}\\&\left[\frac{\alpha(1-\theta)U}{\left(2\alpha^2-\beta^2\right)p_2}+\frac{\beta\theta U}{2\left(2\alpha^2-\beta^2\right)p_2}+\frac{\beta rq\mathrm{e}^{T_w(\lambda_2-\lambda_1)}\left(\mathrm{e}^{-\lambda_2T_1}-\mathrm{e}^{-\lambda_2T_F}\right)}{2\lambda_2p_2\left(2\alpha^2-\beta^2\right)\left(T_F-T_1\right)}+\frac{\alpha rq\left(\mathrm{e}^{-\lambda_2T_1}-\mathrm{e}^{-\lambda_2T_F}\right)}{\lambda_1p_2\left(2\alpha^2-\beta^2\right)}\right]\\=&\frac{\theta U}{2\alpha p_1}+\frac{C}{\lambda_1p_1}+\beta\frac{p_2}{2\alpha p_1}\left[A+B+\frac{C}{\lambda_2p_2}+D\right]\end{aligned}\tag{4-16}$$

由式(4-16)可知：①传统超市渠道的折扣率 η_1 与其最初定价 p_1 成反比，即传统超市渠道最初定价 p_1 越高则其在进行打折时的折扣率越低，也即折扣力度越大；②传统超市渠道的折扣率 η_1 与合作社电商渠道最初定价 p_2 成正比，即当合作社电商渠道的最初定价 p_2 越高，则合作社电商渠道的折扣率越高，也即折扣力度越小；③传统超市渠道的折扣率 η_1 与其生鲜农产品的保鲜变质率 λ_1 及合作社电商生鲜农产品的保鲜变质率 λ_2 均成反比，即传统超市渠道生鲜农产品的保鲜变质率 λ_1 及合作社电商的生鲜农产品的保鲜变质率 λ_2 越大，传统超市渠道的折扣率 η_1 越小，也即传统超市渠道的折扣力度越大。

在独立定价模式下分别以传统超市渠道和合作社电商渠道利润最大化为目标，求得传统超市渠道和合作社电商渠道的最优折扣率分别为 η_1 和 η_2^*。此时，传统超市渠道和合作社电商渠道的最优利润为

$$
\begin{aligned}
\Pi_1^* &= p_2\int_0^{T_1} D_1(t)\mathrm{d}t + \eta_1^* p_2\int_{T_1}^{T_F} D_1(t)\mathrm{d}t - wQ - H_1 \\
&= p_1(\theta U - \alpha p_1 + \beta p_2)T_1 + \frac{p_1 rq\mathrm{e}^{T_w(\lambda_2-\lambda_1)}\left(1-\mathrm{e}^{-\lambda_2 T_1}\right)}{\lambda_2} \\
&\quad + \eta_1^* p_1\left(\theta U - \alpha\eta_1^* p_1 + \beta\eta_2^* p_2\right)(T_F - T_1) + \frac{\eta_1^* p_1 rq\mathrm{e}^{T_w(\lambda_2-\lambda_1)}\left(\mathrm{e}^{-\lambda_2 T_1} - \mathrm{e}^{-\lambda_2 T_F}\right)}{\lambda_2} - wQ - H_1 \\
&= p_1(\theta U - \alpha p_1 + \beta p_2)T_1 + \frac{\eta_1^* p_1 A_2}{\lambda_2} + \frac{p_1 B_2}{\lambda_2} - wQ - H_1
\end{aligned} \tag{4-17}
$$

其中，

$$
A_2 = rq\mathrm{e}^{T_w(\lambda_2-\lambda_1)}\left(1-\mathrm{e}^{-\lambda_2 T_1}\right)
$$

$$
B_2 = rq\mathrm{e}^{T_w(\lambda_2-\lambda_1)}\left(\mathrm{e}^{-\lambda_2 T_1} - \mathrm{e}^{-\lambda_2 T_F}\right)
$$

$$
\begin{aligned}
\Pi_2^* &= P_2\int_0^{T_1} D_2(t)\mathrm{d}t + \eta_2^* p_2\int_{T_1}^{T_F} D_2(t)\mathrm{d}t + (w-c)Q - (\theta^{-1}-1)Qc - H_2 \\
&= p_2\left[(1-\theta)U - \alpha p_2 + \beta p_1\right]T_1 + \frac{p_2 rq\left(1-\mathrm{e}^{-\lambda_1 T_1}\right)}{\lambda_1} + \eta_2^* p_2\left[(1-\theta)U - \alpha\eta_2^* p_2\right. \\
&\quad \left. + \beta\eta_1^* p_1\right](T_F - T_1) + \eta_2^*\frac{p_2 rq\left(\mathrm{e}^{-\lambda_1 T_1} - \mathrm{e}^{-\lambda_1 T_F}\right)}{\lambda_1} + (w - c\theta^{-1})Q - H_2 \\
&= p_2\left[(1-\theta)U - \alpha p_2 + \beta p_1\right]T_1 + \frac{p_2 C_2}{\lambda_1} + D_2 + \frac{\eta_2^* p_2 E_2}{\lambda_1} + (w - c\theta^{-1})Q - H_2
\end{aligned} \tag{4-18}
$$

$$
C_2 = rq\left(1-\mathrm{e}^{-\lambda_1 T_1}\right)
$$

$$
D_2 = \eta_2^* p_2\left[(1-\theta)U - \alpha\eta_2^* p_2 + \beta\eta_1^* + p_1\right](T_F - T_1)
$$

$$
E_2 = rq\left(\mathrm{e}^{-\lambda_1 T_1} - \mathrm{e}^{-\lambda_1 T_F}\right)
$$

此时，新的定价 $p_1 = \dfrac{\theta U}{2\alpha} + \dfrac{C}{\lambda_1} + \dfrac{\beta p_2}{2\alpha}\left(A + B + \dfrac{C}{\lambda_2 p_2} + D\right)$， $p_2' = p_2 A_1 + p_2 B_1 + \dfrac{C_1}{\lambda_2} + p_2 D_1$，其中 A、B、C、D 同式(4-16)，A_1、B_1、C_1、D_1 同式(4-15)。

传统超市渠道的折扣定价 p_1' 与传统超市农产品保鲜的变质率 λ_1、合作社电商农产品保鲜的变质率 λ_2 均成反比，即传统超市渠道的保鲜变质率 λ_1 及合作社电商渠道的保鲜变质率 λ_2 越大，则传统超市渠道的折扣定价 p_1' 越低，也即传统超市渠道及合作社电商渠道生鲜农产品的新鲜度越低，则传统超市在进行折扣定价时的折扣力度越大；而合作社电商渠道的折扣定价 p_2' 只与合作社电商渠道生鲜农产品的保鲜变质率 λ_2 有关，并且合作社电商渠道的折扣定价 p_2' 与超市农产品保鲜的变质率 λ_2 成反比，即超市农产品保鲜的变质率 λ_2 越大，合作社电商渠道的折扣定价越低，即折扣力度越大。

合作社电商的折扣定价只与自身生鲜农产品的保鲜变质率有关，而传统超市渠道的折扣价在受到自身生鲜农产品保鲜变质率影响的同时还受到合作社电商渠道生鲜农产品保鲜变质率影响。这是因为，合作社电商渠道具有先发优势，在进行定价时只需考虑自身因素，而传统超市渠道作为追随者，要同时考虑自身因素及合作社电商的影响。

(2)联合定价下的分析。

在联合定价模式下，传统超市渠道和合作社电商渠道作为一个整体，以整个供应链利润最大化为决策目标，供应链的总利润函数为

$$
\begin{aligned}
\Pi_t &= p_1\int_0^{T_1} D_1(t)\mathrm{d}t+\eta_1 p_1\int_{T_1}^{T_F} D_1(t)\mathrm{d}t+p_2\int_0^{T_1} D_2(t)\mathrm{d}t+\eta_2 p_2\int_{T_1}^{T_F} D_2(t)\mathrm{d}t \\
&\quad -c\theta^{-1}Q-\left(H_1+H_2\right) \\
&= p_1\left(\theta U-\alpha p_1+\beta p_2\right)T_1+\frac{p_1 rq\mathrm{e}^{T_w(\lambda_2-\lambda_1)}\left(1-\mathrm{e}^{-\lambda_2 T_1}\right)}{\lambda_2} \\
&\quad +\eta_1 p_1\left(\theta U-\alpha\eta_1 p_1+\beta\eta_2 p_2\right)\left(T_F-T_1\right)+\frac{\eta_1 p_1 rq\mathrm{e}^{T_w(\lambda_2-\lambda_1)}\left(\mathrm{e}^{-\lambda_2 T_1}-\mathrm{e}^{-\lambda_2 T_F}\right)}{\lambda_2} \\
&\quad +p_2\left[(1-\theta)U-\alpha p_2+\beta p_1\right]T_1+\frac{p_2 rq\left(1-\mathrm{e}^{-\lambda_1 T_1}\right)}{\lambda_1} \\
&\quad +\eta_2 p_2\left[(1-\theta)U-\alpha\eta_2 p_2+\beta\eta_1 p_1\right]\left(T_F-T_1\right)+\frac{\eta_2 P_2 rq\left(\mathrm{e}^{-\lambda_1 T_1}-\mathrm{e}^{-\lambda_1 T_F}\right)}{\lambda_1} \\
&\quad -c\theta^{-1}-Q-\left(H_1+H_2\right)
\end{aligned}
\tag{4-19}
$$

对式(4-19)求关于η_1和η_2的二阶海瑟矩阵$\boldsymbol{S}$：

$$
\boldsymbol{S}=\begin{bmatrix} \dfrac{\partial^2\Pi_c}{\partial\eta_1^{\ 2}} & \dfrac{\partial^2\Pi_c}{\partial\eta_1\eta_2} \\ \dfrac{\partial^2\Pi_c}{\partial\eta_2\eta_1} & \dfrac{\partial^2\Pi_c}{\partial\eta_2^{\ 2}} \end{bmatrix}
$$

其中，

$$
\frac{\partial^2\Pi_c}{\partial\eta_1^{\ 2}}=-2\alpha p_1^{\ 2}\left(T_F-T_1\right)
$$

$$
\frac{\partial^2\Pi_c}{\partial\eta_1\eta_2}=2\beta p_1 p_2\left(T_F-T_1\right)
$$

$$
\frac{\partial^2\Pi_c}{\partial\eta_2\eta_1}=2\beta p_1 p_2\left(T_F-T_1\right)
$$

$$
\frac{\partial^2\Pi_c}{\partial\eta_2^{\ 2}}=-2\alpha p_2^{\ 2}\left(T_F-T_1\right)
$$

进而，$|\boldsymbol{S}|=4\left(\alpha^2-\beta^2\right)p_1^{\,2}p_2^{\,2}\left(T_F-T_1\right)^2$，其中 $\alpha>\beta$ 且 $T_F>T_1$，所以 $|\boldsymbol{S}|>0$，$-2\alpha p_1^{\,2}\left(T_F-T_1\right)<0$。因此，$\Pi_t$ 关于 η_1、η_2 的二阶海瑟矩阵 $\boldsymbol{S}$ 是负定的，即 Π_t 是关于 η_1、η_2 的联合凹函数得证。

根据假设传统超市渠道及合作社电商渠道进行打折促销之后会达到市场出清状态，则传统超市渠道两阶段对产品的总需求等于其初始订购量 Q，同理可得合作社电商渠道的平衡方程(唐润，2018)。进而，可以得到以下等式。

传统超市渠道：

$$\int_0^{T_1}D_1(t)\,\mathrm{d}t+\int_{T_1}^{T_F}D_1(t)\,\mathrm{d}t=Q \tag{4-20}$$

合作社电商渠道：

$$\int_0^{T_1}D_2(t)\,\mathrm{d}t+\int_{T_1}^{T_F}D_2(t)\,\mathrm{d}t=\left(\theta^{-1}-1\right)Q \tag{4-21}$$

联立式(4-20)和式(4-21)，可解得传统超市渠道订货量 Q：

$$\begin{aligned}Q=&(\beta-\alpha)(p_1+p_2)\theta T_1+(\beta-\alpha)(\eta_1p_1+\eta_2p_2)\theta(T_F-T_1)+T_F\theta U\\&+\theta\left[\frac{rq\mathrm{e}^{T_w(\lambda_2-\lambda_1)}\left(1-\mathrm{e}^{-\lambda_2T_F}\right)}{\lambda_2}+\frac{rq\left(1-\mathrm{e}^{-\lambda_1T_F}\right)}{\lambda_1}\right]\end{aligned} \tag{4-22}$$

将式(4-22)代入总利润函数(4-19)，并对 η_1、η_2 求偏导可得 $\dfrac{\partial\Pi_t}{\partial\eta_1}$、$\dfrac{\partial\Pi_t}{\partial\eta_2}$，并令 $\dfrac{\partial\Pi_t}{\partial\eta_1}=0$、$\dfrac{\partial\Pi_t}{\partial\eta_2}=0$，可以得到打折情形下联合定价时，传统超市和合作社电商的最优折扣率 η_1^* 和 η_2^* 分别为

$$\eta_1^*=\frac{1}{p_1}\left(A_3+B_3+C_3-D_3+E_3+F_3\right) \tag{4-23}$$

其中，

$$A_3=\frac{rq\mathrm{e}^{T_w(\lambda_2-\lambda_1)}\left(\mathrm{e}^{-\lambda_2T_F}-\mathrm{e}^{-\lambda_1T_F}\right)}{4\lambda_2(T_F-T_1)(\beta-\alpha)}$$

$$B_3=\frac{c}{2}-\frac{U}{4(\beta-\alpha)}$$

$$C_3=\frac{rq\left(\mathrm{e}^{-\lambda_1T_1}-\mathrm{e}^{-\lambda_1T_F}\right)}{\left[4\lambda_1-(T_F-T_1)(\beta-\alpha)\right]}$$

$$D_3=\frac{rq\left(\mathrm{e}^{-\lambda_1T_1}-\mathrm{e}^{-\lambda_1T_F}\right)}{4\lambda_1(T_F-T_1)(\beta+\alpha)}$$

$$E_3=\frac{rq\mathrm{e}T_w(\lambda_2-\lambda_1)\left(\mathrm{e}^{-\lambda_2T_F}-\mathrm{e}^{-\lambda_1T_1}\right)}{4\lambda_2(T_F-T_1)(\beta-\alpha)}$$

$$F_3=\frac{(2\theta-1)U}{4(\beta+\alpha)}$$

由式(4-23)可知：①传统超市要想实现市场出清时的最优折扣率η_1^*与其最初定价p_1成反比，即传统超市的最初定价越高，则其折扣率越低，也即其折扣力度越大；②传统超市要想实现市场出清时的最优折扣率η_1^*与合作社农产品保鲜的变质率λ_1、超市农产品保鲜的变质率λ_2均成反比，即合作社农产品保鲜的变质率λ_1与超市农产品保鲜的变质率λ_2越大，则传统超市渠道的折扣率η_1越低，也即生鲜农产品的新鲜度越低，则传统超市的折扣力度越大。

$$\eta_2^*=\frac{1}{p_2}\left(A_3+B_3-C_3+D_3-E_3-F_3\right) \tag{4-24}$$

由式(4-24)可知：①合作社电商要想实现市场出清时的最优折扣率η_2^*与其最初定价p_2成反比，即合作社电商的最初定价越高，则其折扣率越低，也即其折扣力度越大；②合作社电商要想实现市场出清时的最优折扣率η_2^*与合作社农产品保鲜的变质率λ_1成正比，即传统超市农产品保鲜的变质率λ_1越大，则合作社电商渠道的折扣率$\eta_2^{*\prime}$越大，也即传统超市生鲜农产品的新鲜度越低，则合作社电商的折扣力度越小，与超市农产品保鲜的变质率λ_2成反比，即合作社电商农产品保鲜的变质率λ_2越大，则合作社电商渠道的折扣率η_2^*越小，也即合作社电商生鲜农产品的新鲜度越低，则合作社电商的折扣力度越大。

当传统超市和合作社电商均采取最优折扣率时，生鲜农产品的供应链可以实现市场出清并实现整体利润的最大化。

$$\begin{aligned}\Pi_t^*&=p_1\int_0^{T_1}D_1(t)\mathrm{d}t+\eta_1^*p_1\int_{T_1}^{T_F}D_1(t)\mathrm{d}t+p_2\int_0^{T_1}D_2(t)\mathrm{d}t+\eta_2^*p_2\int_{T_1}^{T_F}D_2(t)\mathrm{d}t-c\theta^{-1}Q-\left(H_1+H_2\right)\\&=A_4+B_4+C_4+D_4+E_4-C\theta^{-1}Q-\left(H_1+H_2\right)\end{aligned} \tag{4-25}$$

其中，

$$A_4=\left(\theta Up_1-\alpha p_1^{\,2}+\beta p_1p_2\right)T_1$$

$$B_4=\frac{rqp_1\mathrm{e}^{T_w(\lambda_2-\lambda_1)-\lambda_2T_1}\eta_1^*\left(1-\mathrm{e}^{-\lambda_2T_F}\right)}{\lambda_2}$$

$$C_4=\left(\theta U\eta_1^*p_1-\alpha\eta_1^{*2}p_1^2+\beta\eta_1^*\eta_2^*p_1p_2\right)\left(T_F-T_1\right)$$

$$D_4=\left[(1-\theta)Up_2-\alpha p_2^{\,2}+\beta p_1p_2\right]T_1$$

$$E_4=\left[(1-\theta)U\eta_2^*p_2-\alpha\eta_2^{*2}p_2^2+\beta\eta_1^*\eta_2^*p_1p_2\right]\left(T_F-T_1\right)$$

$$F_4=\frac{rqp_2\eta_2^*\left(1-\mathrm{e}^{-\lambda_1T_F}\right)}{\lambda_1}$$

此时，新的定价$p_1'=A_3+B_3+C_3-D_3+E_3+F_3$， $p_2'=\left(A_3+B_3-C_3+D_3-E_3-F_3\right)$，其中，$A_3$、$B_3$、$C_3$、$D_3$、$E_3$、$F_3$同式(4-23)。

4. 数值分析

本章以云南省昭通苹果为例，进行数值仿真分析，为了实现供应链整体利润最大化，传统超市渠道和合作社电商渠道必须加强合作，进行联合定价，并且要根据生鲜农产品的新鲜度进行适当的打折促销，从而实现传统销售商和合作社电商的双赢。

假设传统超市渠道占据市场份额的 60%，即 θ=60%，渠道自身的价格敏感系数 α=0.7，渠道之间的交叉价格弹性系数 β=0.3，市场潜在需求规模 U=100kg/h，超市传统渠道售价 p_1=16 元/kg，合作社电商渠道的售价 p_2=12 元/kg，苹果的新鲜度对需求的影响系数 γ=30，传统超市订购量 Q=1000kg，超市的订购批发价 w=8 元/kg，苹果的初始质量 q=0.9，T_0=0，T_1=300h，T_w=100h，T_F=400h，苹果的生产成本 c=4 元/kg，苹果滞销的处理成本 a=9 元/kg，超市的固定成本 H_1=10000 元，合作商的固定成本 H_2=2000 元。图 4-2 体现了当超市苹果的变质率 λ_2 不变时，随着合作社苹果的变质率 λ_1 的增大，打折与不打折及联合定价与独立定价情况下的利润情况。

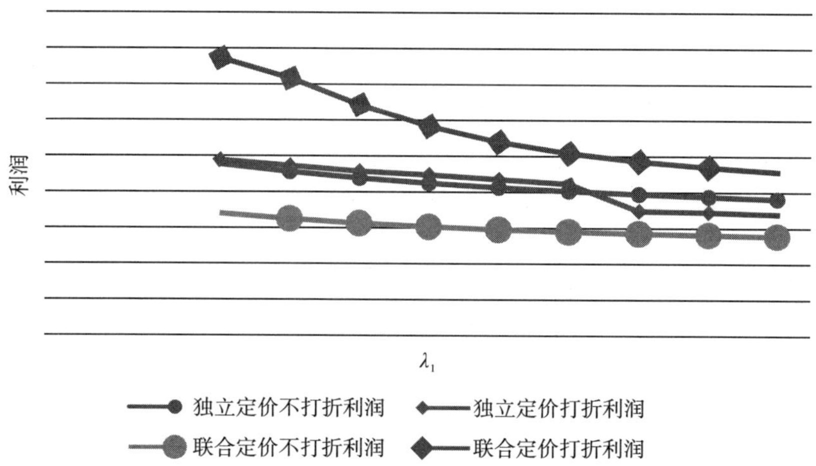

图 4-2　λ_2 不变时，随 λ_1 增大各情况下的利润对比情况

由图 4-2 可知，当超市苹果的变质率 λ_2 不变，合作社苹果的变质率 λ_1 越大，各情况下的利润越低，即降低合作社苹果的变质率 λ_1，可以提高各情况下的利润水平。并且，联合定价不打折时的利润水平要明显低于其他各情况下的利润水平，而联合定价打折时的利润水平要明显高于其他情况下的利润水平。当采取独立定价时，打折与不打折对总体的利润水平影响并不大。在合作社苹果的变质率 λ_1 较小时，独立定价打折时的利润水平要高于不打折时的利润水平，随着合作社苹果的变质率 λ_1 的增大，独立定价时不打折的利润开始高于打折时的总体利润水平。

这可能是由于合作社苹果的变质率增大，低于超市渠道的苹果新鲜度，影响了传统合作渠道的苹果销售，进而影响到总体的利润水平。

图 4-3 体现了当合作社苹果的变质率 λ_1 不变时，随着超市苹果的变质率 λ_2 的增大，打折与不打折及联合定价与独立定价情况下的利润情况。

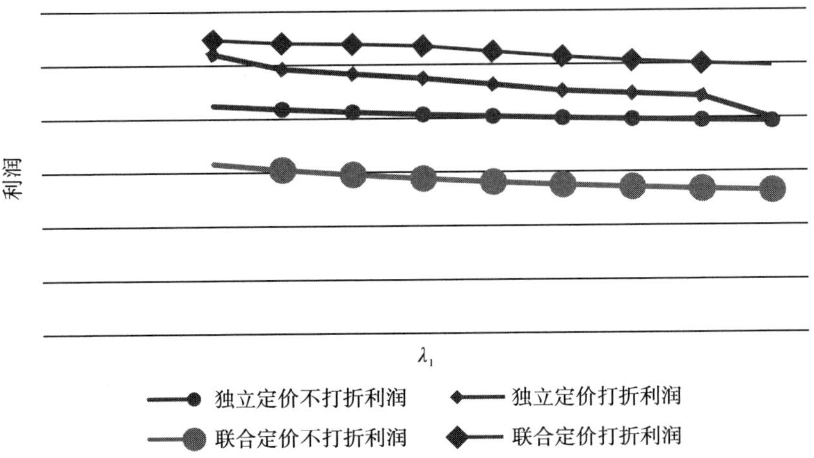

图 4-3 λ_1 不变时，随 λ_2 增大各情况下的利润对比情况

由图 4-3 可知，当合作社苹果的变质率 λ_1 不变时，超市苹果的变质率 λ_2 越大，各情况下的利润越低，即降低超市苹果的变质率 λ_1，可以提高各情况下的利润水平。联合定价打折时的利润水平要明显高于其他情况下的利润水平，其次是采取独立定价打折时的利润水平，再是独立定价不打折时的利润水平，最低的是采取联合定价不打折时的利润水平。

综上，两种渠道生鲜农产品变质率会影响总体的利润水平，并且随着生鲜农产品变质率的不断提高，会明显降低各种销售方式的总体利润。其中，联合定价打折情况下的利润水平最高，而联合定价不打折情况下的利润水平最低。要想获得传统超市渠道及合作社电商渠道的总体利润最大化应该采取联合定价的方式，并且要根据生鲜农产品的新鲜度进行打折销售，否则会降低二者的总体利润水平。

5. 研究结论

1）折扣分析

通过以上的对比分析结果可知，在独立定价打折情况下的利润要比不打折情况下的低。因为在独立定价情况下商家可能会为争夺市场份额而进行打折促销形成恶性竞争，影响其利润水平；而联合定价打折情况下的利润水平要高于不打折的情况，并且在同样的情况下联合定价的利润水平要高于独立定价的情况。因此，为获得最大的利润水平，传统超市渠道和合作社电商渠道应该采取联合定价的方式进行定价，并且要根据生鲜农产品的实际保鲜度进行打折促销，进而保证利润最大化。

2）变质率分析

根据假设可知，T 时刻生鲜农产品的保鲜质量为 $q\mathrm{e}^{-\lambda_1 T_w}\mathrm{e}^{-\lambda_2(T-T_w)}$，假设其他变量均不变时，变质率 λ 越大，生鲜农产品的保鲜度越差，则其保鲜质量越差，即生鲜农产品的变质率与其保鲜质量成反比，进而影响到生鲜农产品的定价。一般而言，产品定价与产品质量呈正相关关系，则生鲜农产品的变质率与其定价呈负相关关系。即生鲜农产品变质率越低，则其定价越高。

3）成本分析

本章中的成本包含生鲜农产品的单位生产成本 c 及废弃农产品的单位处理成本 a。首先，对于销售出去的生鲜农产品的单位生产成本 c 越大，则销售商为获得一定的目标利润会提高生鲜农产品的定价，即生鲜农产品定价与其单位生产成本呈正相关关系；其次，对于滞销变质的生鲜农产品除单位生产成本之外，还包含废弃处理的单位成本 a，当单位处理成本 a 越高时，销售商为获得自身的目标利润，会提高销售生鲜农产品的单位价格，即生鲜农产品的定价与其单位处理价格呈正相关关系。总之，生鲜农产品的成本对其定价会产生正相关关系，即生鲜农产品的成本越高，则其定价越高。

4）市场份额分析

生鲜农产品在一定情况下的市场份额是不变的。根据假设传统超市渠道的市场份额为 θ，合作社电商渠道的市场份额为 $(1-\theta)$。由此可知，当传统超市渠道的市场份额越大，则合作社电商渠道的市场份额会越小。反之，当传统超市渠道的市场份额减小时，合作社电商渠道的市场份额会增大。当销售商的生鲜农产品市场份额越大时，其在生鲜农产品的定价方面越有主动权。

5）质量对需求的影响系数分析

根据式 $D_1(t)=\theta U-\alpha p_1+\beta p_2+\gamma q\mathrm{e}^{-\lambda_1 T_w}\mathrm{e}^{-\lambda_2(T-T_w)}$，对 γ 进行一阶求导，得到 $\dfrac{\partial D_1(t)}{\partial \gamma}=q\mathrm{e}^{-\lambda_1 T_w}\mathrm{e}^{-\lambda_2(T-T_w)}$，其中 $q>0$，$\mathrm{e}^{-\lambda_1 T_w}\mathrm{e}^{-\lambda_2(T-T_w)}>0$，进而可知 $\dfrac{\partial D_1(t)}{\partial \gamma}>0$，即生鲜农产品质量对需求的影响系数 γ 与生鲜农产品的需求是呈正相关关系。因此，生鲜农产品质量对需求的影响系数 γ 越大，生鲜农产品的需求也越大。为获得更大的市场份额，销售商应尽量提高生鲜农产品质量对需求的影响系数。

四、双渠道视角下冷链物流产业定价参与方利益诉求分析

农产品供应来源主要有农业生产企业、种植大户、集体互助组织及龙头企业等。他们共同的利益诉求是实现自身利润最大化及为广大消费者提供优质的生鲜农产品，以满足市场各类主体对农产品的需求。但各参与主体又有着各自的利益

诉求，使农产品供应链的各参与主体之间并未形成良性协调的供应链体系，影响农产品供应链中各参与主体的利益。

1. 生鲜农产品制造商

生鲜农产品制造商的利益诉求是实现利润最大化及规模化生产，其进行规模化生产有利于利润的实现，同时也面临着较大的潜在风险。因而，生鲜农产品制造商对农产品的采摘时间及风险规避有着较高的诉求。例如，在生鲜农产品成熟时期，必须及时地进行采摘，否则会使生鲜农产品的口感及新鲜度失去最佳状态，进而使其失去市场份额。对于风险规避而言，贯穿于生鲜农产品的整个生产过程。以云南省昭通苹果为例，不仅要规避其在生长过程中的套袋问题、虫害问题，还要规避天气剧烈变化带来的损失风险。

2. 传统超市

传统超市渠道的利益诉求是在市场出清的状态下实现利润最大化，由于其不能进行线上销售，无法以平等的身份参与到生鲜农产品交易对手的价格谈判中，并且合作社电商渠道凭借能够实现线上与线下相结合的销售方式来抢占传统超市渠道的市场份额，其整体利益会被压缩。因此，为实现其自身利益最大化，传统超市需要尽可能地保证生鲜农产品达到市场出清状态。为使生鲜农产品实现市场出清，最重要的一个条件是要尽可能地保持生鲜农产品的新鲜度，即要尽可能地降低生鲜农产品的新鲜度。例如，提高包装保鲜技术，提高冷链物流运输的效率及保鲜度等。

3. 合作社电商

在互联网时代，合作社电商充分利用了挖掘市场份额的宣传方式，并且为消费者提供了更加便捷的服务，它与传统超市渠道共同构成了云南省农产品冷链物流供应链的供给主体，共同为云南省生鲜农产品市场提供源源不断的新鲜的生鲜农产品。他们会追求自身利益最大化，同时，也会考虑竞争对手的情况，适时地进行合作。例如，他们为争夺尽可能多的市场份额会采取打折促销的方式吸引消费者，同时，他们也会为实现双方的利润最大化而采取联合定价的方式进行销售。

4. 物流企业

物流企业是建设与运营物流金融公共信息平台的主要参与方，它在双渠道条件下的生鲜农产品冷链物流定价过程中，担任一个中介者的身份。它通过公共信息平台发布需求信息、物流交易及物流跟踪定位信息等。同时，公共信息平台为物流企业提供实时的动态信息，在一定程度上解决了信息不对称的问题，能够全面地掌握金融机构及物流同业竞争者的信息，能够促进金融机构与物流企业之间的合作，有利于拓展业务，提高其在物流市场上的竞争力。

5. 流通企业

流通企业主要是为了降低交易成本以提高交易效率，能够发展交换经济并提高社会福利，其本质是促进交易的专业化。流通企业侧重于交易方面，追求交易的专业化利益，突出表现为交换效率的提高。

1）批发商

批发商位于商品流通的中间环节，其上连接着生产商、其下连通着零售商。批发商从生产企业购得产品，并不直接服务于个人，而是直接将产品销售给零售商、产业用户及各种非营利组织，其目的是赚取中间差价。此外，批发商通过为零售商提供宣传、定价及商户信息等收取相关的服务费用。由此可知，批发商的利润主要是由中间差价及相关的服务费用构成。

2）零售商

零售商位于商品流通的最终环节，将商品直接销售给消费者。零售商是联系生产企业、批发商与消费者的中间桥梁，直接为消费者服务，在分销途径中具有重要的作用。一般而言，零售商之间的竞争十分激烈，零售方式也多样化。例如，会采取打折销售的方式来吸引消费者、会突出个体特色及实施差异化营销战略来获得不同消费主体的青睐等。

五、双渠道视角下冷链物流产业定价的关键及存在的难点分析

1. 影响定价的关键因素分析

生鲜农产品定价会影响农产品生产经营者的利润水平，合适的农产品价格对农产品的生产、销售及良性发展会起到促进作用，进而能够提高农产品生产经营者的利润；反之，农产品价格过高或过低均会减少农产品生产经营者的利润。因此，农产品市场营销活动的关键是农产品定价问题。在进行农产品定价时应考虑生鲜农产品的新鲜度、交货期、包装及批量因素。此外，还应考虑农户和带头企业间的博弈及农户和批发商间的激励作用。

1）生鲜农产品的新鲜度

新鲜度是反映产品质量的重要指标，生鲜农产品的新鲜度是影响定价的关键因素，随着生鲜农产品新鲜度的下降，冷链物流产业的整体利润会随之下降，但是生鲜农产品在运输过程中新鲜度难免会降低。因此，实现对生鲜农产品运输过程中的保鲜及冷链物流的优化控制，进而对生鲜农产品的新鲜度进行准确的预测，为市场价格的制定提供可行的策略是非常必要的。

2）生鲜农产品的交货期

生鲜农产品的交货期对其定价至关重要，随着交货周期的延长，生鲜农产品

的新鲜度会大打折扣。因此，要严格控制好生鲜农产品的交货期，可提前签订订货协定，提前做好交易双方的对接工作。同时，可以采用预售的方式去估测市场需求情况，有效地利用生产增值性来提高整体利润水平。并且，要采取良好的保鲜措施来减少生鲜农产品新鲜度的下降，进一步扩大生鲜农产品的销售周期，以缓解交货期延迟问题。

3) 生鲜农产品的包装

生鲜农产品供应链的运输包装与保鲜是非常重要的，农产品产地采摘预冷、分级、加工、包装及仓储等环节都要做好保鲜工作，在进行物流运输之前要进行预冷，延长保鲜周期，以满足消费者对产品新鲜度的需求。运输时可多采用泡沫塑料箱，其成本低、质量轻并且防水防潮效果好，还能起到缓冲防震的作用，而且其尺寸、规格和形状可以根据生鲜农产品的实际装运需求选择。发泡网套冰袋可用于生鲜农产品的内包装，一方面可以避免生鲜农产品直接接触冰袋而造成的冻伤；另一方面也可以避免包装箱内的温度急剧变化，延长适宜的低温时间。

4) 生鲜农产品的批量

当生鲜农产品的批量较小时，由于部分费用是固定的，分摊到单位产品会使单位交易价格较高。随着交易批量的逐渐增加，则生鲜农产品的单位交易价格会不断降低，进而起到刺激消费者进行更多商品消费的作用。因此，在商品定价时需要考虑生鲜农产品的批量问题，可对生鲜农产品进行批量定价，进而为达到市场出清的均衡状态创造有利条件。

5) 生鲜农产品的损耗

我国生鲜农产品的流通损耗率较高，达 20%~30%，造成如此严重的损耗的一个重要原因是生鲜农产品的包装多以纸箱、泡沫箱等一次性包装为主。发达国家的果蔬流通损耗率为 1.7%~5%，他们采用周转筐来储运生鲜农产品，很大程度上减少了生鲜农产品在流通中的损耗。目前，我国周转筐的数量相当少，处于世界低等水平，因而，生鲜农产品在流通中的损耗问题仍十分严重。

6) 农户及带头企业的博弈

农户作为理性人，为实现自身利益最大化，会尽可能地追求产量最大化，不会考虑市场需求状况。作为该行业的带头企业，会根据市场反馈情况，科学地进行生产规划。然而由于存在农户个体看似理性而非理性的不可测行为，会影响带头企业的决策，阻碍生鲜农产品的科学定价，不能够使市场达到出清状态，无法实现预期利润，进而影响到生鲜农产品供应链的整体利润。

7) 农户及批发商的激励

农产品信息是“私有”产品 ，信息的获取和传递均要付出成本，缺乏有效的激励措施难以实现信息的公开透明化。此外，农产品信息具有隐蔽性特征，使得各参与主体无法以最佳客观的状态实现生鲜农产品的定价，这对农产品市场能否健康发展至关重要。因此，农户及批发商间激励措施的实施，对实现公平定价意义重大。

8）农产品供应时令差异

农产品的供应会因时令差异而对定价产生一定的影响，如每个地方气候不同，同一生鲜农产品的上市及下市时间会不一样。并且，现在的反季生鲜农产品越来越多，这进一步增加了定价的困难。例如，冬天的西瓜价格比夏天的西瓜价格要贵好几倍，正是因为它实现了反季上市，这对正常生鲜农产品的定价产生了重要影响。因此，在进行生鲜农产品定价时要具体情况具体分析，有针对性地实现生鲜农产品的定价。

2. 定价协调存在的难点分析

生鲜农产品由于其具有易逝性，因此其定价要比一般商品复杂得多。例如，存在市场信息不对称、冷链物流企业间技术水平及管理水平的差异、同行业定价限制了价格浮动区间等问题，这也是定价的难点所在。

1）信息不对称

在生鲜农产品的市场经济活动中，各参与主体对产品信息及市场信息的掌握情况各不相同。信息掌握较充分的人，在定价中会处于较有利的地位，在生鲜农产品市场中会掌握定价的主动权。反之，会处于比较弱势的地位。由于信息不对称可能会进一步引发代理人、道德风险及逆向选择等问题的出现。因而，生鲜农产品信息发布平台的作用就显得格外重要。为减少信息不对称引发的一系列问题，应及时地实现生鲜农产品市场信息、交易信息等的公开透明化。

2）冷链物流企业间技术差异

电子商务环境下，生鲜农产品冷链物流设施建设的要求越来越高，各企业在生鲜农产品的保鲜和包装技术、冷藏运输的专业化程度也在不断提高。并且，冷链物流的运作会增加生鲜农产品的运输成本，很少有企业能负担得起其所带来的高昂成本。云南省的冷链物流企业较少，并且各企业间的冷链技术及冷链设施发展不平衡，规模较大的龙头企业的技术水平要高于其他个体，并且其生鲜农产品的质量要优于其他供应个体。

3）冷链物流企业间管理水平差异

冷链物流企业的管理对于稳定生鲜农产品市场的健康发展起到了至关重要的作用，但各企业的管理水平不同，冷链物流行业的龙头企业管理水平要高于其他个体企业。例如，龙头企业会配有专门的管理人员，会引进先进的管理技术。而对于其他个体企业而言，这是不太可能实现的，他们缺乏足够的资金聘请管理人才。这种冷链物流企业间管理水平的差异，为云南省生鲜农产品的差异化定价奠定了重要的理论基础。

4）物流同业定价限制了价格浮动空间

物流同业的定价限制了各卖方主体的定价浮动空间，它决定了各卖方在定价时不能偏离市场均衡价格太多。若定价高于市场均衡价格太多，则会导致生鲜农产品的滞销，并且生鲜农产品由于新鲜度对其质量及定价影响极大，一旦销售不及时，就会造成严重的损失。反之，定价低于市场均衡价格太多，则会使销售主体不能实现预期利润，并且不利于生鲜农产品市场的健康稳定发展。因此，定价的浮动区间是有限的，各参与主体要根据市场需求情况做出合理决策。

5）生鲜农产品物流价格的匹配问题

由于生鲜农产品对保鲜度要求较高的特性，则冷链物流的冷藏保鲜技术高、运输速度快及信誉高、质量保证的物流定价要高于普通物流的价格。在进行生鲜农产品定价时，要严格管控生鲜农产品的物流服务质量，使生鲜农产品的物流运输价格实现与其运输质量及效率相匹配，避免出现生鲜农产品物流价格与运输质量的错位，以保证到达消费者手中的生鲜农产品是物美价廉的。在生鲜农产品的物流定价上，可以实行差别定价，进而实现生鲜农产品价格与运输质量及效率的一致性。

6）退货物流定价问题

生鲜农产品同其他产品一样避免不了退货行为的发生，但是生鲜农产品的新鲜度对产品质量影响较大。为减少退货损失，卖方可以提前向保险公司为生鲜农产品的物流服务购买运费险，将风险成本降到最低。生鲜农产品的价格也是影响退货行为的一个重要因素，若生鲜农产品的价格较低，则退货行为发生的概率降低；反之，若生鲜农产品价格较高，则退货行为发生的概率要高一些。因此，要对退货物流及无退货物流进行差别定价。

7）收发点佣金问题

对于生鲜农产品的收发点要进行佣金的发放以激励劳动人员辛勤地工作，收发点的佣金要考虑劳动强度及工作环境等情况，对于劳动强度大、工作环境较差的工人进行一定的补贴。特别是云南地区由于地势原因，海拔较高、辐射较强，对于户外露天劳动的工作人员，要进行相应的健康补贴。因此，在对生鲜农产品进行定价时，要根据实际情况制定相应的佣金发放策略。

六、双渠道视角下的云南省生鲜农产品冷链物流产业发展建议

1. 建立交易价格平台

以云南省生鲜农产品的交易价格为基础，依托全国其他各地区的生鲜农产品信息，形成线上与线下相结合的交易市场。云南省生鲜农产品交易价格平台的建立，能够扩大生鲜农产品的交易市场，实现生鲜农产品在全国范围内的销售及配送。同时，能够实现在全国范围内生鲜农产品的资源整合配置，进而形成全国统一的生鲜农产品市场。此外，生鲜农产品交易平台的建立能够解决信息不对称问题，进而为云南省生鲜农产品冷链物流行业的健康稳定发展提供一个良好的运行环境。

2. 规范生鲜农产品市场交易秩序

充分发挥群众和媒体的社会监督作用，引导消费者树立积极的消费观，促进理性消费和诚信经营。规范农产品市场运行秩序，当生鲜农产品价格出现明显的上升或下降时，应及时依法采取干预手段。相关部门也要加强对农产品交易资金的监督，防止发生社会游资对农产品的投机炒作现象。工商管理部门对农产品市场交易情况定期进行检查，特别要关注散布扰乱市场信息、哄抬物价及牟取暴利等行为。

3. 建立冷链物流产业信息资源共享平台

目前，冷链物流行业大多属于粗放管理模式，为实现云南省生鲜农产品冷链物流产业的健康和有序发展，应该建立冷链物流产业的信息资源共享平台。通过信息共享来掌握关于全省农产品市场的相关信息，进而实现云南省生鲜农产品冷链物流的统一管理。在进行信息系统的建设时可充分利用农产品重要集散地区及各类生鲜农产品生产区等区域优势，建立一个高效的生鲜农产品冷链物流产业的信息资源共享平台，进而实现大范围的信息资源共享。

4. 完善农产品定价管理机制

完善云南地区农产品定价管理机制，进一步实现云南省生鲜农产品价格的规范化管理。首先，要解决好云南地区农产品相关企业的内部运营管理问题，进而实现稀缺资源的优化配置；其次，政府部门要积极地引导生鲜农产品市场的稳定可持续发展，不仅要从政策方面给予相关的支持，还要制定与生鲜农产品定价及维持市场健康运行有关的法律法规，进而实现对生鲜农产品定价的规范管理。

5. 加强冷链物流行业的监管控制

相关部门应出台有关云南省生鲜农产品冷链物流的建设标准，对冷链物流商品的储存、配送及出库等环节制定严格的规定。温度对生鲜农产品冷链物流的影响巨大，因而要对生鲜农产品的生产、运输及储存的整个过程制定严格的规定，进而提高冷链物流生鲜农产品的质量。云南省各企业的差异性使监测系统临界值趋于多样化，给整个冷链物流系统的库存管理带来诸多难题。因此，根据不同的生鲜农产品制定不同的监控标准和规范措施是非常必要的。

6. 实现城乡库存的联合优化

由于冷链物流的运输成本较高，目前云南地区并未实现冷链物流的全面化覆盖，只有少部分企业能够实现自身生鲜农产品的保鲜运输，特别是农村地区的资源、技术相对比较匮乏，不能够实现生鲜农产品的库存保鲜。对于个体农户或其他各产品提供者而言，可与大企业或当地的龙头企业进行合作，签订库存保鲜合同。城乡库存联合优化的实现能够降低高昂的保鲜成本，将各冷链物流企业联合起来，高效地利用现有资源，建立合作共赢的伙伴关系。

7. 加强冷链物流企业间的技术交流

冷链物流企业的技术水平各不相同，其保鲜技术及冷藏水平也存在较大差异，龙头企业的技术水平要高于一般个体。因此，冷链物流行业的各企业要加强技术交流，实现相互合作、共同进步，以保证生鲜农产品运输的新鲜度。云南省生鲜农产品的供给量较大，对冷链物流的需求巨大，各企业间的相互交流，能够共同提高云南省冷链物流产业的健康可持续性发展。

8. 引进先进管理办法

冷链物流的运输成本较高且效率较低，要实现降本提效及生产的自动化、智能化，就要引入先进的管理办法。目前，先进管理方式主要有精益生产管理和六西格玛管理。其中，精益生产管理是以客户的需求为动力，以消除浪费和不断改善服务品质为核心，使企业以最少的投入获得最高的运作效益的新生产管理模式，它能够控制浪费、降低成本。六西格玛管理能够最大限度地降低成本、节约资源、降低风险，同时还能提升客户的满意度，进而为股东和社会创造更多价值。

9. 鼓励冷链物流企业进行创新

为保证云南省冷链物流行业的健康可持续性发展，必须要不断地进行改革创新。例如，保鲜技术的创新、管理方法的创新及运输路线的优化等。冷链物流企业要向综合物流服务商转型，提高冷链物流企业生鲜农产品的供应链服务水平。通过大众媒体宣传冷链物流的知识理念，使消费者认识到冷链物流的重要性。鼓励各高校开设相关专业，培养技术型人才，科研机构应建立起冷链物流培训及试验基地，进而提高冷链物流相关人才的技术水平及创新能力。

10. 引进先进保鲜包装技术

随着生活水平的不断提高，消费者对高端蔬果食品保鲜度的要求也越来越高，并且，生鲜农产品的科学定价是建立在产品质量的基础之上。根据国外先进的保鲜经验并结合云南省地区的实际情况，应采用生鲜筐作为冷链环境下运输生鲜农产品的载体，以代替过去的一次性包装。生鲜筐保鲜载体能够满足零售物流后台化的发展要求，提高标准化效率，并且生鲜筐的循环共用能够降低生产成本，提高社会资源利用率，进而为生鲜农产品的科学定价提供良好的技术保障。

11. 提高售后服务水平

售后服务作为顾客满意度的一种需要，在提高生鲜农产品市场占有率方面具有非常大的作用。售后服务不仅是营销的最终过程，也是营销的新开始，售后服务水平高，则再次营销的可能性就大。同时，售后服务过程中能够深入了解顾客需求，能够为消费者提供更加满意的产品，为以后的合作打下良好的基础。此外，需要对售后服务人员定期进行培训，与时俱进、不断提高服务水平。

第二节　双渠道视角下的云南省生鲜农产品冷链库存管理研究

一、双渠道视角下的云南省生鲜农产品冷链库存管理内涵分析

云南省生鲜农产品国际国内冷链物流运作环节多、过程复杂，受国内外政治、经济、政策、风俗习惯等许多不可控因素的影响，风险发生的可能性比较大。因此，对生鲜农产品库存运输环节做系统性分析，明确生鲜农产品冷链物流与库存的联合决策优势分析。在动态环境下分析云南省剩下农产品库存与运输联合优化利润分配，结合易逝品分析建立模型，本文假设供应链与库存的关系是备件库存模型，云南省生鲜农产品供应商和物流服务商在 ITTO 联合优化之前需要对联合优化利润分配的条件进行讨价还价。首先，云南本地的供应商根据自身成本，在本文的研究中，假设交易数量 q 是一个常数，双方只针对交易价格 P 进行讨价还价谈判，这个谈判过程也就是一个讨价还价的博弈过程。在这期间，假设 Q 和 L 是一个正比例的函数式，库存为 C，零售商的库存为 c，在周期 t 一定的情况下，看在总供应商与零售商销量库存和从供应商直接到消费者手中的库存比例，结合双渠道视角下对云南省生鲜农产品冷链物流与库存的联合决策。在进行两种渠道的库存物流之间的比较分析时，可以看出两者之间的差异，流程图如图 4-4 所示。

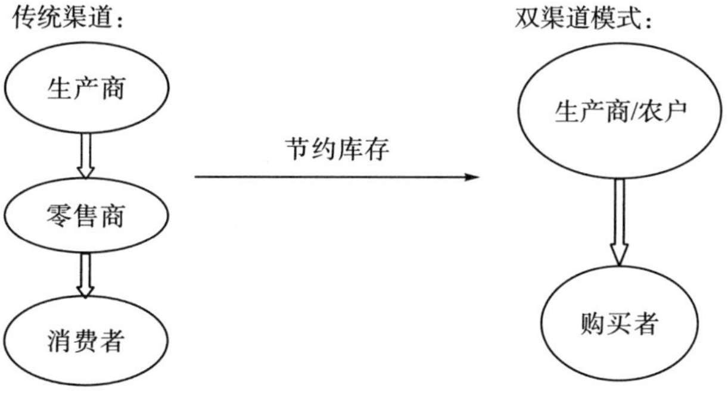

图 4-4　两种渠道的库存物流流程图

二、双渠道视角下的云南省生鲜农产品冷链库存管理理论模型分析

第一阶段中，我国生鲜农产品冷链无论是在发展规模上，还是在技术上均有

很大的进步，尤其是云南省地处边疆，对于整个东南亚的物流发展有桥梁作用，在客户的订单需求量 Q、概率密度 F、多元回归后的球形扰动中，订货周期为 T，客户备件条件为 S，控制变量后可以做出表格。为更快获得库存数据，做出的表格和数据参考模型见表 4-1。

表 4-1 表格和数据参考模型

变量	含义	变量	含义	变量	含义
Q	客户的订货量	n	订货次数	T_n	生产时间
D_C	客户平均需求量	S_{bn}	客户缺货成本	c_b	生产商的平均库存成本
D	客户的需求率	L_{bc}	客户的库存水平	$f_n(x)$	正态分布 X
A_b	客户的订货成本	L_m	生产商的库存成本	$F_n(x)$	密度函数

通过表 4-1 可以看出，当零售商以 P_r 的价格将产品卖给消费者时，所获得的利润必须按一定的分配比例分配给制造商，在整个模型中，零售商是有库存的，利润和销售价格 P_r 相关，而制造商是没有库存的，也和库存成本 C 有关，假设在整个讨价还价模型中，客户的平均订货成本 $=\dfrac{DA_b}{Q}$，平均持有成本 $=h_b\left(\dfrac{Q}{2}+r-D_C\right)$，重要库存平均缺货成本 $=S_{bc}S_c(r)$，则平均库存成本为

$$C_b=\frac{DA_b}{Q}+h_b\left(\frac{Q}{2}+r-D_r\right)+\left[S_{bc}S_c(r)+S_{bn}S_n\right]$$

其中，

$$S_{bc}=\int_0^{\infty} xf\,\mathrm{c}(x)\,\mathrm{d}x$$

$$S_c(\mathrm{r})=\int_r^{\infty}(x-r)\underset{\mathrm{e}}{\int}(x)\,\mathrm{d}x$$

$$S_n=\int_0^{\infty} x\underset{\mathrm{n}}{\int}(x)\,\mathrm{d}x$$

假设重要备件和次要备件分别服从 $(\mu_{t'},\sigma_n)$ 和 $(\mu_{n'},\sigma_t)$ 的正态分布，上式展开后，则可做算例分析。假设客户和生产上的库存参数如下。

（1）一次订货(客户)：A_b=100 元/次，D=2000 件/年，h_b=20 件/年，S_{bc}=50 件/年，S_{bn}=40 件/年，μ_c=2 件/提前期，σ_c=4，σ_n=10 件/提前期，σ_n=20。

（2）一次生产(生产商)：A_m=10000 元/次，P=40000 件/年，h_m=10 元/件/年。

将上述库存参数分别代入 $r^*=F_c^{-1}\left(\dfrac{S_{bc}+h_m-h_b}{S_{bc}+2h_b}\right)$，最终最小联合利润成本为 $C^*=\sqrt{2Dh_{m-A_m}(1-\rho)}+\sqrt{2DA_b(h_b-h_m)}+(S_{bc}+2h_m)$，最优重订货次数 n^*=10.2598，

最小联合平均备件库存成本 $C^*=22445$ 元。因此可得 $T^*=\frac{Q^*}{D}=0.1$/年，主要原因是生产率远远大于需求率。

三、双渠道视角下的云南省生鲜农产品冷链库存管理现状分析

建立 Stackelberg 博弈模型，运用因子分析法，分析“双重损耗”对冷链库存的影响，绝大多数的模型忽视二者间的关联性(生鲜农产品的质量下降会引发数量损耗)。分布的补货定价模型，运用直接法求解利润最大时零售商最佳的(r，Q)库存。在第二阶段，相关研究文献关于双渠道供应链库存的研究主要集中于渠道间的价格竞争和如何协调上。唐跃武等研究了考虑策略性消费者的生鲜农产品定价和库存决策，Chiang 等研究发现，直销渠道对零售商存在潜在价格威胁，制造商通过改变批发价和销售价格进行调控。Hua 等在考虑服务质量的条件下，分析服务质量对市场需求、定价策略和利润的影响。梁喜等(2016，2018)分别基于渠道偏好因素和不同双渠道结构，研究了双渠道下制造商最优定价策略和渠道选择。云南省生鲜农产品冷链库存管理现状中，运输配送的时间最为关键，与库存相呼应。据调查，云南省生鲜农产品的统一配送比例为 79.3%，其中网上销售渠道下的第三方配送比例为 52.4%，而珠三角、长三角地区数据为 69.6%，与经济发达地区还有一定的差距。

通过对零售商和供应商生鲜农产品的数量变化进行分析，在双渠道视角下，考虑上游制造生产商对集合 S 中的下游分销商的运输与库存的影响，即各供应链需求信息和评价随机将运输进度反馈给生产商，分销商将不再保留库存，转而由生产商控制，各分销商的需求波动在一定程度上形成互补。设各种参数和情形 1 中相同，生产商将库存控制在[0，Q^*_S]以使 S 形成的错层库存系统总成本最优，配合供应链运输达到联合的决策。

四、双渠道视角下的云南省生鲜农产品冷链库存管理问题分析

1. 渠道冲突下数据更新缓慢

从牛鞭效应及供应链库存的仿真结果数据计算来看，双渠道视角下的库存与运输行动缓慢，在定价与供应商的出厂价之间存在缝隙，即数据更新缓慢，未能反馈到消费者和生产商的成本内，势必会造成不必要的多级库存合作流失，在服务上体现不佳。

2. 单级库存升级滞后

目前的生鲜农产品市场双渠道之间缺乏合作，互联网+思维在供应链环节体现

不明显，尤其是供应链的下游企业之间，如批发商、零售商及驿站配送的紧急库存调配有一定的缺陷，这就要求组织为大局利益考虑，鼓励激发运营者建立公平合理的契约制度，有利于整个行业的改进和升级。

3. 渠道契约协调策略较少

在销售季节分明时，渠道性的缺货可利用另一渠道的剩余库存，体现出双渠道下库存与物流运输数据性的优越性，不仅有在服务、成本及物流运输上的优势，还有在订货数量与最优定价紧缺情况下的占优策略，这也意味着全行业在契约协调机制上的需求，在随机定价和偏好需求中，渠道沟通的契约太少，不足以支撑行业规范，与此同时综合竞争力不能体现，需要增加话语权以合理运用双渠道库存。

4. 双渠道供应链信息不共享

为提高运营效率，分销商通过传统的销售渠道来满足线下的客户，这一点是双渠道供应链应当避免的，供应链的数据在信息系统中共享不及时，对于库存来讲是一大损失，通过生产率和需求率的比较，在分销运输中，掌握数据有着博弈的优势，面对互联网信息科技的进步，网商和运营者应放长远眼光，共享信息，实现利润最大化。

五、对策分析

1. 紧随时代更新，互联网+模式下的双渠道供应链发展

在研究两个渠道的库存与物流决策问题时，分别建立不共享剩余库存的双渠道纳什博弈模型，运用最优化理论，针对价格或订货数量不宜改变的产品，对易逝品库存进行分析比较，可知零售商实施共享剩余库存后应减少两个渠道的订货数量，进而使生产者改变对于库存的把控或增加定价。通过数值验证分析，得到双渠道视角下的云南省生鲜农产品冷链库存管理模型。随着我国互联网+农业的不断响应，跨境电商成为火热的议题，其可以做定点的技术帮扶，针对欠发达地区的交通运输建立畅通的双渠道。在跨境物流中，双渠道视角下的定价与运输成为人们一直探讨的问题。零售商在网络配送过程中的库存基数在牛鞭效应中表现最优，针对仿真模拟结果，可以有效提出针对性的建议。

2. 根据线上订单，灵活调整库存

双渠道库存与纳升博弈模型，可建立线下零售市场对两种渠道的敏感度分析，如果在回归中能通过稳健性检验，则可以在收益分配最优的情况下开拓双渠道物流运输，如 3PL。纳什均衡亦可通过定价中的 n 阶段讨价还价来体现线上线下的竞争关系，同时零售商的努力水平也是影响均衡的重要因素，所以在联合双渠道

的物流运输中，库存成本应灵活调整，在信息高度发达的今天，数据反馈形成良性的循环机制，云南省边疆贸易普遍的生鲜农产品物流运输在市场均衡的条件下形成协调机制，达到联合优化的效果。

3. 增加话语权，提高网购供应链整体竞争力

线上的库存定额之间灵活调整，有助于优化双方的运输成本，网络批发商和用户之间进行费用分摊，则在传统的营销渠道和双渠道运行下单独决策分配的收益模型中设置数据，即可求出在库存相同情况下的利润和成本，双渠道的模型中可以满足现代大多数客户的需求，直销价格 P_1 和批发价 P_2 均由制造商制定，中间成本 C 可以无限量缩减，在函数无穷小的情况下运输库存可以达到最大，从而使其与利润成正比，根据市场需求 Q 可使收益共享融合。在讨价还价中占主导地位的话语权，有利于企业在整个行业中的快速发展，应构建多阶段模型，以达到整体效益的最佳水平，结合云南省的物流和实际情况提高双渠道生鲜农产品冷链库的竞争力。

4. 确保各方收益，保证参与约束实现最优，实现合作共赢

生鲜农产品有着固定的销售季节，在固定的需求时间里确保各方收益，明确对于约束实现最优化是双渠道的突出优势，根据数据计算需求 Q 来体现利润最大化。当然也可以在共享契约条件下，实施库存数量策略，在市场机制的作用下，实现跨区域合作，建立长期伙伴关系，培养专业人才，因地制宜，从而实现理论与实际的有效结合。

第五章　总体对策篇

第一节　总体现状分析

一、发展历程

我国冷链物流最早产生于20世纪50年代的肉类外贸出口。云南省地处我国南部地区，位于我国边境，毗邻越南、缅甸和老挝等国家，易于出口农产品，由于需要跨国运输，因而其冷链物流也出现得较早，距今已有约60年，这其中积累了一定的经验，也不可避免地遇到了不少需要解决的问题，在不断解决问题的过程中，云南省农产品冷链物流得到了一定的发展。为了缩小城乡贫富差距，实现经济的协调发展，2005年，我国基本建成了贯穿31个省（区、市）的鲜活农产品流通“五纵二横绿色通道”网络。2007年中央出台一号文件，明确要求积极发展生鲜农产品，在此期间，云南省政府积极配合中央政策，大力发展农产品冷链物流。至今，云南省已经基本形成了航空-铁路-公路-水路的综合冷链物流配送系统。

1. 农产品冷链物流初具规模

我国是农产品出产大国，全球蔬菜总产量的约60%，水果和肉类的约30%，禽蛋和水产品的约40%产自我国。近年来，我国生鲜农产品产量高速增长，每年有约 4×10^8t 生鲜农产品进入流通消费领域，冷链物流比例逐渐提升。目前我国果蔬、肉类、水产品冷链流通率分别达到5%、15%、23%，冷藏运输率分别达到15%、30%、40%，冷链物流的规模快速增长。

2. 农产品冷链物流基础设施逐步完善

目前全国有冷库2万余座，冷库总量为 8.80×10^6t，其中冷却物冷藏量为 1.4×10^6t，冷结物冷藏量为 7.4×10^6t 万吨；机械冷藏列车有1910辆，机械冷藏汽车有20000辆，冷藏船吨位为 1.0×10^5t，年集装箱生产能力为100万标准箱。

3. 冷链物流技术逐步推广

生鲜农产品出口企业率先引进了国际先进管理技术，如HACCP认证、GMP等，普遍实现了冷链物流环节的全程低温监控。大型的肉类屠宰企业开始使用国际先进的冷链物流技术，从屠宰、切割加工、冷却等环节的低温处理起步，逐渐向储藏、运输、批发和零售等环节延伸，向全程低温控制方向快速发展。适应我国国情的低成本、低能耗的冷链处理技术的广泛推广，推动了以反季节果蔬和水产品为代表的高价值农产品冷链物流业务的迅速兴起。

4. 冷链物流企业不断涌现

中粮、中外运等社会化第三方物流企业强化与上下游企业的战略合作以及资源整合，建立了达到国际先进水平的管理体系和冷链设施，积极拓展了冷链物流业务；光明乳业、双汇、众品等食品生产企业，加速发展物流业务并进行资产重组，分别组建了独立核算的冷链物流公司，积极完善冷链物流配送网络；大型连锁商业企业完善终端销售环节的冷链管理，加快发展生鲜食品的配送。我国冷链物流企业呈现网络化、规模化、集团化、标准化的态势。

5. 农产品冷链物流环境逐步完善

国家非常重视冷链物流行业的发展，近几年中央下发的一号文件中均强调要加速农产品冷流物流体系的建设，促进生鲜农产品的流通。冷链物流的国家标准、行业标准和地方标准先后颁布并予以实施，《食品安全法》等重要法律法规逐步完善了与冷链物流相关的部分。农产品冷链物流的重要性进一步被消费者所认知，全社会对“优质优价”生鲜农产品的需求不断增加。

但是，我国农产品冷链物流发展仍处于起步阶段，系统化、规模化的冷链物流体系尚未形成，与发展现代农业、居民消费和扩大农产品出口的需求相比仍然具有很大的差距。

二、冷链模式

目前，云南省农产品物流是以常温物流为主，冷链物流只占了全部农产品物流的一小部分，由于运输需要时间，因此这些冷链农产品主要是针对外省，本地只需常温运输即可，云南省冷链物流模式主要是以龙头企业和冷库企业为主的冷链物流模式。以批发商和超市为主的冷链物流模式只占据了很小一部分。目前，以冷库为主的冷链物流模式在云南省占据了主导地位，这种模式是农民将生鲜农产品出售给冷库企业，然后冷库企业将本季节出产的此类农产品通过冷冻技术储存起来，然后在以后的季节在市场上出售，这样就实现了农产品的跨季节销售。以龙头企业为核心的冷链物流模式是农民先将各类生鲜农产品出售给龙头企业，然后龙头企业利用冷冻技术将该批生鲜农产品以批发价格大规模出售给批发商，批发商再以零售价出售给零售商，最后零售商以零售价卖给消费者。以批发商为主的冷链物流模式下，批发商直接从生产者——农民手中大规模购入水果等易腐类农产品，然后通过批发商市场销售给消费者或零售商，目前冷链农产品在这种模式下销售规模非常小。在以超市为主的冷链物流模式下，农民直接将各类农产品出售给超市，超市利用冷库将该类农产品冷藏起来，顾客直接在超市进行购买，该模式在云南省农产品冷链物流中也只占据了一小部分。表 5-1 给出了四种农产品冷链物流模式。

表 5-1 各类农产品冷链物流模式

冷链物流的种类	农产品类别	所占农产品冷链物流的比例
以冷库企业为主的冷链物流	生鲜类	主导
以龙头企业为主的冷链物流	乳类	很大比例
以批发商为主的冷链物流	易腐类蔬果	较小
以超市为主的冷链物流	易腐类蔬果	较小

三、冷链主体

1. 政府方面

为了调整云南省的产业结构，大力促进云南省生鲜农产品物流业的发展，根据国务院下发的《物流业调整和振兴规划》国家发展改革委下发的《农产品冷链物流发展规划》，制定《云南省冷链物流发展规划》，明确了未来云南省农业冷链物流发展的指导思想、目标任务、基本原则和重点领域。《农产品冷链物流发展规划》明确了农产品冷链物流发展的七项重要使命：①推行现代冷链物流理念与技术；②完善冷链物流规范系统；③树立首要种类和要点区域农产品冷链物流系统；④加速培养第三方物流公司；⑤加强冷链物流基础设施建设；⑥加速冷链物流配备与技术晋级；⑦推进冷链物流信息化。

2. 第三方物流企业

云南省专业物流企业发展水平普遍偏低。云南省目前共有物流企业 414 家，昆明有 184 家，约占总数的 44.44%。然而大多数物流公司都是由传统运输企业和仓储企业改组而来，信息技术应用水平不高，企业组织内部技术手段和信息管理技术相对落后，现代物流管理软件在物流领域应用很少。此外，云南省仓储规模较小、专业化程度低、处于传统仓储模式。第六次云南省物流供需状况调查显示，在物流企业所拥有的各类仓库中，普通仓占 57.6%，恒温保温仓占 10.2%，立体化仓占 22%，普通堆场占 25.4%，保税仓占 3.4%，危险品仓占 22%。以上数据表明，云南省仓储能力目前仍以传统仓储为主，显然这是云南省冷链物流行业发展的又一缺陷。缺乏支持社会化配送中心运作的综合物品流通系统。云南省物流中心建设起步较晚，从而导致缺乏满足社会化配送中心运转的综合货物流通系统，无法跟上现代化物流发展的进程，无法满足现代化物流行业发展的需要，更没有创新性品牌，且云南省物流标准推广不力。我国目前对于物流业的相关法律尚不完善，导致各个区域内的物流标准存在不一致的情况，再加上局部地区物流信息网络不完善，导致无法实现实时交换和共享物流信息。而农产品冷链物流的发展水平在某种程度上也取决于第三方物流企业发展状况。

3. 行业协会

冷链行业协会作为解决市场和政府失灵的一种方法已趋于成熟，在维护冷链行业技术设备，促进本行业有序发展，避免本行业内部的无序竞争，实行行业内的自我约束、自我调节、自我管理中发挥着重要作用。冷链行业协会可以起到协调本地冷链技术设备的应用，增强冷链行业抵御市场风险的能力，维护冷链企业的共同利益，以及规范市场行为、调节市场资源的作用。这对于改善云南省落后的冷链物流现状无疑是一剂强效药。然而云南省落后的经济现状及冷链行业发展的不成熟，导致其难以成立地区冷链行业协会。

4. 三级市场

近年来，各级政府加大了农产品流通领域的三级市场建设，即农产品零售农贸市场、销地批发市场和产地批发市场。云南省内大规模农产品常温物流或自然物流正在逐步完善，但区域间农产品综合物流配送系统尚待完善，网络分布均衡度较低，农产品大宗物流与连锁超市生鲜区之间还需有效衔接，农产品的冷链物流虽然出现，但仅零星局限于花卉种球、少量的特色水果，云南省农产品冷链物流仍处于初级发展阶段。

四、冷链流程

冷链物流泛指冷藏冷冻类食品(药品、易腐食品等)在生产、储藏运输、销售，直至到最终消费前的各个环节中应始终处于规定的低温环境下，以确保食品质量，减少食品损耗的一项供应链系统工程。

1. 预加工方面

生鲜农产品采摘后需尽快进行预加工和低温包装，以确保农产品的新鲜和品质。发达国家将冷链物流的建设放在农业发展的首要位置，如美国农业总投入的70%用于采摘后。据统计，发达国家农产品的产值中超过70%通过产后处理(储藏保鲜加工)来实现，其中美国产后产值与采摘之前的自然产值之比为3.7∶1，日本为2.2∶1。由于我国对农产品产后低温储藏加工的投入力度不够，导致目前我国农产品绝大部分由原产地以原始产品形式卖出，农产品产后值不仅没有得到提高反而由于运输等损耗下降了，目前我国各个省份产后产值与采摘时的自然产值之比为 0.38∶1，平均损耗率达到一半以上。

2. 运输方面

改革开放以来，我国社会经济在各个方面都取得了较大的进步，物质生活水平比先前获得了显著的提高，人们对生鲜农产品的需求也日益增加，因而我国整体农产品冷链物流也随之快速发展。但是，我国，特别是我国欠发达地区，如西藏、云南及甘肃等地的农产品冷链物流比西方发达国家要落后得多，很多需要冷链物流的农产品还是通过常温物流系统实现的，导致农产品在运输过程中损耗严重。据统计，我国云南等地每年果品腐烂损失 130×10^4t，蔬菜腐烂损失 1200×10^4t，按平均 1 元/kg 来算，果品类损失超过 10 亿元，蔬菜类腐烂损失达到 120 亿元，果蔬平均损耗率高达 30%以上，而同时期的西方发达国家普遍低于 5%，同为亚洲地区的日本甚至仅仅不到 3%。

3. 低温储藏方面

农产品在最终销售给消费者之前需要利用冷冻冷藏技术来进行低温储藏，这一般是通过冷库来实现的，冷库的状况直接决定了储藏质量的优劣。截至 2017 年我国各地区冷库数量及冷库的容量分布严重失衡，其中东北和西南地区的冷库失衡状况尤其突出。

从图 5-1 可以看出，我国冷库主要集中在沿海一带，东北及西南地区冷库严重不足，云南省位于我国西南地区，其冷库容量同样不容乐观，导致云南省在农产品冷链储藏阶段存在很大的问题。

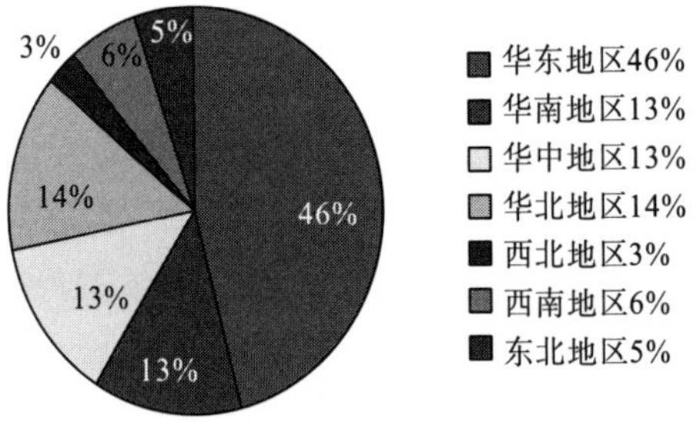

图 5-1 2017 年我国冷库地区分布状况图

五、冷链布局

云南省的冷链物流主要包括滇中冷链物流圈（以省会昆明为中心）、滇西冷链物流中心（以大理为中心）及滇南冷链物流圈（以蒙自为中心）。其中，以省会昆明为中心的滇中冷链物流圈主要服务于水果、花卉、蔬菜等农产品。以大理为中心的滇西冷链物流圈主要服务于生鲜类农产品。而以蒙自为中心的滇南冷链物流圈则是主要服务于果蔬类农产品。由于地理特色的原因，昆明周边冷链物流企业数目最多，且比较集中，然而其基础化设施和信息化程度依旧十分落后，市场竞争力较差。冷链的农产品主要销往广东和深圳等沿海城市，冷链物流成本高，冷链农产品的市场价格波动大。由于气候条件的因素，大理适合于服务冷链生鲜类农产品，与滇中相似，以大理为中心的滇西冷链物流圈仍然相对落后，冷库规模小，主要是满足当地内需及销往周边国家。而以蒙自为中心的滇南冷链物流圈的冷链农产品则是销往贵州等周边省份。云南省冷链农产品物流地区分布及销路信息见表 5-2。

表 5-2　云南省冷链农产品物流地区分布及销路信息

地区	主要冷链农产品	主要销售地区
滇中	花卉、水果及蔬菜	广东和深圳等沿海城市
滇西	生鲜类	本地及周边国家
滇南	果蔬类	周边城市

六、冷链管理

1. 领导层面上

2017 年云南省政府发布了关于加速发展冷链物流以保障食品安全并促进省内消费升级的实施意见，对冷链物流业的发展给出了总体要求、工作目标、主要措施(包括保障建设用地、支持设施建设、实行融资倾斜、减轻税费负担、创新经营模式、建设标准体系、完善信息平台、培育骨干企业、实施全程监管及优化公共服务)等等方面的意见，旨在促进农民增收，保障食品安全。随着我国经济社会的日益发展和人民生活水平的逐渐提高，城乡居民对高品质的生鲜农产品和食品消费的需求日渐增加，对食品质量安全的关注度也逐步提升，冷链物流行业面临着难得的发展机会。然而由于冷链物流起步晚且基础薄弱，云南省冷链物流发展水平较低，冷链物流基础设施不配套、冷链物流企业发展缺乏动力、标准体系尚不健全、冷链运输比重较低等问题较为突出，与此相关的食品安全隐患也较多，难以满足城乡居民个性化、多元化的消费需求。根据《食品安全法》、《农产品质量安全法》和《国务院办公厅关于加快发展冷链物流保障食品安全、促进消费升级的意见》(国办发〔2017〕29 号)，经省人民政府同意，现提出以下意见：

(1) 总体要求。牢固树立和贯彻落实创新、协调、绿色、开放、共享的发展理念，深入推进供给侧结构性改革，充分发挥市场在资源配置中的决定性作用，以体制机制创新为动力，以先进技术和管理手段应用为支撑，以规范有效监管为保障，着力构建符合我省实际的“全链条、网络化、严标准、可追溯、新模式、高效率”的现代化冷链物流体系，满足居民消费升级需要，促进农民增收，保障食品消费安全。

(2) 工作目标。到 2020 年，初步形成布局合理、覆盖广泛、衔接顺畅的冷链基础设施网络，基本建立“全程温控、标准健全、绿色安全、应用广泛”的冷链物流服务体系，培育一批具有核心竞争力、综合服务能力强的冷链物流企业，冷链物流信息化、标准化水平大幅提升，基本实现冷链服务全程可视、可追溯，生鲜农产品和易腐食品冷链流通率、冷藏运输率显著提高，腐损率明显降低，食品质量安全得到有效保障。

这充分说明我国云南省对冷链物流的发展十分重视。

2. 冷链优化上

国务院办公厅 2017 年 4 月 21 日印发《国务院办公厅关于加快发展冷链物流保障食品安全促进消费升级的意见》，指出加快发展冷链物流对促进农业生产流通和农民增收，提高食品质量安全水平和推动居民消费升级都具有重要意义。要以体制机制创新为动力，以先进技术和管理手段应用为支撑，以规范有效监管为保障，构建“全链条、网络化、严标准、可追溯、新模式、高效率”的现代冷链物流体系。到 2020 年，生鲜农产品和易腐食品冷链流通率、冷藏运输率显著提高，腐损率明显降低，冷链服务水平大幅提升，食品质量安全得到有效保障。

(1) 建设用地上。各市（州）人民政府和有关部门要将冷链物流发展纳入国民经济和社会发展规划，将冷链物流作为准公共服务设施纳入城乡规划和土地利用总体规划，在用地布局、审批、土地登记等方面予以倾斜。对符合土地利用总体规划的冷链物流园区、专区、预冷和集配中心、冷藏运输、配送中心等项目，加大用地保障力度。对为生产配套的冷链物流项目用地，执行工业用地政策。对一次性缴纳土地出让金确有困难的冷链物流企业，允许在合同签订之日起 1 个月内首付 50%，其余价款 1 年内付清。利用旧工业厂房、仓储用房等存量房产改造建设冷链设施，可暂不变更土地用途和使用权人。物流仓储设施属于生产性建筑，不列入结合民用建筑修建防空地下室范畴。[各市（州）人民政府、省发展改革委、国土资源厅、住房城乡建设厅、人防办按照职责分工负责。]

(2) 设施建设上。建设农产品物流基地，鼓励农产品加工、冷链物流、流通企业加快各类保鲜、冷藏、冷冻、预冷、运输、查验等冷链物流设施建设。因地制宜开展适度规模的经济实用型冷链仓储设施建设，配备节能、环保的长短途冷链运输车辆，改善农产品商品化处理环节的温控设施，提升流动链条的温控能力。完善与冷链物流相配套的查验与检测基础设施建设，推广快速准确的检测设备和试剂，整合运输资源，建立农产品铁路、公路、水路联合运输网，发展农产品运输协作中介服务组织，逐步形成冷藏多式联运体系，提高运输综合效益。（省农业厅负责。）

(3)融资上。健全银企合作机制，按照风险可控、商业可持续原则，加大对冷链物流行业的信贷支持力度，满足企业合理资金需求。鼓励银行业金融机构创新金融产品，拓展抵(质)押物种类，推广生产设备等动产抵押业务，探索发展知识产权、应收账款、仓单等质押贷款业务。依法依规支持冷链物流企业以库存产品等有价物资和冷藏运输车、冷藏集装箱等资产作为抵押物申请贷款。支持符合条件的企业上市和发行企业债券。针对制约冷链物流行业发展的突出短板，探索鼓励社会资本通过设立产业发展基金等方式参与投资建设。(省发展改革委、农业厅、商务厅、金融办，人民银行昆明中心支行、云南银监局按照职责分工负责。)

(4)经营模式上。鼓励有条件的冷链物流企业与农产品生产、加工、流通企业加强基础设施、生产能力、设计研发等方面的资源共享，优化冷链流通组织，推动冷链物流服务由基础服务向增值服务延伸。鼓励连锁经营企业、大型批发企业和冷链物流企业利用自有设施提供社会化的冷链物流服务，开展冷链共同配送、生鲜电商+冷链宅配、中央厨房+食材冷链配送等经营模式创新，完善有关技术、标准和设施，提高城市冷链配送集约化、现代化水平。鼓励冷链物流平台企业充分发挥资源整合优势，与小微企业、农业合作社等深度合作，为小型市场主体创业创新创造条件。(省发展改革委、商务厅、供销合作社联合社按照职责分工负责。)

(5)标准体系上。填补国家标准和行业标准的空白，加快研究制定各类生鲜农产品原料处理、分选加工与包装、冷却冷冻、冷库储藏、冷藏运输、批发配送、分销零售等环节的保鲜技术和制冷保温技术地方标准。推进冷链物流企业构建冷链物流服务标准体系，规范服务行为，提升服务质量。充分发挥行业协会和骨干龙头企业的作用，大力发展冷链物流团体标准。鼓励大型商贸流通、农产品加工等企业制定高于国家标准和行业标准的企业标准。加强冷链物流标准的培训宣传和推广应用。研究探索对关系到食品安全的肉制品、水产品等农产品冷链运输执行强制性标准。鼓励云南省冷链物流企业和有关科研机构积极参与冷链物流国家标准和行业标准的制定。(省发展改革委、商务厅、质监局按照职责分工负责。)

(6)信息平台上。鼓励企业加强卫星定位、物联网、移动互联等先进信息技术的应用，按照规范化标准化要求配备车辆定位跟踪及全程温度自动监测、记录和控制系统，积极使用仓储管理、运输管理、订单管理等信息化管理系统，按照冷链物流全程温控和高时效性要求，整合各作业环节。鼓励有关企业建立冷链物流数据信息收集、处理和发布系统，逐步实现冷链物流全过程的信息化、数据化、透明化、可视化，加强对冷链物流大数据的分析和利用。大力发展互联网+冷链物流，整合产品、冷库、冷藏运输车辆等资源，构建“产品+冷链设施+服务”信息平台，实现市场需求和冷链资源之间的高效匹配对接，提高冷链资源综合利用率。推动构建覆盖全省的冷链物流公共信息服务和质量安全追溯平台，促进区域间、政企间、企业间的数据交换和信息共享。(省发展改革委、工业和信息化委、交通运输厅、农业厅、商务厅按照职责分工负责。)

(7) 企业上。致力培育发展一批经济实力雄厚、经营理念和管理方式先进、核心竞争力强的冷链物流大型骨干企业。鼓励大型肉类屠宰企业从屠宰开始进行温度控制，发展冷链物流；鼓励大型农业产业化龙头企业、产地批发市场和农民合作经济组织选择高附加值蔬菜、水果和农产品，在产地建设低温保鲜库，从生产源头开始发展冷链物流，错开生鲜农产品上市高峰；鼓励大型龙头企业和销地批发市场在销区建设低温保鲜库，实现产地市场和销地市场冷链物流的无缝对接；鼓励大型商业连锁企业加快生鲜食品配送中心建设，在做好企业内部配送的基础上逐步发展成为向社会提供公共服务的第三方冷链物流中心。(省发展改革委、工业和信息化委、农业厅、商务厅按照职责分工负责。)

(8) 监管上。必须严格实施生鲜、冷鲜、冻鲜农产品全程监控与质量、鲜度追溯制度，推动产地准出和市场准入衔接，在零售企业、餐馆酒店等关键环节把好准入关，全面实施进货查验、索证索票制度，并建立进货台账。建设全省食品监管数据中心，将食品冷链过程作为重要内容，纳入食品安全追溯体系，推行农产品温湿度全程监控、全程追溯。对生产、收购、加工、仓储、运输、零售、配送等有关市场责任主体在温控保鲜方面依法依规经营情况进行抽查，向社会公布抽查结果。(省食品药品监管局、农业厅按照职责分工负责。)

(9) 公共服务。进一步落实鲜活农产品配送车辆 24 小时进城通行和便利停靠政策。按照通行便利、保障急需和控制总量的原则，逐步放宽对冷藏配送货车的城市交通管制，积极提供必要的通行便利，由公安交通管理部门核定行驶路线及时段、停靠时间和地点后，给予城区通行权和停靠权。海关和检验检疫部门对进出口生鲜农产品实行“一次查验，一次放行”。(省公安厅、昆明海关、云南出入境检验检疫局按照职责分工负责。)

七、成本效益

据宇博智业发布的 2016—2021 年中国冷链物流行业市场供需前景预测深度研究报告显示，国内冷链物流行业服务水平不高，运输商品的腐损率较高，整个行业发展仍属初级阶段。冷链物流运营成本依然居高不下、冷库行业短板效应凸显。在运输过程中中小企业为节约成本中途关停冷冻冷藏设备的情况时常发生。现阶段，冷链物流受物流基础设施能力、物流技术等因素的制约，导致冷链物流运输效率低下，腐损率高，成本高，成为所有冷链物流企业直接面临的难题。

1. 运输成本

运输成本是为了实现物流运输活动完成而产生的一切费用，在物流成本中占据很大的比重，高达 30%以上。物流企业的运输成本主要是运输车辆本身的费用支出、运输过程中的货损成本及运输途中的制冷费用。

对于很多中小企业来说，可以从它的运输成本占据总成本的多少来判断该企业的管理能力。近年来，由于国内油价先后进行多次调整，使云南省冷链物流的运输成本上升，在一些中小型企业的管理中运输成本的管理和监控变得日益迫切。

2. 管理成本

管理成本在冷链物流企业中主要是使组织有效运作而发生的一切有目的的活动所产生的费用。在管理过程中，企业要为日常运作管理支付人力(管理人员)、物力和财力，这都会产生管理费用。

与常温物流相比，冷链物流显得更加复杂，从食品安全和食品质量角度看，易腐品物流需要使用冷链物流模式。由于缺乏对冷链物流的有效监管，以及冷链成本比一般的物流成本高出很多倍，所以很多物流企业经常使用非正规的冷链物流方式(如使用冰块+棉被)来运输易腐品。这种投机行为虽然降低了物流企业的运营成本，但是对易腐品的品质安全缺乏保障。因而需要加大对冷链物流的管理，进一步增加企业的管理成本。

3. 储存成本

储存成本是在储存货物阶段所产生的成本，它是物流储存经营过程中各项成本的总和。储存成本主要有如下几个方面：第一，仓库的折旧和仓储机械设备折旧，这些折旧一般按年度提取，不同的设施及设备折旧年限不同；第二，仓储设施和机械设备的定期保养费；第三，保管费用，为储存货物支出的货物养护、保管等费用。

腐坏变质损耗在我国普遍存在，这在很大程度上是物流仓储管理造成的。为此必须加强仓储管理。在冷库建设上，地处我国西南地区的云南省目前冷库容量仅仅占全国的 6%，略高于最低水平的东北三省（5%），同市场需求相比云南省冷库容量的缺口很大，这就要求企业加大冷库的资金投入，以此来保障易腐品的质量和安全。除此之外，云南省目前各类冷库的结构也不尽合理。例如，投资建设肉类的冷库数量建设果蔬类欠缺，冷库在城市销售市场的发展比产地快。

4. 人力成本

人力成本是指企业在一定的时期内，在生产、经营和提供劳务活动中，因使用劳动者而支付的所有直接费用与间接费用的总和。

云南省现代物流综合性人才、企业，尤其是物流管理及先进的物流技术等现代物流人才严重匮乏，导致管理经营不善，降低企业经济效益，增加经营成本。要解决这些问题就必须要吸引优秀的冷链物流人才，然而这无疑会加大人力成本。

第二节　冷链物流总体问题分析

云南省是一个农业物产非常丰富的省份，农作物的多样性是云南省农业快速发展的有力保障，但是由于云南省交通不发达，好多地方山路崎岖，再加上地区间温差较大，所以云南省农产品要想进入更广阔的市场，就必须依靠冷链物流。而云南省的冷链物流相对于其他省份来说因为起步晚等因素，存在一些问题，因此有必要对云南省冷链物流存在的问题进行一个系统地总结。总体来说，云南省农产品冷链物流主要存在以下几个方面的问题。

一、云南省政府方面存在的问题

政府对一个行业的发展有着很大的一个导向作用，冷链物流方面也是如此，特别是对于云南这种急需冷链物流的边远地区，本来就由于地处偏远，其他方面对冷链物流的决定作用比不上政府的作用，所以政府在这方面应该发挥主导作用，为冷链物流的发展做出一份贡献，以此来推动云南特色农业的发展，最后改善云南经济比较落后的局面。云南省政府虽然在冷链物流方面做出了一些努力，但是还没有做到最好的一个状态，政府在冷链物流的发展方面主要存在以下几个问题。

1. 政府对冷链物流的宣传推广不到位

云南是热带、亚热带季风气候，这种得天独厚的气候使云南能够生产出各种类型的农产品，而同时云南所生产的这些农产品如果只是在云南本地进行简单的买卖，不能实现利润最大化，甚至还会使这些农产品滞销，最终使供需双方都产生损失，所以云南的农产品必须主要是异地销售才能获得最大的利润。进行异地销售最大的一个问题就是农产品的新鲜度，而冷链物流是保证农产品新鲜度的必要条件，否则云南的农产品虽然本质上是好的，但是由于新鲜度不足，将会失去它的天然竞争优势。但是冷链物流在云南对于大部分人来说都是一个陌生的概念，有些人就算了解一些，也会觉得没有使用冷链物流的必要，这就需要政府来进行客观的宣传，最终形成使冷链物流被推广的良好局面。政府都是有很大的公信力的，政府对冷链物流的宣传会引起人们的高度重视，对提高社会各界对云南省冷链物流的认识度有很大作用。这里所说的宣传不只是对云南省内进行宣传，初期重点放在对内的宣传上，当云南省冷链物流取得一定的发展之后，又可以对外进行重点宣传，让外面的市场对云南省冷链物流提出一些要求，倒逼云南省冷链物流的发展，最终使云南省冷链物流的发展形成良性循环，使云南省冷链物流水平形成一种螺旋上升的局面。需要注意的是，冷链物流是为农产品的销售服务的，所以冷链物流的宣传并不是为了宣传冷链物流而宣传冷链物流，而是要把农产品的特色与冷链物流放在一起共同宣传，才能取得实质的效果。综上所述，政府在冷链物流的宣传方面还有所欠缺，还需要发挥出政府应有的作用来。

2. 政府对农业合作社的推广还没有发挥出主导作用

云南的地形比较陡峭，农村相对比较分散，大部分还有着“小农经济”的味道，所以云南的多数农产品都没有一个标准的整体规划，如哪里适合种什么农作物、种多少及怎么种，这些问题都没能得到统一。农作物未形成规模化种植，且冷链物流不发达，导致云南的农产品很难真正地走出去。因此，要使冷链物流能够发挥出它的巨大作用，有规划地种植农作物是一个重要的前提条件。这几年国家特别支持农业合作社的成立，像云南这样农作物比较丰富的省份，应该凭借其得天独厚的自然优势大显身手，但是云南比较有特色的农业合作社并没有几个，说明政府在这方面的主导作用还没有发挥出较大的优势。政府应该为农业合作社的建立进行多方的宣传动员，首先，要做村民的工作，利用政府的公信力，让村民真正了解农业合作社的内涵而放心地加入农业合作社；其次，要寻找合适的农业合作社负责人，使农业合作社能够真正地发挥出它的优势来，因地制宜，生产具有地方特色的农产品；最后，使特色农产品与冷链物流完美结合，既保证特色农产品的新鲜度，又促进冷链物流的发展。农业合作社的大规模建立会使冷链物流得到发展，而农业合作社的建立需要政府的大力支持，只要符合实际的农业合作社政府都应该给予审批成立，但是目前来看政府在这方面的步子还是跨得小了一些，应该在合适的条件下，把步子跨得再大一些，使云南省冷链物流发展得更快。

3. 政府对冷库选址审批宽松度不够

中国的冷链物流相比于发达国家来说，差距还是比较大的，历史也比较短暂，而云南省冷链物流在我国来说起步又比较晚，所以对于云南省来说，冷链物流是一个不可或缺的新兴产业，为了云南省长期的经济发展着想，政府必须在政策上给予冷链物流巨大的支持，特别是在冷库选址的审批上应该多开绿灯。随着十八大以来反腐力度的加大，国家对于土地使用的审批管理得比较严，这在总体上来说是非常好的，但是对于冷库用地的审批，如果也像其他用地那样层层把关，那就有些犯了教条主义的错误，对于冷库选址应该用具体问题具体分析的方法，用发展的眼光看待，特别现在是云南省冷链物流的起步阶段，如果不在政策上给予极大的支持，那很有可能会发生半路夭折的现象。在云南省的现有法规中，还没有对冷库选址开绿灯的条款，冷库的选址用地与其他用地的审批流程都是一样的，这无疑也会阻碍冷链物流的发展。例如，现有的冷库都集中分布在城市里，而农村几乎没有冷库，反映出一些冷库选址不合理，长此以往，会对冷链物流的发展带来巨大危机。城市里一些冷库的所在地也不是最佳地段，这不仅会给冷链物流带来巨大的成本，同时也会对农产品的新鲜度产生不利影响。所以，在冷库选址方面，只要是能给冷链物流带来巨大益处且不影响政府的其他重大规划的，政府都应该改变土地审批的一些严格要求，特事特办，让冷库的数量无论是在城市还是农村都要多起来。

4. 政府对冷链物流在资金支持上不足、税收减免上不够

政府对于冷链物流的支持应该体现在两个方面：一方面，要为冷链物流很好地进入市场投入一定的资金，为冷链物流的进入注入强大的推力；另一方面，要给冷链物流一定的税收优惠，让税收优惠成为冷链物流进入市场的一个有效拉力。现在，政府在这两个方面都还没有形成一个可行的方案，造成冷链物流由于缺少政府拉力、推力的双重作用而导致发展困难，这也是政府方面现在存在的一个突出问题。对于云南省来说，这种起步较晚的新兴行业，政府必须是要投入一定的资金，让冷链物流有一个以资金投入为主的强大后盾，只有这样冷链物流的发展才不会由于资金不足而停滞。另外，云南省政府在冷链物流的税收减免上的优惠也不足，在现有的法规中还没有关于冷链物流税收减免的内容，所以在这方面应该加强拟定并实施相关法律法规。在税收上给予减免，对冷链物流链上的所有参与者都是有极大好处的，首先能够使生产者获得更大的利润，可以降低成本在冷链物流中所占的比例，从而使生产者更愿意把农产品通过冷链物流销往各地，有利于农产品走出去；对于冷链物流企业来说，由于有税收优惠，可以低于一般的市场价来进行冷链运输，将冷链物流的思想普遍推入市场，增加冷链物流在云南地区的知名度，为冷链物流的蓬勃发展做出前期的良好铺垫；对于消费者来说，如果冷链物流有政府税收的支持，则可以用比较低的价格就买到云南的农产品，提高消费者对冷链物流产品购买的满意度，最终通过各方的受益促进冷链物流的发展。所以，政府的资金支持和税收减免对冷链物流的发展可以起到巨大的作用，但目前政府在这方面的措施还有所欠缺。

5. 政府对冷链物流的总体规划及专业冷链市场建设思路不明确

政府对一个行业的未来发展往往都有一个很大的指导作用，直接决定着一个行业未来的大体走向，冷链物流行业也是如此。冷链物流的总体规划是什么？未来的专业冷链市场要怎样建设？这些都需要政府来给出一个具体的方案，但是遗憾的是云南省目前没有一个具体的规划方案，导致云南省冷链物流失去了发展的方向。只有政府给出一个整体的规划，才会使冷链物流链上的各参与主体都心里有底，从而放心地投入资金、人力、物力，加速云南省冷链物流的发展。但总体规划出来以后，政府还必须紧跟着给出专业的冷链市场的建设规划。例如，对于云南省鲜切花冷链物流的建设应该怎么办，需要达到什么技术要求，现在云南省花卉市场的冷链物流企业龙蛇混杂，让人难以识别哪些真正符合要求；对于云南

省的菌类，由于其季节性特征，时间比较短，对冷链物流的要求要高于其他农产品，这就需要对不同的农产品给出不同的未来建设规划。政府不仅要对冷链物流的总体进行规划，也要对专业冷链物流的建设做出布局，这两项做不好，会对云南省冷链物流的发展形成严重的阻碍。

6. 政府对冷链食品的监管不充分

政府对冷链物流这种新兴产业的发展应该给予政策上的支持，但是对冷链食品的监管也不能有半点马虎，食品安全无小事，冷链物流又是一个与食品相关的行业，所以对冷链食品的质量监管必须引起足够的重视。在市场上，有些人不太喜欢买冷冻食品，因为大家根据以往的购物经验发现，买冷冻食品买到变质商品的概率比买非冷冻食品的要大得多，导致冷冻食品在市面上其实并不是很受欢迎，也从侧面反映出政府对冷冻食品的监管存在一定的漏洞。冷冻食品如果出了问题，一方面会给人们的身体健康造成巨大威胁，另一方面会使冷冻食品在人们的心目中留下一个非常不好的印象，从而进一步阻碍冷链物流的发展，甚至会使冷链物流退出舞台，这对于云南省的经济发展无疑是一大损失。当然，冷冻食品的监管确实是要比一般的食品难，这就需要政府对冷链物流食品的监管加大力度，确保变质食品不再流入市场，特别是对肉类、蔬菜的监管力度更应该加大，不应该让冷库成为“藏污纳垢”的法外之地。冷链物流的品牌效应能否打得出去取决于冷冻食品的质量，如果让一些不符合标准的食品流入市场，那政府对监管这一块是失职的，而现在的市场上确实客观存在这些问题，所以要使顾客接受冷冻食品，让冷链物流得到很好的发展，政府在冷冻食品的监管方面还需努力。

二、行业协会方面存在的问题

我国几个发达的省（市）都成立了冷链物流行业协会，行业协会可以共同制定本省冷链物流行业的一些标准规则，也可以把比较分散的冷链物流企业集中到一起，可以细化市场，使市场上的各种农产品都能够做到不重不漏地与自身相关的冷链物流匹配，这不仅有利于冷链物流的发展，也特别有利于云南省农产品打开外面的市场。像上海、广东、重庆、山西等都已成立了冷链物流行业协会，并且都取得了一定的效果，而云南省冷链物流本来就起步晚，再加上迄今为止，冷链物流行业协会都还没有成立，所以导致现在云南省冷链物流仍有些混乱，主要体现在云南省冷链物流的标准不统一，分工不明确。在云南省还没有一个具体的组织协会来共同制定规则，大家都是按照自己的规则来操作，这就产生了一片混乱的局面，导致冷链物流不能完全地占有各方面的市场，不能全面地服务到各类农产品，如现在云南省的大部分冷链物流比较关注的都是肉类方面，其他的就有所空缺，而云南省的鲜切花、菌类都是有着云南特色的产品，非常需要冷链物流的支持。斗南花卉市场是亚洲最大的花卉市场，这里的花卉不仅运送到其他各省份，更要运送到世界各地，所以这对冷链物流的要求自然就更高，虽然现在也有好多冷链物流企业也从事花卉运输服务，但是技术真正达标的企业较少，并且花卉行业到底需要多少冷链物流才能保证利润最大化，也是未知的。因此，云南省急需成立一个冷链物流行业协会，把云南省的冷链物流统一起来，制定可行的冷链物流标准，合理地增减各类农产品中的冷链物流企业数量，做到更好地细分市场，服务市场。

另外，由于云南省冷链物流行业协会没有成立，导致云南省冷链物流的平台建设、行业间交流存在一定的问题。现在的云南省冷链物流企业，基本都是“闭门造车”，没有一个包含企业共性的平台存在，所以要改变现在的混乱局面，冷链物流平台的建设势在必行，通过平台的建设可以增强冷链物流的统一性，也可以提升冷链物流的发展速度。行业间没有交流也是云南省冷链物流存在的一个巨大问题。对于云南省冷链物流市场，不仅需要各冷链物流企业的竞争，也需要相互之间的合作，但是现在云南省冷链物流企业之间基本上没什么交流。如果大家经常交流，就可以在技术上相互学习，丢弃效率低下的技术，引进先进的技术，最终使每一个企业的技术都是比较先进的，最终也就使整体的技术都达到最优；如果大家经常交流，还可以制定冷链物流的一个标准市场价格，对于云南省来说，现在的价格不宜定得太高，刚起步不能所有行动都向最大利益看齐，要给大家一些优惠，先以快速进入冷链物流市场为主要目的，为以后的繁荣发展做铺垫；如果大家经常交流，不仅可以做好现有的市场，还能获得一些潜在的市场，现在的冷链物流企业规模都不大，在花卉、菌类、蔬菜、水果、肉类等方面都有企业在做，但是做得都不是太好，由于大家缺乏交流，导致相互之间跟风，最终使冷链物流的结构不合理，市场定位不清，有的市场供不应求，而有的市场供大于求，不仅不利于利润的获取，长此以往也不利于冷链市场的发展。大家在一起相互交流，多对市场进行深入研究，会发现一些潜在的市场，使云南省冷链物流的发展获得更大的空间。以上这些都需要尽快地成立云南省冷链物流行业协会，否则这些问题将难以解决。

三、农业生产方面存在的问题

1. 农产品的创新性不足，使冷链物流失去优势农产品而导致后盾支持缺乏

其实云南省有些地方所生产的农产品与地域特征气候是不太符合的，如有些比较陡峭的地形，其实是不太适合生产粮食的，但是由于一些生产者因为思想保守，觉得种植其他农作物不如种植粮食好，所以就这样年复一年种植的都是同一种农作物，导致不能利用冷链物流来进行对外销售。在这些地方，如果因地制宜，种植一些符合地域特征的果树或其他经济作物，提高农产品产量，再借助冷链物

流将农产品运到市场上进行出售，一方面能够带动地方经济的发展，另一方面能推动云南省冷链物流的发展，所以如果农业生产者的思想能够开放一些，那将会创造一个皆大欢喜的良好局面。

2. 农业生产没有形成规模，导致冷链物流难以形成

云南省大多数地方的生产都没有一个整体的规划，生产什么、生产多少都没有统一的规划，很随意，使冷链物流在农村很难立足，导致云南省冷链物流发展不足。云南省农作物生产未形成规模的原因有两个方面：一方面是地理因素造成的，这些地方的土地可能有些是产量不高，有些是单位生产者所拥有的土地不多，所以大家难以统一起来，不能做到在一片土地上大量地种植同一种农作物；另一方面，生产者对外面的市场需求不了解，就算自己生产的农产品在外面的市场上很好销售，也会由于想不到应用冷链物流而放弃规模生产，最终人们抱着“鸡蛋不能放在同一个篮子里”的生产思想，导致农作物物种虽然丰富，但是真正成规模的却没有。而冷链物流必须针对规模化的农产品，所以在这种没有规模的生产下，导致冷链物流无用武之地，只能退出这一部分充满潜力的市场，使云南省冷链物流发展停滞不前。

3. 农业生产没有先进的生产力，使得冷链物流失去动力支持

云南省在农业生产方面的生产力与其他发达省份比起来还是比较落后的，主要表现在生产工具和生产技术都比较落后。由于云南的地势比较陡峭，所以一些现代化的生产工具在云南很能使用上，如大型的收割机在云南基本派不上用场，在耕地方面，有好多地方还在采用牲畜耕地的形式，导致生产效率比较低下。另外，由于生产工具不发达，自然先进的生产技术也就很难被采用，因为引进生产技术基本没有途径，也基本找不到懂生产技术的人才。例如，最简单的农作物的灌溉问题，真正能应用现代化的灌溉技术，让其进行自动化灌溉的区域很少，大部分地方由于水资源缺乏，再加上地势陡峭，只能采用原始的人背马驮的方式来取水灌溉。各方面资源的匮乏导致生产技术落后。各种因素共同作用导致农作物生产效率低下，产量不高，使冷链物流难以进入农产品市场。

4. 从事农业生产的劳动力不足，使云南省冷链物流发展后劲匮乏

这几年由于城市建设需要大批的工人，而农村又有剩余劳动力存在，导致农村的劳动力基本都流入了城市，使农村劳动力不足，对农业生产造成极大的影响。特别是这几年，有些农村家庭的劳动力全体到城里打工，家里就剩下一些老幼群体，他们的劳动力明显不足，所以也就只能自给自足，根本就没有多余的农产品来供给冷链物流，严重阻碍了云南省冷链物流的崛起。也可以说，冷链物流进入云南市场的时间刚好与云南农村劳动力大幅减少的时间一致，导致冷链物流在云

南有点生不逢时。

5. 生鲜农产品采摘、预处理缺乏标准约束，给冷链物流的后续工作造成麻烦

农产品的采摘是冷链物流的起步阶段，这一步直接关系到冷链物流的后续发展，所以走好这一步对冷链物流的后续发展至关重要。由于生产者大部分对冷链物流都不懂，所以对于一些农产品的最佳采摘时期也完全不懂，导致农产品的采摘时机不对，使农产品的质量大打折扣，同时给后面的冷链运输增加成本使冷链农产品的竞争优势减小，冷链物流也没有体现出其存在的重要意义。另外，一个特别重要的环节就是预处理，有些农产品的预处理必须在采摘的时候就一起进行，而有些农产品又可以分开进行，所以需要针对不同的农产品采取不同的方法。例如，一些蔬菜、瓜果，可以先采摘，再进行预处理；而对于菌类、葡萄等容易损坏的农产品，最好在采摘的时候就进行预处理，避免分开处理对农产品的二次损坏。但是，现在由于人们对冷链物流的知识普遍都了解不足，所以很少有人特别关心农产品的采摘、预处理，造成云南省冷链物流在刚开始就存在很大的问题。

四、冷链物流企业方面存在的问题

1. 基础设施落后

基础设施落后，造成冷链物流的精准性、全面性都不足。首先，在产地的冷库建立不足，冷链物流做的是一条完整的链，而现在大部分都是把冷库建立在城市里，造成在产地冷链是中断的，没有在前期做好预处理的工作；其次，在装车过程中，大部分的运输装车都没有在冷库里面进行，使冷链中断，在运输途中，对温度的控制做得不好，就是简单地处理一下，并没有能够保持恒温的设备；再次，采用冷链物流的农产品的结构也不合理，由于设备落后，现在冷链物流主要用在肉类上，而在蔬菜、水果上的应用却很少，主要都是在常温下进行运输，如果对蔬菜、水果加大冷链运输，能获得的收益也会较大；最后，冷链物流设备的细分度不够，导致针对性不强，针对不同的农产品，应该根据它的性质(如温度控制、运输形式、在运输过程当中的保护措施等)来设计专门的冷链物流方案，从而能最大程度地保证农产品的新鲜度，减少冷链过程中的损失。

2. 冷链物流方面的人才不足

云南属于边疆省份，经济发展相对落后，所以对人才的吸引有些不足，特别是像冷链物流这样的新兴产业，云南在人才储备上就更欠缺。冷链物流从生产者到消费者的过程中每个环节都占据非常重要的地位，所以它对技术和管理的人才要求都是非常高的。在预处理中，需要有技术人员提出针对不同农产品的处理方法；进入冷库和在运输过程中，需要技术人员能很好地操作设备，使农产品能在

恒温或低温下储存，不能使温差太大，没有经过专业学习培训的人一般是做不到的，但是目前能熟练地掌握各个环节的技术人员非常稀缺，所以如果没有专业的技术人员，就算有好的设备也不能发挥多大作用。另外，管理人才也稀缺，如应该在如何选择建立冷库的地址、运输的路线等，安排懂冷链物流的专业管理人才来决策。

3. 冷链物流企业发展不足

云南省的冷链物流企业总体规模都是不足的，现在大部分都是自营，有系统的、专业的第三方冷链物流企业较少。没有专业的第三方冷链物流的不断加入，这个行业就缺少规范性，在优化、保质等方面会因为缺少专业化而变得不尽如人意。例如，鲜切花是云南省的一大支柱产业，由于它不仅在国内运送，更要运到国外，对冷链物流的要求很高，一些自营式的冷链物流达不到要求，从而影响产品的质量，甚至影响产品的销售，造成损失。所以，为了使冷链物流发展得好，政府一定要多鼓励第三方冷链物流企业进入，做到以第三方冷链物流为主，自营式为辅。当然，第三方冷链物流也要给予使用者一些优惠，在现阶段，可以适当地降低价格，先在市场上站稳脚跟，慢慢地打开冷链物流市场的大门，达到成熟时，形成多方获利的共赢局面。

4. 冷链物流中对环保的重视度不够

在冷链物流方面，由于相关的法律法规还不是那么健全，所以对于冷链物流所造成的一些环保问题没有具体的解决措施。首先，在农产品的预处理中，通常使用得最多的就是用水对农产品进行清洗，但是对清洗过后的水几乎都不做任何处理就直接排放，随着时间的推移，就会造成水污染；其次，云南省冷链物流的运输主要是公路运输，汽车尾气会对空气造成污染，所以，在运输方面应该选用清洁能源汽车，而不能再使用一般的运输车辆；再次，在制冷方面，现在使用的都是液氮制冷剂，如果技术人员使用不当，造成泄漏，对环境的污染将难以预计；最后，在农产品的预处理和其他冷链过程中所损坏的一些农产品，大都没有一个统一的处理标准，就是采取简单丢弃的方法，久而久之，对环境的污染也非常大。简而言之，现在冷链物流中的环保问题并没有得到足够的重视，如果任由其发展下去，将会对冷链物流产生负效应，最终阻碍冷链物流的发展。

5. 冷链物流在运输环节中对农产品的保护度不够

现在冷链物流运输的路程都比较远，运输在整个冷链物流中所占的时间也比较多，在这个过程中造成农产品损坏的概率最大。首先，对于运输车来说，对各种农产品的运输还没有比较细化的区分，专业度还不够，如蔬菜、水果的运输都是采取在车上拉一个大的斗篷，避免风吹日晒，进行常温运输，这种一刀切的运输操作是极为不合理的，容易对农产品造成极大的损坏。其次，运输车的路线、速度也没有一个标准化的研究体系。云南有些路比较崎岖，对于一些特别容易损坏的农产品，就应该尽可能地避开这些路况，而对于不同的农产品，运输车也应该有一个符合云南路况的速度，这个速度必须是经过合理分析并计算出来的。速度太快，可能会增大农产品损坏的概率，但是能降低运输费用，使农产品能够快速地抢占到市场；运输速度太慢，能够减小农产品损坏的概率，使农产品的质量得到保障，但又可能会使运输费用增加，甚至还会使农产品失去占有市场的先机。所以，运输车的速度也是一个需要着重考虑的问题，显然目前云南省冷链物流在这方面还做得不够好。

6. 冷链物流在仓储环节存在的问题

冷链物流在仓储环节存在的问题主要有两个：一个是冷库的选址问题；另一个是冷库里对产品处理的规范问题。现在的冷库选址，大部分都没有进行过详细的科学论证，只是进行简单的分析考虑就开始建立冷库，这是非常不合理的。对于冷库所在地环境是否允许、对于产品的转运销售是否有利等都是现在云南省冷链物流普遍存在的问题，亟待解决。另外，冷库产品还存在储存规范的问题，其实产品到达冷库就完成了冷链物流的大半工程了，但是在冷库里面损坏的产品还是很多，这是冷库的储存不规范造成的。现在冷库里的有些环境与所储存的产品类型不太符合，造成产品容易损坏，且不能达到最优储存时间，使产品失去该有的竞争优势，增加了储存成本，给冷链物流的发展带来隐形压力。

7. 冷链物流在转运环节中衔接不当

冷链物流的转运环节主要有两个阶段：第一阶段是从运输车到冷库，第二阶段是从冷库到市场。对于一些运得并不遥远或自身特性还可以的农产品(如一些蔬菜、水果)可以用运输车直接运到冷库，但是在卸货的时候也必须是在冷库里进行才可以保持农产品的质量，而现在的大部分运输车都不能直接开到冷库里，只能在冷库外，导致有一段时间产品没有冷链保护，对产品造成更大的损坏；而对于另外一些运输距离比较远，对冷链物流要求又比较高的产品(如花卉)，都是采用空运的模式，从机场把这些产品运到冷库有一段距离，再加上运输设施的先进性不如空运，会对产品造成一些损坏，所以在这一方面还需不断改善设施和运作模式。对于从冷库到市场的第二阶段，要注意冷链的持续，中途不能断，使产品的质量一直都得到保障，否则就会使产品失去市场竞争力，导致前面所做的一切都前功尽弃。

8. 冷链物流在销售环节上有所缺位

现在的好多冷链产品，一进入市场基本上就与冷链物流分离了，大部人都认为冷链物流到此已结束，其实冷链物流到此是不应该结束的，否则就在销售环节中失去了它的重要作用。特别是在农贸市场等地方，一些冷链产品就放在常温下销售，由于温度不适宜或解冻方法不正确而降低新鲜度，导致滞销，最终因冷链产品不能占有市场而影响冷链物流的发展。另外，市场上也有一些“伪冷链”的存在，如在一些超市里，看着包装很好的冷链产品，它也确实放在冷柜里，但是这些冷冻设备并不能起到很好的作用，反而会对产品造成过度冷冻，而使产品到达消费者手里时已基本变质，使冷链产品在销售环节给人们留下一个不可信的印象，对后续冷链物流的全面发展产生沉重的打击。

第三节 国外经验借鉴

一、美国

1. 美国冷链物流发展现状

1）发达的运输网络

美国的国土面积广阔，为了出行方便和货物运输快捷美国设计了非常先进的高速公路，这些公路可以保证各类汽车的高速行驶，运载能力也非常强。集装箱汽车可以将冷链物流的货物以最快的速度送达目的地。美国的铁路运输能力高于公路，铁路运输网络四通八达，每天将各种货物运往其目的地，是美国运输货物的主要途径，每个洲之间都有铁路连通，铁路网络运载能力强、运输速度快，这些优势让美国的冷链物流行业越来越发达。

2）冷链物流体系分工明确

美国的冷链物流分工非常明确，整个物流系统各司其职。仓储和运输的商家只需做好自己的事情，运输的公司负责运输车和司机的规范化管理，码头上的卡车及时卸货是仓储公司的职责，专门的维修公司则进行故障维修。这样分工的特点是专业性强，效率高，质量也都得到提高。

3）高科技信息技术的应用

美国物流技术较为发达，运输公司的冷链物流运输车辆都分别加装了各种各样的先进设备，如车辆跟踪系统，集成了这些设备的运输车辆，可以及时将农副产品运输到销售地点，极大地提升了供货方的诚信度。除了运输公司的运输车可以加装这些应用，还有其他的系统适合物流公司的管理，一些项目管理系统可以为管理者提供决策服务，车辆远程控制平台及卡车定位技术可以让公司管理者实时地掌握运输车辆的具体情况。

美国的农产品贸易量和产量都位居世界前列，农产品冷链物流业也体现出了这一特点。另外，国内外的农产品贸易活跃，也为建立一个庞大、组织协调、分工明确、运作高效的农产品冷链物流体系创造了良好的条件。如今，美国已经拥有了一套完善的农产品冷链物流体系，范围涉及农业产业链的多个领域。政府在此过程中的作用是立法监督和审批认证，而行业协会和相关企业则负责建立行业标准体系和管理体系，由此形成了多方共同协作的完整的农产品冷链物流体系。相关资料表明，美国的低温食品产量快速增长，低温食品无论在销售总量，还是在人均占有量方面均遥遥领先于其他国家和地区。除此之外，美国冷冻食品的年生产量约为 2.0×10^7t，种类约为 3000 多种，年产值超过 500 亿美元，年人均占有量超过 60kg。

2. 美国冷链物流经验分析

(1) 农产品冷链物流基础设施完善，信息网络系统发达。美国拥有先进的交通运输设施，公路、铁路、水运道路等均畅通无阻。各类生鲜农产品可通过移动式胶带输送机、螺旋式输送机及低运载量斗式提升机等货物装卸、运输设备输送到指定的场所。除先进的物流专用设备外，美国的农产品冷链物流主要依靠高度发达的网络信息系统。

(2) 农产品冷链物流具备规模化、专业化和社会化的优势。在美国，各类中小型农场的农场主成为农业生产领域的主力。他们往往拥有大面积的连片土地，便于生产的机械化操作，农业机械化有利于大大降低农产品的生产成本、节约劳动力，提高了农产品的生产效率。从农业生产到农产品物流都实现了规模化、集约化的经营。农产品冷链物流业的专业从业人员储备充足。在农产品的营销渠道方面，通过成熟完备的社会化服务体系，减少了农产品流通过程中存在的众多障碍，降低了流通过程中产生的成本，农场主可以顺利将其农产品经产地市场销售给农产品工厂进行加工。

(3) 农产品冷链物流的组织化程度、供应链管理水平及服务标准化层次较高。美国有专门的冷链物流协会，其职责为研究生鲜、易逝农产品的保存与运输问题，并为此类需低温控制的农产品制定相应的行业标准和指导原则。协会主要由卡车运输商、货物搬运公司、航运公司及冷链设备制造商等各类组织构成。除此之外，美国农产品冷链物流行业的组织化程度高且效率高。美国将先进的追踪系统应用于农产品的物流管理和信息追踪领域，企业通过绝大多数包装食品和大宗农产品包装上使用的条形码来搜集相关产品销售信息，随时掌握产品供应链上的物流运行情况，从而做到对其进行有效控制和系统管理。另外，部分农产品经营企业开发和应用了一种高新技术追溯系统来确保食品质量安全，使农产品在市场中的价格能够真实地反映其质量状况。

(4) 市场机制运作与政府宏观调控并重，同时体现“两只手”的作用。在美国，政府这只“看得见的手”是以立法和财经政策方式来干预和调控农产品冷链物流，有利保证美国市场上农产品供需平衡，供需的稳定关系为农产品价格稳定创造了良好条件。政府部门对于农业公共项目研发和农村教育项目投资的投入力度较大，体现了政府对农业问题的重视。例如，积极推广和宣传的"新农民计划"对于提高农业生产者的素质有积极的作用；通过建立和完善一部分农场及终端批发市场，来实现农产品批发业务的规模经济；以销售农业合作社为载体，通过大力发展农业专业合作社的方式来指导和培养大批从事农产品交易的专业人员，充分的人力资源储备是顺利开展农产品冷链物流活动的有力保障；同时开展农产品期货和农产品现货"两个市场"，利用期货市场规避现货价格波动所带来的风险，保证农产品交易的顺利进行。

3. 对中国冷链物流发展的启示

(1)健全交通网络。多种运输方式相结合，以应对多变的天气，可以更加合理、优质地运输货物。

(2)提高运输效率。运输方、仓储方和卡车都只负责自己工作以内的事情，各司其职，使整个冷链运行起来分工明确，提高效率。

(3)缩减流通环节。尽可能地缩减流通环节、节省时间、降低成本。

(4)加大监管力度。为了规范市场，法律法规和相关的监管部门进行市场监管，监管部门和法律法规可以很好地监管生产厂家和经销商的生产和销售行为。

二、加拿大

1. 加拿大冷链物流发展现状

加拿大的冷链物流技术非常发达，拥有标准化的体系，其农副产品销售总额的 50%来自易逝农产品，近年来发展逐年增速，通过冷链物流运输的农产品是加拿大经济增长的一个新的突破口，在加拿大国民经济总量中所占的份额逐年提升。使用冷链物流可降低生鲜农产品的损耗，减少农产品腐烂变质造成的损失，尽管投入的物流成本显然比常温物流要多，但是实际上降低了整体的运作成本。

2. 加拿大冷链物流经验分析

加拿大农产品冷链物流体系包含多种运输方式，如海路运输、航空运输、公路运输等，经过数十年的发展与改进，这些运输方式之间能够较好地衔接，铁路运输、公路运输及航海航空运输组成了适应加拿大国情的冷链运输网络，目前加拿大境内已经建立了三大冷链物流运输路线。

第一条是位于加拿大东海岸的运输路线，主要是以哈利法克斯港口和蒙特利尔港口作为运输中心，几乎所有经过大西洋的海上运输都会通过这条路线。

第二条是位于加拿大西海岸运输的路线，这条路线以温哥华为中心，来自亚太国家和地区的业务都会通过这条路线进行处理。

第三条是公路和铁路运输，这条路线的中心是加拿大的五大湖区域，主要处理加拿大与美国的贸易往来。

除这些地区连通的运输网之外，加拿大的东海岸和西海岸之间还建立了便利的铁路和公路运输网络，由加拿大太平洋铁路运输公司负责。加拿大的人口因素还有经济的影响决定了加拿大冷链物流的特点。加拿大领土面积与美国相当，但是人口却仅有3000余万，而且分布比较集中，人口分布的情况决定了加拿大的经济结构特点，农副产品的冷链物流也集中在经济较为发达的城市。加拿大的农业生产基地距离城市和加工中心较远，因此加拿大必须要建立高效的冷链物流运输网络以满足消费者的需求。

3. 对中国冷链物流发展的启示

(1) 重视科学技术的投入。企业应该投入资金引用高新技术，不要为了短期的利益而忽视了长远的利益。虽然运用冷链的确会提高成本，但是冷链物流技术的采用可以减少运输过程中所带来的损耗，并且可以让农产品变得更加安全和卫生。

(2) 培养相关的专业人才。冷链物流需要相关的人员进行管理，隔行如隔山，非相关专业的人员进行管理会有一定的难度，也不利于冷链物流的后续发展，所以应该进行培养，同时也要提高相关人员的素质。

(3) 发展多式联运。发展多元化的运输，采用多元化的运输方式以应对多变的天气环境。

三、荷兰

1. 荷兰冷链物流发展现状

荷兰是全球经济花卉销量最多的花卉出口国，每天有数万束鲜花从荷兰最大的鲜花拍卖市场——爱士曼运往世界各地。鲜花是一种极易被损坏的农产品，它对保存条件有较高的要求，稍有不慎就会造成巨大的损失，“全球最大花卉出口国”这个称号一直为荷兰所有，说明荷兰在运送鲜花上有着很高的技术，并且目前来看仍然处于领先地位。荷兰位于欧洲大陆和北海之间，东邻德国，南接比利时，西、北濒临北海，地处莱茵河、马斯河和斯凯尔特河三角洲，地理位置具有较大的优势，被称为欧洲的门户，荷兰从事海上贸易已有百年的历史，现在的荷兰已经是整个欧洲农产品的物流配送中心。

1) 基础设施先进，地理位置独特

荷兰作为欧洲的门户，拥有很好的地理位置，一直以来这些条件都给荷兰经济提供了很大的帮助；莱茵河、马斯河及斯海尔德河三条西欧最大的河流都通过荷兰汇聚入海，所以荷兰的经济中出口占的比重较大，地理优势让荷兰扮演着欧洲物流中转站的角色，港口的货运吞吐量很大，由于荷兰与欧洲其他发达国家接触频繁，对本国的经济和科技都有积极的影响，工农业发展较为迅速。

荷兰拥有欧洲最大的港口——鹿特丹港，还有各种大型的货运机场及深水码头，它们组成了便利且发达的物流运输网络，鹿特丹港的大型物流中转站设备非常先进，信息化程度很高，使得运转效率非常高效。

2）优惠的税制和完善的配套服务

荷兰对企业有非常优惠的税收制度，企业只需要缴纳企业所得税，而且企业所得税的税率还处于欧洲较低水平，荷兰实行中央和地方两级课税制度，采用以所得税和流转税为“双主体”的复合税制结构。荷兰的税收体系对公众是透明的，具有一定弹性机制且比较稳定，对企业有很多的优惠政策，所以很多全球 500 强企业把分公司建立在荷兰。

3）生产标准和规定严格且苛刻

荷兰对食品安全非常重视，有着严格的生产标准和苛刻的规定，对农产品的每一个环节都有相应的追溯制度。本章以荷兰农业中最重要的乳制品为例，ISO 标准是世界各国对相应产品的国际标准，而荷兰的国家乳制品标准比国际标准还要严格，奶粉在荷兰的工厂生产出来后，在包装罐上会印上生产的追溯码，在整个物流运输过程中，每到一个中转站，当地物流的管理部门都会在奶粉罐上印上物流追溯码，直到最终的零售商家将奶粉出售，所以奶粉从生产到消费每个阶段都是可以追溯的，食品安全得到极大的保障。

2. 荷兰冷链物流经验分析

（1）以航空运输为代表的农产品冷链物流基础设施十分完善。荷兰著名的鹿特丹港口，在地理位置上十分临近荷兰的蔬菜和水果的集中种植区，在鹿特丹港区周围遍布着四通八达的公路和水路的运输网络，十分便于农产品冷链物流的开展，而且距离欧盟国家水果进出口中心所在的巴伦德雷赫市也不远，便于农产品的运输和销售。荷兰国内生产的农产品中，有 58%以上是通过鹿特丹港和斯希波尔机场这两大物流终端运输的，这两大物流终端也是连接荷兰本土与欧洲各“门户”国家的两座重要桥梁。纵横交错和成熟发达的交通网络，造就了荷兰快捷、高效的农产品冷链物流体系，使荷兰本土的生鲜农产品在全世界闻名遐迩，占据了全球近 40%的花卉贸易份额。

（2）精简的冷链物流环节，实现了农产品的价值增值。荷兰的农产品生产者和销售商简化了花卉物流过程中的环节，通过产品的收集分类、包装等环节，将产自世界各地的花卉产品进行加工、处理后，再将其销往全世界。每年流经荷兰的花卉产品多达几千种，而且已达成交易的花卉产品会很快由物流供应商用集装箱运往港口或机场，然后销往世界各国或地区，有些订单甚至在当天就可以完成配送任务。

（3）建立农产品冷链物流电子化平台，提高信息化程度。大量的园艺产品每天在这里完成交易，然后通过物流系统被运往世界各地的客户和消费者手中。

(4) 重视冷冻储藏行业的发展。同样地，荷兰负责运送生鲜、易腐和冷冻产品的企业，在储藏和配送过程中也普遍要用到先进的冷冻技术设施。充分地利用这些冷冻设施可以在最大程度上提高冷链物流的工作效率，降低企业的物流费用，确保冷链农产品在储存与运输过程中品质的安全与稳定。

3. 对中国冷链物流发展的启示

(1) 提高运输效率。荷兰利用其有利位置，充分运用高度发达的海、陆、空运输网络、分拨能力和通信系统进行运输。

(2) 加大科技支持力度。在储运方面，以高新技术为依托来延长鲜花的保质期。有些物品必须在低温的环境下才能长时间地保存，如鲜奶、鲜花等易腐货物，而要长时间地保存就得通过调节外部环境来进行全程的温度控制，包括产品从产地采摘之后的冷藏保鲜，在运输途中的低温保温和冷藏，还有在抵达目的地之后的冷藏，这些无一不考验着运输的能力，要想做到最大程度地保鲜、减少损耗就得运用冷链物流。易腐产品的特性迫使企业不得不采用冷链物流的运输方式对其进行保鲜冷藏，除非公司想承担高昂的成本。

(3) 缩短流通环节。减少流通环节，大大节省了时间。

四、日本

1. 日本冷链物流发展现状

1) 以中心批发市场为核心的农产品冷链物流体系

日本是一个典型的岛国，国土面积很小，相对于自然资源总量，人口多，人均资源很少，自然资源匮乏，所以日本的农产品冷链物流体系与加拿大的不同，日本的农户比较分散，因此交易成本比较高。日本政府建立了农产品冷链物流体系来帮助农户解决上述问题，这个体系是以中心批发市场为核心。建立了农产品冷链物流体系后，日本的广大农户就有了一个农副产品的物流平台，因此农户虽然分散，生产农产品也是小规模的，但是却能保证日本城市农产品的供应和配送。

2) 提高仓库自动化水平，大力发展信息技术

由于日本的劳动力有限，所以它的机械化和自动化水平比较高，目前，全世界自动化立体仓库应用最广泛的就是日本，在这种仓库里面，只需要很少的操作人员就可以运转，货物的存取都可以由机器自动实现。现在的物联网等信息技术，能够实时监控生鲜农产品的运输品质。其中的控制中心能准确把握消费需求，物联网监控合理，健全了食品溯源管理体系，有力地排除了生鲜农产品冷链供配过程中的安全隐患，物流效率得到极大的提高。

3）农产品冷链物流运输工具完善

农产品运输过程中需要进行冷藏才能达到保鲜的作用，所以说冷藏保鲜车是整个冷链物流中非常重要的一个环节，日本的冷链运输过程中全部使用冷藏保鲜车进行农产品的运输。冷藏运输车已经超过 10 万辆，而且日本的农产品在运输过程中的损耗非常低。

2. 日本冷链物流经验分析

(1)关注国内物流基础设施建设。在日本政府方面，近年来以本国实际发展状况为依据，加大了对国内农产品冷链物流体系基础设施的建设力度，并且对国内的一些与冷链物流有关航空港等农产品流通集散地，进行了各类物流基础设施的全面建设。

(2)冷链物流硬件设施建设与网络信息系统建设并重。日本冷链物流的主要特色之一是频繁而小批量地配送。传统的产品批发市场不再仅仅作为仓库、广场和停车场使用，而是增加了相应的保管、配送、加工和冷冻冷藏设备等来完善其功能；而食品配送中心也普遍配备了常温和低温仓库、产品加工和包装设备等。

(3)充分发挥农业合作组织在农产品冷链物流中的作用。日本的农业合作组织普遍具有综合性特点，其中农协是批发市场中最常见的一种产地供应组织。农协不仅已经普及到各个城市中的农产品批发市场，而且积极参与或组织农产品的生产、销售，影响十分广泛。据统计，日本的农产品是经由当地批发市场渠道再转移到消费者手中的。由于存在人多地少、资源稀缺的客观现实，日本很难将农产品冷链物流向组织化、规模化和集约化的方向进一步拓展。为了解决这一问题，同时将那些生产规模小且分散的农户组织起来，降低他们在市场上单打独斗的成本和风险，日本相关部门十分注重发挥农协这一合作组织的作用。他们以当地主要的农产品批发市场为核心和载体，建立起完善的农产品冷链物流体系，有效地确保了消费者对生鲜农产品的需求。

3. 对中国冷链物流发展的启示

(1)采用专业的机械。日本冷链物流业在国际领域内是公认的高专业化和高自动化，不仅是因为它对高技术的最大程度的利用，而且企业对农产品冷链物流信息的处理手段也十分合理。

(2)采用数码分拣系统。人工分拣和机器相比速度明显较慢，而数码分拣系统大大地提高了冷链物流企业的工作效率，同时人工分拣容易出现一些不可抗因素影响到分拣的准确性，机器能够提高准确性，降低错误率，无形之中降低了成本。

(3)运用物流信息技术管理。企业广泛地使用电子数据交换系统，很大程度上降低了劳动力成本、人工错误所造成的误差成本及库存成本，这些技术的运用不仅改善了企业和顾客的关系，还提高了企业在同行业乃至国际上的竞争力，而且也使信息能够更快速地传达到客户手中，并且不会出现很大的误差。

(4) 加大政府的支持力度。冷链物流要想发展起来，离不开政府的支持。

(5) 完善需求预测机制。采取“无缝对接”，日本的农产品冷链物流在运输中从未出现过断货的现象，快速的冷链物流使日本在国际冷链物流运输上有着很大的竞争优势。

五、新加坡

1. 新加坡冷链物流发展现状

新加坡得天独厚的地理条件使之发展成为一个主要的商业、运输、通信、旅游中心，一直以来，新加坡凭借独特的地理位置大力发展现代物流业，目前，物流业已经成为新加坡的支柱产业，新加坡港的吞吐量也一直名列世界各港口前列。1999 年，新加坡开始兴起冷链物流的概念。起初，业内对此颇为抗拒，因为新流程需要企业在操作中做出相应调整，增加了企业的运营成本。但在政府的积极引导下，业内开始认识到冷链物流具有长期效益，并开始接受这一概念。之后新加坡政府提供资金开始培养相关的管理人才，为新加坡的农产品冷链物流发展提供了很大的帮助。随着更多企业学习采用冷链知识，新加坡积累了大量的冷链物流管理知识，尤其在供求管理及储藏、处理、运输食品方面获得了丰富的经验。凭借由实践而来的专业知识，新加坡的冷链一直为世界各地的客户提供专业而优质的服务。在世界银行 2014 年颁布的海关通关效率中，新加坡以不到 24 小时的清关速度居亚洲榜首，对时间敏感的易变质食品可以由此更快捷地运输到各地。

2. 新加坡冷链物流经验分析

1) 标准分析

从现行标准来看，新加坡的冷链物流标准数量很少，具体的冷链管理仅仅涉及奶制品、猪肉、鱼丸和蔬菜。新加坡并不强调标准体系的构建而是立足于国情，以实际需求为导向，更加注重整体观念，特别强调不能孤立地对冷链进行管理，认识到冷链的有效性取决于薄弱环节，任何一个环节脱节都会给消费者的健康带来影响。而从标准的内容上来看，新加坡冷链物流标准的内容相较于其他国家更加严格，且十分看重预冷加工，将冷链物流的“最先一公里”放在十分重要的位置。此外，新加坡的冷链管理一直延伸到最终的消费者，对零售和消费环节的冷链管理职责做了详尽的规定，减少了“最后一公里”问题的出现，确保了消费者的权益。

2) 标准的可操作性分析

新加坡的冷链物流标准是由农粮兽医局、国外猪肉生产企业、超市、物流企业、消费者协会等组织共同制定的，是多方利益协调的结果，同时由于企业的参与标准中考虑到的问题非常细致、全面，标准的规定来源于实践经验，因此无论是从整个冷链流程的角度还是具体操作的层面，都有很强的可操作性，且各个环节都有统一的目标和管理难点要点，整个系统具有协调性和一致性，有利于标准的执行和监管。

3）人才分析

新加坡是本土人才的摇篮，每年超过 8500 名理工科学生和物流业/供应链管理（SCM）专业学生从这里毕业。此外，新加坡宜居的生活也吸引了全球及区域人才，他们的加入令新加坡充满活力的供应链管理业更上一层楼。借助亚洲的繁荣和亚洲内部贸易的强劲增长，新加坡经济发展局（EDB）与各公司展开合作，通过与中国、印度等亚洲强国和南亚、东南亚新兴经济体的联系，培养泛亚洲人才。通过在新加坡集中管理行业知识与专业技能，物流公司与制造商能够更好地引导亚洲分散无组织的贸易和监管格局，为亚洲市场提供供应链解决方案。而由新加坡国立大学与（美国）佐治亚理工学院联合建立的亚太物流研究所（TLI-AP）设有著名的双硕士项目（DMP），专门设置培训供应链中战略和管理领域物流专家的课程。该研究所连续十年荣获亚洲货运和供应链奖最佳教育课程提供机构的殊荣。该项目已培养出精通世界一流供应链管理方法和最佳实践的新一代领导人及 150 多名专业人才，现任职于各大物流公司和供应链控制塔，管理亚洲关键市场中的区域供应链，从而形成了新加坡独有的“物流人才圈”。

4）政府政策分析

新加坡政府扶持经济的发展在世界上既具有知名度，也较为成功。新加坡冷链物流快速发展得益于政府的大力支持。政府支持物流行业发展的政策主要有税收优惠、研究经费的资助和提供各项教育与在职培训计划。由于得到政府的大力支持，新加坡的物流行业投资规模较大，且有强大的推动力和持续性。新加坡物流业的发展，还在于其政策上对物流业进入、投资没有限制，而良好的物流服务环境则吸引了大批国际著名企业在新加坡驻足及设置物流运作基地。所以新加坡物流可以用高效率、高科技、高服务、高专业来形容。

3. 对中国冷链物流发展的启示

（1）颁布法规和海关条例。新加坡目前现行的农产品冷链物流标准有 6 项，如《冷鲜猪肉冷链管理业务守则》。新加坡标准数量很少，但是所涉及的方面却很多，这些标准促进了新加坡农产品冷链物流的快速发展。

（2）大力推广 3PL。新加坡的农产品冷链物流发展离不开企业选用的适合发展的 3PL 模式（第三方物流）。新加坡物流业发达，奠定了 3PL 模式在新加坡经济中的支柱地位，同时这个模式能帮助企业和客户尽可能地降低成本，达到利润最大化。

（3）规范标准和操作守则。不论什么行业都需要一个标准来提升整个产业链的价值。新加坡从 2002 年开始不断颁布新的标准完善农产品冷链物流运输体系，以维持行业高质量的服务标准。例如，颁布的《蔬菜冷链管理》《速冻食品加工与处理业务守则》等技术标准推动行业更好的发展。

第四节 对策研究

一、云南省政府

1. 保障冷链物流设施建设用地

土地是冷链物流企业发展的基本条件之一，云南省各地区政府应将冷链物流的发展纳入本地区经济和社会发展的规划，将冷链物流作为准公共服务设施纳入城乡规划和土地利用规划，在用地的审批、登记、布局等方面予以一定的政策倾斜以促进云南省冷链物流行业的发展。对于冷链物流参与企业规划冷链物流园区、冷链物流专区、预冷和集中发配中心、冷藏运输、冷藏配送等项目的用地规划，加大保障力度，使企业能够快速、高效地获得其所需求的土地。对于缴纳土地出让金存在困难的企业，政府联合金融行业(如银行、民间借贷机构等)为有资金需求的企业发放贷款，解决其土地需求的问题。各级政府和相关企业应积极应对冷链物流建设中与土地相关的问题，不同政府部门和企业分工协作，共同推进云南省冷链物流行业的发展。

云南省传统的相对分散的小农经济式农业生产模式不利于大面积农产品的种植，加大了冷链物流基础设施选址的难度。针对这一问题，政府可以引导农户，在自愿的原则上鼓励土地流转，支持农产品生产地有实力的农户或农户集体发展成为专业大户、家庭农场或农民专业合作社，加大农产品生产的集中度，提高生产质量和效率，扩大农产品的种植面积，同时降低生产成本，更加有利于冷链物流基础设施建设的选址。

2. 支持冷链物流基础设施建设

冷链物流基础设施建设决定了冷链物流的发展，云南省各级政府应从政策上大力支持农产品冷链物流业基础设施的建设，创造良好的政策环境。对于冷链物流中的生产加工企业、物流企业、仓储企业和批发零售企业等的冷链物流基础设施建设，云南省政府应给予财政支持或政策性优惠，以提高冷链物流参与企业建设基础设施的积极性。除支持参与企业建设新的农产品冷链物流设施之外，还应鼓励有资质的大型冷链物流参与企业利用现有的冷藏设施，通过系统优化加大其利用效率。现有的国有冷藏设施应根据行业发展状况和经营条件对外开放，在参与企业冷链物流设施建设期间为其提供冷藏服务，促进其快速发展。

基础设施建设到一定程度后，建立农产品冷链物流基地，鼓励农产品冷链物流设施在基地中集中建设。分析基地所在地的实际情况，因地制宜地开展适度规模的经济实用型冷链设施建设，鼓励参与企业配备节能环保的长途冷藏运输车辆，改善温控设施，提高温控能力。在检验与查验方面，完善与冷链物流相关的配套基础设施建设，向参与企业推广快速且准确的检验设备和检验试剂。在运输综合效益方面，政府协助整合参与企业现有的运输资源或提供相关的整合方案，建立农产品冷链运输的公路、铁路、水路和航空多维运输网，发展农产品冷链物流协作的中介服务组织和行业协会，逐步形成完善的多维合作冷链运输网。

3. 加大冷链物流参与企业融资支持倾斜力度

冷链物流参与企业的基础设施建设、货物流转、技术研发等都需要大量资金，政府应加大对冷链物流参与企业融资的倾斜力度。健全银企合作机制，按照风险可控、商业可持续发展的原则，加大对省内冷链物流行业的信贷支持力度，满足冷链物流参与企业合理的资金需求。鼓励银行业金融机构和非银行业金融机构的信贷金融产品创新，拓宽原有的抵押、质押物种类，为参与企业的资金需求提供金融服务。推广冷链物流参与企业以生产设备、知识产权、应收账款、仓单、冷链库存产品、冷藏运输车、冷藏集装箱等作为物资单独或组合作为抵押、质押物向金融机构申请贷款。大力支持符合条件的冷链物流参与企业通过股票市场融资或债券市场融资，借助国内资本市场和货币市场的力量发展云南省农产品冷链物流企业。政府还应针对目前省内冷链物流发展的短板，与参与企业一同探索解决方案，鼓励社会资本投资其中帮助解决短板问题。

4. 为冷链物流参与企业提供财政支持

冷链物流参与企业使用的水、电、天然气是工业价格，政府可以为有一定能力、有发展潜力的企业提供能源财政补贴，降低企业的能源使用成本，将更多的资源投入冷链物流核心业务的建设中。冷链物流参与企业的运输需要高速、高效，对于冷链物流运输车辆的运营，政府应提供一定的财政支持，避免因成本不足而导致运输服务质量降低。同时，为了提升车辆费用缴费效率，政府应鼓励冷链运输车辆采用电子缴费。对于冷链物流企业符合规定的研究研发费用，政府也应在一定程度上给予财政支持，减少该项目的税收，提高企业的科研积极性。

5. 优化冷链物流公共服务

冷链物流的发展离不开云南省公共服务的建设，对于农产品冷链物流运输车辆，应实行 24 小时进城通行和便利停靠政策，方便冷链货物的快速运输。根据各个城市的冷链物流发展现状，逐步放宽对冷链物流配送货车的交通管制，提供必要的交通通行便利措施。公安交通管理部门在分析冷藏货车的行驶路线及时段、停靠时间及地点、车辆体积等情况后，给予冷藏货车城区通行权和停靠权，提升冷链物流运输效率。对于冷链物流的数据收集、汇总、分析等基础性工作，云南省统计部门应支持和指导有关部门和企业进行统计调查，通过科学的分析对冷链物流行业进行系统优化，提升其服务质量。在消费者观念方面，政府也应主导推广冷链物流科普宣传。通过报纸、无线广播、数字电视和纸质杂志等传统媒体，网络、微博、微信公众号、新闻 APP、电子杂志等新兴媒体加大冷链物流信息和知识的宣传，提高公众对冷链物流的认知度，提升农产品冷链物流行业的发展潜力。

6. 推动云南省农产品现代冷链物流整体协调的发展

云南省农产品冷链物流目前缺乏整体的规划。农产品冷链物流涉及的物流量大，仓库点多，时间要求较高，运输过程中涉及的部门和人员较多，农产品的供需双方、第三方物流企业参与其中，关系错综复杂。这些特点决定了农产品冷链物流需要加强各部门和企业之间的整体协调。在冷库的建设方面，省政府可以利用国家建设的冷库为农产品冷链物流提供便利的服务，同时鼓励第三方物流企业和大型的农产品批发企业建设符合现代冷链物流需求的冷库，自行解决仓储问题。针对冷库建设重大城市，轻产地，重大型生产企业，轻零售企业的现象，应有一定的政策支持产地批发商和零售企业建设冷链物流所需的冷库，并利用好现有的冷库资源，充分发挥其作用。

供应链上游的制造商和下游的零售商的冷链系统存在衔接难的问题，存在信息的脱节，给农产品在运输过程中的保鲜造成不确定性，产生潜在的安全隐患。这要求冷链物流供应链的参与方在经营、物流配送和电子商务方面多加投入，大力推进冷链物流供应链的信息化建设，适应市场的需求，推动农产品现代冷链物流整体的协调发展。

7. 推动冷链农产品价改

农产品的价改可以进一步提高农民的生产积极性，通过政府设定一个符合市场规律同时不伤害农民利益的目标价格，将价差作为补贴通过转移支付返还给冷链物流中的农产品加工企业或批发商。这样的目标价格机制由市场价格决定，体现了市场机制在资源配置中的决定性作用，同时也让政府在冷链物流的运作中承担了一定的责任，改变了原先冷链物流发展的被动局面，提高农民生产的积极性和冷链物流的参与度。

二、农产品冷链物流行业

1. 加强云南省冷链物流协会建设

冷链物流是一种特殊的物流，在我国的发展还处于初级阶段，无论是理论还是实践的研究与世界先进水平还有一定的距离。但是冷链物流的发展在云南省已经引起了省级政府的重视，2017 年 8 月公开的政府文件《云南省人民政府办公厅关于加快发展冷链物流保障食品安全促进消费升级的实施意见》体现了省政府对该行业发展的重视。

冷链物流行业的发展离不开社会组织的积极作用，基于此，云南省应加强冷链物流协会的建设，以确保该行业的稳定健康发展。会员应以食品加工、冷冻冷藏、冷藏运输、低温配送等冷链物流相关企业为主，在政府部门和冷链物流参与企业之间起桥梁和纽带的作用，积极向省政府反映企业的要求，监督企业对省政府政策的贯彻落实情况，积极参与社会各界与冷链物流相关的活动，开展冷链物流行业技术创新、业务开展、经营管理、企业建设等问题的调差与研究，根据其研究结果提出对云南省冷链物流发展规划的建议。在农产品冷链物流方面，根据实际情况和具体问题进行更加深入的研究。根据政府文件中冷链物流的发展方向，调查探究冷链物流行业在改革、经营、发展等过程中出现的新情况和新问题，分析总结实践经验，提出冷链物流行业的改进建议。在课题调查方面，接受各级政府和各会员企业的委托，收集和整理国内外冷链物流管理、技术创新的有关信息，开展技术和管理对策研究，提供技术咨询服务。促进冷链物流行业现代化建设，积极推广和协调各会员企业之间的关系，组织交流活动，共同提高企业管理水平和经济发展潜力。根据国际冷链物流行业的发展趋势，结合云南省冷链物流行业的实际发展情况，组织冷链物流管理人员和操作人员进行管理能力和职业技能培训，不断提高全省冷链物流行业的整体素质。积极参与国际和国内冷链物流组织的活动、考察、研究、课题，借鉴国内外先进的冷链物流管理技术与操作经验。接受会员企业或各级政府的委托，起草并制定冷链物流行业的管理标准，监督行业内企业，规范其行为。

2. 严格规范农产品运输过程中的冷链物流系统标准

由于目前云南省内第三方物流企业的冷链物流运输管理能力参差不齐，相关管理部门和物流的需求方应严格按照相关的法律法规和本公司的物流标准严格要求冷链物流运输途中的运输标准。完善的法规和技术标准可以保证农产品冷链物流在运作中有章可循，有法可依，最大限度地保证冷链物流中运输的农产品的质量和安全。严格按照《农产品质量安全法》和《食品安全法》的相关规定要求冷链物流的参与方规范其行为。云南省应在这些国家层面的法律法规的基础之上根据本省的实际情况，委托冷链物流企业和行业协会制定额外的农产品冷链物流系统标准，确保农产品冷链物流行业的发展健康有序，且能够满足供需双方的需求，将农产品冷链物流体系建设纳入云南省的法制化建设轨道。

在冷链物流系统技术标准的制定方面，多参考国外先进的技术标准，使云南省农产品冷链物流的物流标准与先进国家或地区的标准接轨。参与冷链物流运作的大型农产品批发商和有实力的第三方物流企业、第四方物流企业应积极参与到系统标准的制定中来，通过冷链物流协会这个交流平台尽各方的最大努力推广新研发的技术，实现冷链物流运作中的节能和环保，在云南省政府的支持下逐步完善各个方面的农产品冷链物流健康发展标准体系，同时兼顾标准的实施和监督。

3. 加强与农产品冷链物流相关的基础设施建设和信息一体化建设

由于农产品冷链物流基础设施建设不能满足现有需求，如冷库数量不足以储存流转的货物、冷藏货车的制冷不能保证全程达标等，云南省每年会有很多农产品因不能保持恒定的低温环境而损毁，由此灭失的农产品价值以千万为单位计量。因此云南省需要加大农产品技术设施设备的建设，通过冷链物流协会这一平台，对足够容纳冷链物流供需双方货物冷库的建设、符合冷链物流标准的冷藏运输车辆的生产等加大投入。同时，还要加大科技开发和投入，引进国外或外省先进的冷链物流基础设施建设、生产技术，普及能够满足现有需求并符合标准的冷藏保鲜技术，如引进化气凝霜技术取代现有的加冰制冷方式。同时在运输途中的温度记录监控设备和温度监控信息监控系统也显得尤为重要。在运输途中，有些司机会为省油而短时间地关闭制冷系统，导致货物不能一直处于恒定的低温环境，造成货物质量水平降低。为了杜绝这种现象的发生，需要冷链物流的管理方通过信息一体化系统监控货车冷藏货厢中的实时温度。

云南省农产品冷链物流发展速度较快，但是信息一体化建设还不完善，冷链物流行业协会可以协助参与企业建设信息一体化系统。农产品冷链物流中产生的各种信息将以爆炸性的速度增加，这就要求冷链物流的各参与方及时监控和共享信息，实现冷链物流整个环节的信息化和快速化。采用统一的农产品冷链物流信息处理服务器通过大数据技术获取和分析各类信息，然后将相应信息传送给相关部门，如配送车队、农产品航空货运机组、下游农产品冷链物流运输商和分销商、农产品下游批发商、冷链物流协会、银行、检疫检验部门、冷链物流行业协会等。通过信息的共享和各个部门间基于大数据技术的信息合作，冷链物流供需双方及第三方物流企业等参与方都能够有效地传达和获取各自的信息，大大提高冷链物流的运作效率。

4. 促进农产品冷链物流资源共享

农产品冷链物流需求指一定时期内经济活动在生产、流通和消费等方面面对农产品在空间、时间和费用方面的要求，涉及生产、包装、运输和流通等多个环节。单一的冷链物流参与企业无法准确地把握所有这些信息资源，需要以行业协会为纽带，共享冷链物流信息资源。冷链物流中心的设施和设备是冷链物流系统运行的物质基础和基础条件，直接影响物流企业的服务质量和服务成本，而单一的冷链物流参与企业没有完善的冷链物流设施设备，需要行业协会促进企业间的合作，共享彼此的设施设备，进而实现互利共赢。库存是生产和消费之间的过渡阶段，期间的时间间隔越长，库存水平和成本就越高。单一的冷链物流参与企业无法独自承担巨大的库存，其仓储量和成本都无法承受过多的库存，这就要求行业协会在企业之间协调库存和订单信息，尽可能地缩短生产与消费之间的过渡，让冷链物流参与企业降低成本，获得更多的利润。

5. 促成冷链物流参与企业或参与企业之间的供应链融资

新型的供应链管理运作模式促进了供应链金融的诞生和发展，其服务目的在于依托供应链物流、信息流和资金流的整合，将单一企业的金融服务方案延伸到整个供应链系统中，尽可能地降低资金的运作成本，提升资金的利用价值。在国内、国外的供应链金融实践中，供应链金融能够解决中小企业融资难的问题。参与农产品冷链物流的企业中有相当数量的中小企业，它们的融资问题需要供应链金融来支持。

云南省冷链物流行业协会依据市场需求和发展现实，促成冷链物流企业通过预付款融资、存货质押融资、应收账款融资等融资方式获得所需资金。以商业银行为主体的供应链融资服务中，以传统的贸易融资、保理、信用证等中间业务为切入点，从银行原有的融资和担保类业务入手，整合现有的融资产品，开发适应供应链融资需求和管理变化的产品。以第三方物流公司为主体的供应链融资服务中，依托第三方物流企业自身物流实体网络及物流业务，通过与客户的有效接触和独有的监管优势，发展保险、存货融资、应收账款类融资等供应链金融业务。以第四方物流企业为主体的供应链融资服务中，第四方物流企业利用自身交易信息平台的数据，挖掘各类客户的供应链融资业务需求，在提供物流整合服务的同时提供供应链融资和财务服务，提升整个供应链的运作效率。在以供应链上核心企业为主体的供应链融资业务中，开发供应链上其他成员（核心企业的上游、下游和最终客户）的融资需求，以平稳整个农产品冷链物流供应链现金流为目标，促进冷链物流参与企业之间的供应链融资服务。

三、农产品冷链物流参与企业

农产品冷链物流可能涉及众多参与企业，包括农产品生产企业和初级收购企业、农产品预加工和包装企业、第三方物流企业、第四方物流企业、农产品冷藏仓储企业、农产品冷藏批发企业和零售企业。操作流程也较为复杂，包括农产品的采摘与收购、农产品的预处理与包装、货物装卸、运输、仓储、转运、货架组织等。具体流程如图 5-2 所示。

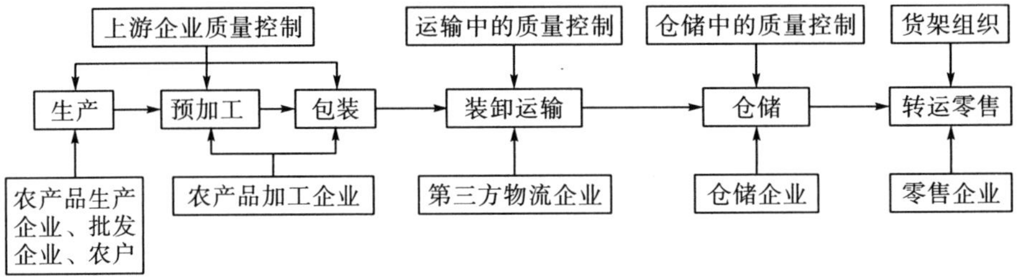

图 5-2　农产品冷链物流操作流程

针对以上企业和操作流程间的复杂多维关系，本章给出以下对策：

1. 科学分析食用类农产品营养物质

农产品的营养物质成分非常复杂，冷链物流的目的是尽可能地保护农产品中的营养物质，提升消费者的消费体验。农产品中的营养物质主要包括蛋白质、糖类、脂类、维生素、矿物质等，在农产品的预加工、包装、运输和仓储等过程中，这些营养物质的化学性质会依环境的不同而发生不同程度的改变，从而影响农产品的营养价值。温度是影响农产品内营养物质发生化学变化速率的重要因素，因此保证各参与企业之间的各流程操作符合冷链物流的标准尤为重要。

1) 蛋白质

蛋白质由碳、氢、氧、氮、磷、硫六种元素组成，是人体氮的唯一来源，是生命的物质基础。人体中的蛋白质含量为 16%~19%，始终处于不断分解同时不断合成的过程中。蛋白质的结构复杂，由肽链链接多种氨基酸组成。蛋白质会由于温度、化学试剂、震荡等原因而变性，影响其营养价值。因此，在富含蛋白质的农产品冷链物流运作中，要充分包装农产品，格外注意装卸和运输流程，减少农产品中蛋白质变性的发生。

2) 糖类

糖类由碳、氢、氧三种元素组成，糖类分为单糖、双糖、低聚糖和多糖四类，糖类是维持人体生命活动的能量的直接来源。其中，容易在冷链物流运作过程中发生变化的是可利用多糖中的淀粉，淀粉是广泛存在于农产品中的多糖，在人体内水解后生成葡萄糖。淀粉的老化是其在冷链物流运作中容易产生的变化，老化的淀粉营养价值显著变劣。温度是其变化的重要原因，因此要在冷链物流的运作过程中加强运输和仓储中的质量控制，要做好温度的控制，减少淀粉老化的发生。

3) 脂类

脂类包括脂肪和类脂，人体脂类总量占人体体重的10%~30%，是人体储存能量的重要物质。脂肪能够促进人体吸收脂溶性维生素，防止过度散热，支持和保护内脏。脂类的安全运输和仓储受运输条件影响，水分、杂质、空气、温度、日光等都是脂类变质的影响条件。运输富含脂类的农产品，需要注意减少货舱和仓储仓库的湿度，减少水分；当脂类农产品中存在大量杂质时，农产品预处理企业应通过一定的方法降低杂质含量；运输和仓储过程中，应减少脂类与空气的接触时间和接触机会，降低其腐败变质的风险；在日光照射下，脂类中的维生素E会被破坏，从而降低其抗氧化功能，因此要使用不透明的容器并储存在避光的仓库中。

4) 维生素

维生素包括水溶性维生素和脂溶性维生素。水溶性维生素主要包括维生素B族和维生素C；脂溶性维生素主要包括维生素A、维生素D、维生素E和维生素K。这些维生素广泛存在于各种农产品中，在常温运输中各种维生素都会有一定的损耗，冷链物流可以降低维生素的损耗率。在冷链物流的运作中，维生素的损耗发生在零售时期的可能性最高，因为零售企业因为货架组织的复杂性，不能保证需要冷藏的农产品长期处于符合标准的冷藏环境中，导致维生素损耗。因此零售企业要在货架组织上进行系统优化，提升其管理能力，保证农产品在最后的销售渠道依然保持原有的质量。

5) 矿物质

矿物质是除构成蛋白质、脂类、糖类等有机物和水的碳、氢、氧、氮之外的其他组成人体的多种元素。矿物质分为常量元素和微量元素，以元素在人体内的含量大于或小于 0.01%为界限。其中，常量元素包括钙、磷、钠、钾；微量元素包括铁、锌、碘、硒、铜。农产品中矿物质丰富，以化合物形态存在。植物型农产品中矿物质的含量较高，需要冷链物流运作过程中保持合适的温度和包装以保证矿物质不会流失。

2. 鼓励和支持大型农产品批发企业和第三方物流企业发展农产品冷链物流设施

大型农产品批发企业和有一定实力的第三方物流企业是冷链物流行业的重要参与者，目前，欧美发达国家的食品冷链体系已经比较完善，形成了生产、加工、分拨、仓储、配送、售后等一整套完整的服务链条。云南省大型农产品批发企业可以拓宽原有的经营范围，借鉴欧美发达国家冷链系统的经验形成完整的服务链条，这样更易于系统优化和降低成本。2002 年美国成立了冷链协会，该协会由冷链参与企业组成。该协会发布了《冷链质量标准》，该标准可以用来测试冷链物流企业运输、处理和储存易逝品的可靠性、质量和熟练度。云南省的大型农产品批发企业和第三方物流企业可以参考美国冷链协会制定的标准来完善本企业在冷链物流上做得还不够完善的方面。

云南省的各级政府还应为大型农产品批发企业和第三方物流企业提供良好的政策环境。对于各类企业的冷链物流基础设施建设，省政府或市(县)政府应适当地给予财政支持或政策性优惠。同时根据企业所在地的发展需求做出合理的规划，满足不同农产品冷链物流的需求。目前，云南省的冷链物流运输主要依靠公路，发展铁路运输和航空运输能够分担公路运输的压力，也能够发展不同渠道的物流方式。因此，加强冷链物流基础设施建设，为保障冷链物流提供能够满足市场需求的标准显得尤为重要。

3. 鼓励省内外有实力的第四方物流企业参与农产品冷链物流的运营管理

冷链物流对云南省农产品行业具有重要的意义，但是由于第三方物流企业的管理水平良莠不齐，技术水平和诚信问题也难以保障，物流需求企业也无法有效地监督运输过程中的服务质量。为了保证冷链物流运输要求较高的农产品质量，农产品批发企业或销售企业都倾向于自己运输，将物流业务外包给第三方物流的意愿不大。针对这个问题，具有实力的第四方物流如果参与其中，可以缓解信息不对称造成的问题，减少第三方物流企业的“逆向选择”问题和第三方物流企业在难以监控的物流过程中出现的道德风险问题。

第四方物流作为供需双方和第三方物流的领导者，拥有信息资源和运营管理能力，它不仅是物流的利益方，还是提供物流方案和信息技术整合能力的技术提供者。鼓励省内外具有一定实力的第四方物流企业参与云南省农产品冷链物流的信息监管和运营管理，可以提高物流效率，在一定程度上降低供需双方和第三方物流企业的运营成本，扩大市场。

4. 建立和完善农产品冷链物流的配送和运营模式

农产品冷链物流的运作应与上下游企业建立密切的联系，在供应链水平上构建一个完整的产业链。云南省的农产品冷链物流在长期应更注重于建设产业链。

由于农产品的特殊性，对于冷藏保存或冷冻保存的温度控制要求比较苛刻，部分农产品的保存温度要严格控制在 0～4℃，部分又要求在 −25 ℃以下，如果单一企业独自建立这种对温度要求苛刻的冷库投资成本过高，资金回收周期也较长。如果该企业所在地区存在冷链物流企业合作建立的大型冷链物流配送中心，就可以通过一系列的物流整合将货物快速高效率地运达目的地。这样操作可以实现农产品冷链物流参与企业的共同配送，提高冷链物流效率，减少建设冷库巨额资金的投入和物流中心的空置率、降低冷链物流企业之间的合作成本。农产品冷链物流共同配送模式也有利于企业把精力放在自身的核心业务上，促进企业健康快速的发展，扩大其市场占有率。同时，这种模式也有利于整合稀缺的社会资源，减少社会车流总量，降低通勤压力，减少物流车辆卸货导致的妨碍交通正常运作的问题，从而间接减少社会碳排放，使冷链物流行业绿色、低碳环保的发展。

保障食品在运输过程中的安全并缩短运输时间，减少物流过程中的时间和环节是农产品冷链物流共同配送模式系统优化的主要目标。随着电子商务时代的到来，农产品冷链物流的服务需求趋向于小型化和多样化，因此冷链物流的配送也应转向多品种、小批量化。对于绝大多数农产品冷链连锁企业来说，市场需求、原材料采购及仓储能力存在结构性矛盾，这是制约企业发展的同质性问题。市场对于农产品的质量要求越来越高，而小型的销售商或批发商对于有严格冷藏冷冻要求的农产品质量水平控制能力有限，需要建立共同运作模式来克服分散经营的缺点。对于社会来说，共同配送有利于云南省低温冷库和冷藏运输车技术的改进和创新。

5. 协调冷链物流参与方之间的供应链冲突

农产品冷链物流供应链的协调受到供应链内不同阶段各参与方只注重自身利益最优化或信息传播扭曲的影响。农产品冷链物流供应链的失调主要由以下三个因素决定。

(1) 目标冲突引起农产品冷链物流供应链失调。农产品冷链物流供应链由多个不同的参与企业或利益主体组成，各参与方的最优化目标可能不一致。当目标冲突出现时，农产品冷链物流供应链的整体战略目标可能无法实现，并导致供应链整体绩效降低。

(2) 收益分配、风险分担引起的农产品冷链物流供应链失调。农产品冷链物流供应链中的不确定性因素有多重，如客户需求的不确定性、天气的不确定性、仓储或运输用的冷藏设备突然出现故障、农产品不能准时送达等问题，甚至外部自然灾害，如暴雨、泥石流、山体滑坡、地震等突发事件，都会造成农产品冷链物流供应链中参与企业的收益存在波动。在供应链成员的目标一致的情况下，风险分担和收益分配的问题如果不能寻求到参与方都满意的合理方案，供应链仍然会出现冲突。

(3) 信息不对称造成的农产品冷链物流供应链失调。新制度经济学中将不对称信息分为两类：第一类为外生的不对称信息，这类信息是自然状态所具有的，即客观事物本身所固有，不是由供应链的参与方造成的；第二类为内生的不对称信息，指契约签订后，其他供应链参与方无法预测，事后也无法推断的行为。

农产品冷链物流供应链的协调问题主要通过两种方案来解决：供应链契约和信息技术的应用。供应链契约通过设计合理的契约并调整其参数来激励供应链成员调整决策，发挥整体供应链系统的最佳绩效，其中包括数量折扣契约、收益共享契约和期权契约等。

数量折扣契约是供应链运作实践中应用比较广泛的契约机制。农产品生产商或大型批发企业根据下游批发企业或零售商在销售初期订货量的大小给予不同的价格折扣，以鼓励下游批发企业或零售商增加订货量。通常情况下，订货量越大，批发价格越低。

收益共享契约是农产品生产商或大型批发企业与下游批发企业或零售商真正实现风险共享的一种契约。收益共享契约要求农产品生产商或大型批发企业给予下游批发企业或零售商低于边际成本的批发价格，同时农产品生产商或大型批发企业享受下游批发企业或零售商一定比例的销售收入。

期权契约的思想来自金融理论，是金融衍生品思想在农产品冷链物流行业内的创新。农产品生产商或大型批发企业首先发布批发价格、期权的发售价格和执行价格，下游批发企业或零售商根据这些价格确定农产品的订购量和期权购买量。期权赋予下游批发企业或零售商在下一阶段能够根据市场需求的变化按照期权执行价格购买农产品的权利，而无须承担任何义务。

信息技术的应用也是实现供应链内部信息共享并促进供应链协调的关键技术。信息技术的应用有利于实现农产品生产、运输到销售过程的无缝衔接。电子数据交换、企业资源计划、电子商务等使农产品冷链物流参与企业能够迅速交换产品、库存量、资金等信息，优化农产品冷链物流供应链的运作。供应链成员之间的信息共享可以实现实时的下游顾客需求信息的有效反馈，降低库存成本，减少物流时间，提升客户体验。

6. 建立农产品冷链物流联运机制

随着人们生活水平的日益提高和贸易的发展，人们对冷链物流运输在时间和效率上的要求越来越高。农产品冷链物流联运机制能够加快货物的周转速度、降低农产品运输成本、推动经济和贸易的快速发展。冷藏集装箱的大规模利用和相关信息技术的发展为农产品联运机制的顺利和快速发展提供了物质保障。建立起农产品联运机制只需要在现有冷藏运输网的基础上加速拓展和完善公路运输、水路运输、铁路运输和航空运输的农产品联运信息网。冷藏运输车辆或装载冷藏集装箱的交通工具在运输的过程中应制定冷藏运输在途时间的考核标准并严格执行，最大限度地减少运输时间，提升农产品的冷链运输效率。

农产品冷链物流供应链体系作为一个复杂的跨行业、多部门系统工程，难以通过某一行业或企业来完成农产品联运机制的建设，这就需要企业间联合及政府、行业协会的支持，通过有效的信息沟通，建立起信息、运输互联互通机制。从云南省现有的实际情况出发，借鉴发达国家和地区的冷链联运机制发展经验，促进联运机制的建设，提升冷链物流整个行业的服务质量。

四、科研部门和高校

1. 加大农产品物流技术和理论的发展及科研投入

现代物流技术于 20 世纪 80 年代初期传入我国，经过三十余年的发展已经日趋成熟。冷链物流作为其中的一种特殊物流，我国的发展程度还远不及发达国家，云南省冷链物流发展程度也不及东部沿海省份和直辖市。目前冷链物流在云南的实践发展已经有初步的规模，有了一定的经验，但是理论发展相对落后于实践发展。可得的云南省冷链物流文献较少，冷链物流的研究还没有引起学术界的足够重视。由于理论滞后于实践，云南省冷链物流企业的发展和冷链物流的构建均受到一定的限制。

在政策方面，我国多个政府部门于 2017 年根据冷链物流业的发展状况印发文件鼓励冷链物流行业的健康、快速发展。国务院办公厅印发了《国务院办公厅关于加快发展冷链物流保障食品安全促进消费升级的意见》《国务院办公厅关于积极推进供应链创新与应用的指导意见》，交通部印发了《交通运输部关于加快发展冷链物流保障食品安全促进消费升级的实施意见》。在以上政府部门文件的基础上，学界可以选取相应的课题进行研究。云南省和国家应在科学研究上给予支持和资金资助。

研究内容方面，应着重于研究农产品冷链物流中技术落后和管理不先进的问题。对于农产品冷藏保鲜技术应进行积极研究，对冷藏效率高、节能环保的冷藏运输设备技术要着重研究。在实际操作中，应将优秀的、有实际应用价值的科研成果迅速投入实践，如冷藏效率高的大型冷链物流用货车、大型节能环保的冷库等。同时，还应在技术标准的制定方面加大研究力度，研读更多国际标准和国外先进标准，加快云南省冷链物流行业标准与先进国家或地区接轨，实现冷链物流行业的国际化标准建设。

2. 加强农产品冷链物流的人才培养

目前国外管理技术先进的冷链物流参与企业正在向零库存迈进，这不仅对冷链物流管理人员有很高的要求，也对冷链物流运作过程中的操作员和其他相关人员都有较高的要求。这就要求云南省参与冷链物流运作的企业加大人才培养力度，不仅要培养高水平的高层管理人员，也要注重基层管理人员的基层管理能力培养和冷链物流操作员的技术培养。相对于高层管理人员，未来冷链物流企业的现代化和国际接轨水平的发展更需要技术娴熟的冷链物流基层管理人员和操作员。企业应通过严格的操作标准来规范员工的工作程序，减少犯错率，提高工作效率。在以大数据为背景的信息化建设中不断提高用户的满意度和忠诚度。

在教育方面，应大力鼓励物流人才的培养。在冷链物流较为发达的国家，冷链物流管理人员中几乎所有人都具有学士学位，大约 1/3 的人具有硕士学位，操作人员中也有约 1/5 具有相关的工程师资格证书。从云南省的农产品冷链物流发展状况来看，既要引进科学、先进的农产品冷链物流管理理念，借鉴发达国家和地区的管理经验，还要加快建设冷链物流管理的相关学科，投入各大高校管理类专业的课程中去。在操作员的培养方面，应大力发展与冷链物流相关的高职高专职业教育，加强操作人员的专业培养。

3. 促进科研部门与冷链物流参与企业之间的合作研究

科研部门在人才培养，教育等方面有着独特的优势，但是没有冷链物流参与企业的实践经验，如果科研部门与冷链物流参与企业不能有效合作，那么理论与实际就会脱节。

高校内的科研部门在教育上更有经验，但是对于实际操作的训练不如企业。高校科研人员在开展科研或教学的同时应经常到冷链物流参与企业中调研，有针对性地研究目前存在的问题，根据问题提出有效的解决方案。同时企业内部的研发部门也应与高校科研部门加大联系，共同开发新技术，提升冷链物流运作中所需的技术。高校内与冷链物流发展相关的专业学生也应该到冷链物流参与企业中实习，通过实习学习实践知识，做到理论与实践相结合，为未来参与工作打下坚实的基础。对于冷链物流各领域的核心关键技术，由于投入成本和风险程度均较高，可以通过合作研发的方式，降低研发风险。

4. 促进现有研究成果转化为实际应用

目前各学科都或多或少地存在科研与实际操作相割裂的现象，在冷链物流的研究方面也是如此。我国科研无论在水平上还是在成果数量上都有了足够的进步。但是，我国科研成果与实际应用之间依然存在巨大鸿沟，科研成果转化并不理想，导致社会上对科研工作的诟病之声不绝于耳。不断增强创新这个引领发展的第一动力，必须高度重视科研成果转化，促进科技与经济深度融合。研究部门在研究课题时应该更加注重研究成果的实际应用效用，企业也应该经常关注科研部门的研究成果，将其中能够利用的部分应用于实际操作中，让科研部门的研究能够付诸实践。科研部门应将其研究成果的实践交给企业来完成，企业也应在技术创新和成果转换领域多加投入，使创新要素汇聚到冷链物流参与企业中，提升企业的创新和经营水平。另外，还需要根据市场需求，提升科研部门和企业的结合力度，使科研机构及各高校与企业之间的结合更为密切，从而加快科研机构及各高校的技术转移及知识流动速度。

参 考 文 献

蔡浩原, 潘郁. 2017. 基于人工蜂群算法的鲜活农产品冷链物流配送路径优化[J]. 江苏农业科学, 45(15): 318-321.

蔡宋宋, 韩澄, 廖甜甜, 等. 2015. 生鲜电商冷链物流包装技术研究[J]. 北方园艺(19): 122-125.

陈广, 罗岚. 2013. 生鲜农产品冷链物流中的食品安全问题研究[J]. 物流技术, 32(23): 81-83.

陈红丽, 陆华. 2013. 冷链物流服务过程的质量评价[J]. 中国流通经济, 27(01): 34-39.

陈铭. 2009. 农产品虚拟供应链管理及虚拟物流中心建构[J]. 商业研究(08): 151-153.

陈一鸣. 2011. 基于供应链知识共享的企业核心竞争力评价[J]. 科学进步与对策, 10(28): 77-81.

程书强, 刘亚楠. 2017. 西部地区农产品物流效率及省际差异动态研究：基于 DEA-Malmquist 指数法[J]. 统计与信息论坛, 32(04): 95-101.

丁丽芳, 李波. 2013. 精益物流管理在农产品供应链中的应用[J]. 中国流通经济, 27(06): 35-39.

董君成. 2014. 基于 ZigBee 技术的农产品冷链物流追溯系统研究[J]. 物流技术(06): 85-88.

樊世清, 娄丹, 孙莹. 2017. 生鲜农产品冷链物流车辆配送路径优化研究[J]. 保鲜与加工, 17(06): 106-111.

方昕. 2004. 中国食品冷链的现状与思考[J]. 物流技术与应用(11): 55-59.

符瑜. 2011. 浅析我国冷链物流共同配送模式的应用[J]. 对外经贸(11): 117-118.

龚晓莲. 2011. 国外农副产品冷链物流的发展经验及借鉴[J]. 商业文化(5): 342.

郭慧馨. 2012. 农产品冷链物流成本控制问题研究[J]. 商业时代(32): 36-37.

韩立民, 刘迪迪. 2011. 基于冷链物流的海产品质量管理研究[J]. 中国海洋大学学报(社会科学版)(05): 29-31.

韩松. 2009. 河南省大宗农产品绿色物流与供应链系统构建研究[J]. 中国流通经济, 23(08): 21-24.

洪涛, 钱春艳. 2011. 加快我国农产品冷链物流发展(一)[J]. 黑龙江粮食(4): 8-10.

胡建淼. 2017. 我国生鲜农产品冷链物流发展存在的问题与对策[J]. 改革与战略, 33(05): 82-84, 93.

胡天石. 2010. 冷链物流发展问题研究[J]. 北京工商大学学报(社会科学版), 25(04): 12-17.

胡愈, 许红莲. 2008. 现代农产品绿色物流金融的发展及其方向选择[J]. 湖南师范大学社会科学学报(05): 116-119.

黄福华, 周敏. 2009. 封闭供应链环境的绿色农产品共同物流模式研究[J]. 管理世界(10): 172-173.

黄桂红, 饶志伟. 2011. 基于供应链一体化的农产品物流整合探析[J]. 中国流通经济, 25(02): 29-32.

黄艳, 章学来. 2015. 蓄冷技术在食品冷链物流中的研究进展[J]. 包装工程, 36(15): 23-29.

姜樱梅, 王淑云, 马雪丽. 2017. 基于碳优化的农产品冷链物流体系研究[J]. 科技管理研究, 37(18): 221-227.

兰洪杰. 2009. 食品冷链物流系统协同对象与过程研究[J]. 中国流通经济, 23(2): 20-23.

冷凯君, 荆林波, 潘林. 2017. 新常态下湖北省冷链物流发展现状及问题研究[J]. 理论月刊(05): 125-131.

李春香. 2009. 论农产品绿色物流推广策略[J]. 湖北社会科学(05): 94-97.

李富昌, 刘长波. 2013. 云南欠发达地区生鲜农产品冷链物流中的问题与对策[J]. 资源开发与市场, 29(04): 390-392, 439.

李敬. 2008. 我国农产品绿色物流面临的问题及发展对策[J]. 调研世界(10): 42-43.

李静, 陈圣群. 2011. 产业集群知识共享的影响因素分析[J]. 赤峰学院学报, 3: 98-101.

李康, 郑建国, 伍大清. 2015. 生鲜农产品冷链物流配送干扰管理研究的思考[J]. 江苏农业科学, 43(11): 588-591.

李钦华. 2013. 宜昌市鲜活农产品冷链物流存在问题及对策探析[J]. 物流技术, 32(01): 29-30.

李时辉. 2014. 数据融合技术在水果冷链物流监测中的应用[J]. 物流技术, 33(05): 427-429.

李晓宇, 张明玉. 2009. 农产品物流供应链风险生成机制及预警模式[J]. 管理现代化(04): 47-49.

梁喜, 郭瑾. 2016. 制造商网上销售渠道与定价策略选择：基于不同双渠道结构下的分析[J]. 价格理论与实践(12): 196-199.

梁喜, 蒋琼, 郭瑾. 2018. 不同双渠道结构下制造商的定价决策与渠道选择[J]. 中国管理科学, 26(07): 97-107.

梁旭. 2013. 我国药品冷链物流发展问题研究[J]. 价格月刊(01): 77-79.

刘长波, 李富昌. 2015. 云南冷链物流技术设备现状与优化对策分析[J]. 资源开发与市场, 31(05): 593-596, 621.

刘刚. 2017. 生鲜农产品电子商务的物流服务创新研究[J]. 商业经济与管理(03): 12-19.

刘华楠, 刘敏. 2015. 美国 B2C 模式下水产品冷链物流质量安全监管经验[J]. 世界农业(03): 54-58.

刘加加, 等. 2012. 我国农产品冷链物流优化对策探讨[J]. 物流科技, 1: 49-51.

陆旭群. 2008. 浅析 RFID 技术在我国生鲜食品冷链物流管理中的应用[J]. 信息技术(3): 132-133.

吕俊杰, 孙双双. 2013. 城市鲜活农产品冷链物流体系构建研究[J]. 广东农业科学, 40(07): 233-236.

吕俊杰, 孙双双. 2013. 基于鲜活农产品冷链物流配送的车辆路径优化研究[J]. 广东农业科学, 40(09): 178-181.

马林, 张旸. 2015. 基于供应链的农产品物流重构研究[J]. 管理现代化, 35(04): 106-108.

庞燕. 2015. 供应链管理环境下农产品物流仓单质押的盈利模式[J]. 中国流通经济, 29(04): 114-117.

单再成. 2012. 农产品物流与其影响因素灰色关联度分析[J]. 系统工程, 30(10): 123-126.

邵瑞银. 2013. 河南省农产品冷链物流现状、问题与对策[J]. 企业经济, 32(06): 127-130.

施先亮. 2015. 我国农产品物流发展趋势与对策[J]. 中国流通经济, 29(07): 25-29.

宋宝娥, 朱文英, 李晓明. 2013. 基于模糊综合评判的农产品冷链物流质量安全评价研究[J]. 食品与生物技术学报, 32(10): 1057-1062.

苏国贤, 李富忠. 2012. 中国蔬菜冷链物流的现状、问题与建议[J]. 中国流通经济, 26(01): 39-42.

孙良涛. 2012. 云南省农产品冷链物流存在的问题与对策分析[J]. 物流技术, 31(11): 46-48.

孙明明, 张辰彦, 林国龙, 丁一. 2017. 生鲜农产品冷链物流配送问题及其路径优化[J]. 江苏农业科学, 45(11): 282-285.

唐润, 李倩倩, 彭洋洋. 2018. 考虑质量损失的生鲜农产品双渠道市场出清策略研究[J]. 系统工程理论与实践, 38(10):2542-2555.

唐跃武, 范体军, 刘莎. 2018. 考虑策略性消费者的生鲜农产品定价和库存决策[J]. 中国管理科学, 26(11):105-113.

汪庭满, 张小栓, 陈炜, 傅泽田, 彭朝辉. 2011. 基于无线射频识别技术的罗非鱼冷链物流温度监控系统[J]. 农业工程学报, 27(09): 141-146.

汪旭晖, 张其林. 2016. 基于物联网的生鲜农产品冷链物流体系构建: 框架、机理与路径[J]. 南京农业大学学报(社会科学版), 16(01): 31-41, 163.

王便芳. 2010. 加强冷链物流建设　保障食品质量安全[J]. 江苏商论(05): 70-71.

王冬冬, 李丽琴. 2014. 论 RFID 技术在乳制品冷链物流中的应用[J]. 中国乳品工业, 42(01): 43-45.

王红梅. 2016. 我国生鲜农产品冷链物流发展问题研究[J]. 农业经济(02): 132-133.

王洪鑫, 樊雪梅, 孙承志. 2009. 基于物流能力的农产品供应链绩效评价问题研究[J]. 生产力研究, 2009(19): 26-28.

王家敏. 2012. 基于物联网技术的冷链物流制冷监控系统[J]. 物流技术, 31(17): 390-392.

王家旭. 2013. 我国农产品冷链物流发展中存在的问题及对策[J]. 物流技术, 32(05): 80-82, 89.

王静. 2012. 我国农产品物流电子商务供应链网络结构与运行机制[J]. 学术论坛, 35(02): 132-136.

王娟娟. 2014. 基于电子商务平台的农产品云物流发展[J]. 中国流通经济, 28(11): 37-42.

王立娟. 2010. 云南花卉冷链物流及铁路运输相关问题研究[D]. 北京: 北京交通大学.

王蕊. 2009. 浅谈供应链企业间知识共享的风险控制[J]. 中国集体经济(3): 15-19.

王树祥, 张明玉, 黎金银. 2009. 农产品生产特征及其变化对农产品物流的重要影响[J]. 管理现代化(05): 17, 54-56.

王微微. 2012. 国内外农产品冷链物流发展的比较与借鉴[J]. 对外经贸实务(04): 90-92.

王宪立. 2012. 我国知识联盟研究结构分析[J]. 信息资源管理学报(03): 65-69.

王晓洋. 2012. 餐饮行业冷链物流外包业务运作问题的研究[J]. 物流技术, 31(17): 157-159.

王新娥, 王学剑. 2014. 基于 TPL 的新疆农产品冷链物流体系构建研究[J]. 湖北农业科学, 53(05): 1214-1218.

王勇, 张培林. 2016. 产业融合下冷链物流服务质量评价实证[J]. 中国流通经济, 30(04): 33-39.

魏国辰. 2009. 生鲜农产品冷链物流体系发展探讨[J]. 商业时代(02): 24-25.

文晓巍. 2011. 农产品供应链流通成本与相关主体利益匹配: 广州证据[J]. 改革(08): 77-82.

徐光顺, 王玉峰, 王程. 2016. 生产方式、通道建设与生鲜农产品物流——以内陆农业大省四川为例[J]. 农村经济(08): 78-83.

许红莲. 2011. 发达国家农产品绿色物流发展及其经验借鉴[J]. 中央财经大学学报(12): 70-74.

许彤, 蒋明霞. 2012. 冷链物流进出货速率对库存影响的分析[J]. 物流技术, 31(8): 306-307.

严灿, 刘升, 贾丽娥等. 2015. 蔬菜冷链物流技术研究进展[J]. 食品与机械, 31(04): 260-265.

杨军, 王厚俊, 杨春. 2011. 我国城镇化对农产品物流效率的影响[J]. 农业技术经济(10): 63-68.

杨玮, 偶雅楠, 岳婷, 杨甜, 李沁. 2018. 基于 AHPSO-SVM 的农产品冷链物流质量安全预警模型[J]. 包装工程, 39(05): 71-76.

杨扬, 袁媛, 李杰梅. 2016. 基于 HACCP 的生鲜农产品国际冷链物流质量控制体系研究——以云南省蔬菜出口泰国为例[J]. 北京交通大学学报(社会科学版), 15(02): 103-108.

叶海燕. 2007. 我国农产品冷链物流现状分析及优化研究[J]. 供应链管理(03): 39-40.

于杰,张旭凤. 2014.基于物联网技术的保鲜食品冷链物流运作全程监控研究[J]. 物流技术, 33(01): 328-331.

余寒. 2011. 云南省农产品冷链物流网络的构建及优化研究[D]. 昆明: 云南财经大学.

余杰. 2012. 新农村建设中的农村物流配送中心选址研究[D]. 南昌: 江西财经大学.

喻晓燕, 黄立平. 2004.供应链环境下我国农产品物流运作模式初探[J]. 物流技术(11): 51-52, 65.

张科静, 黄朝阳. 2011. 云南省花卉产业供应链管理中存在的问题与对策分析[J]. 安徽农业科学(22): 13782-13784.

张庆英, 曾毅. 2010. 冷链物流中心设备管理信息系统的研究[J]. 物流工程与管理(10): 119.

张曙红, 彭代武, 冷凯君. 2011. 基于质量安全的农产品冷链物流 VMI 库存管理模式研究[J]. 物流技术, 30(23): 17-18.

张松涛, 张盼盼, 张敏. 2018. 基于冷链物流的荔枝质量安全控制研究[J]. 保鲜与加工, 18(02): 114-119, 124.

张文峰, 梁凯豪. 2017. 生鲜农产品冷链物流网络节点和配送的优化[J]. 系统工程, 35(01): 119-123.

张潇方, 刘升, 贾丽娥, 等. 2016. 樱桃冷链物流保鲜技术研究进展[J]. 保鲜与加工, 16(05): 120-124.

张小栓, 邢少华, 傅泽田, 田东. 2011. 水产品冷链物流技术现状、发展趋势及对策研究[J]. 渔业现代化, 38(03): 45-49.

张歆祺, 何静. 2011. 食品冷链联合库存管理模式的探析[J]. 江苏农业科学, 39(4): 545- 546.

张莹. 2006. 基于 HACCP 监测的冷链物流[J]. 物流技术(1): 105-107.

张月华. 2011a. 河南省食品冷链物流发展问题研究[J]. 中国商贸(13): 68-69.

张月华. 2011b. 河南速冻食品冷链物流存在的问题及对策[J]. 中国物流与采购(21): 72-73.

赵晓飞, 李崇光. 2012. 农产品流通渠道变革: 演进规律、动力机制与发展趋势[J]. 管理世界(03): 81-95.

赵艳艳. 2009. 食品冷链物流软时窗配送模式优化研究[J]. 安徽农业科学, 37(17): 8235-8238.

赵志田, 何永达, 杨坚争. 2014a. 农产品电子商务物流理论构建及实证分析[J]. 商业经济与管理(07): 14-21.

赵志田, 杨坚争. 2014b. 电商环境下农产品物流理论架构、检验与发展策略——来自浙江丽水的数据[J]. 中国流通经济, 28(06): 108-113.

郑涛涛, 纪叶河, 李共国, 孙志栋, 史婷婷. 2012. 包装条件对杨梅非冷链物流保鲜质量的影响[J]. 食品工业, 33(03): 31-32.

周丹, 王德章. 2015. "互联网+农产品流通"融合发展研究[J]. 学术交流(11): 166-171.

朱吉闯. 2012. 广西北部湾经济区冷链物流发展现状及问题分析[J]. 物流技术, 31(17): 107-109.

庄晋财, 黄群峰. 2009. 供应链视角下我国农产品流通体系建设的政策导向与实现模式[J]. 农业经济问题, 30(06): 98-103.

Bogataj M, Bogataj L, Vodopivec R. 2005. Stability of perishable goods in cold logistic chains [J]. Int. J. Production Economics, 93-94(1): 345-356.

Chen Z, Li S, Liu Z. 2018.Fresh agricultural products distribution optimization considering decaying factors[J]. Iop Conference, 189.

Chiang W Y, Chajed D, Hess J D. 2003.Direct marketing, indirect profits: a strategic analysis of dual-channel supply chain design[J]. Management Science, 49(1): 1-20.

Costopoulou C I, Lambrou M A. 2000. An architecture of virtual agricultural market systems: the case of trading perishable agricultural products[J].Information Service & Use, 20(1):39-48

Crowell J F. 2012. Report of the Industrial Commission on the Distribution of Farm Products[M]. Charleston: Nabu Press.

Geoffrey, Shepheld. 1942. Decentralization in agricultural marketing-causes and consequences[J]. Journal of Marketing, (4): 341-348.

Gulnar S, Nursen B. 2008. Vaccine cold chain and vaccination records[J]. Cocuk Enfeksiyon Dergisi, 02(01): 36.

Gupta Y. 2003. Ordering policies for items with seasonal demand[J]. International Journal of Physical Distribution & Logistics Management, 33(6): 500-518.

Hua G, Wang S, Cheng T E. 2010. Price and lead time decisions in dual-channel supply chains[J]. European Journal of Operational Research(205): 113-126.

James S J, James C, Evans J A. 2006. Modelling of food transportation systems-a review[J]. International Journal of

Refrigeration, 29(6): 947-957.

Jolly P G, Tso C P, Wong Y M, et al. 2000. Simulation and measurement on the full- load performance of a refrigeration system in a shipping container[J]. International Journal of Refrigeration (23): 112-126.

Lamsal K, Jones P C, Thomas B W. 2016.Harvest logistics in agricultural systems with multiple,independent producers and no on-farm storage[J].Computers & industrial engineering,91 (JAN.): 129-138.

Malandraki C , Daskin M S. 1992. Time dependent vehicle routing properties and heuristic algorithms[J]. Transportation Science, 26(3): 185-200.

Marsden T, Banks J, Bristow G. 2000. Food supply chain approaches: exploring their role in rural development[J]. Sociologia Ruralis, 40(4): 424-438.

McMeekin T A, Olley J N, Ross T. 1993. Predictive microbiology: theory and application[M]. Research Studies Press.

Mighell R L, Jones L A. 1963. vertical coordination in agriculture[J]. USDA-ERSAGEC Report, 19.

Ming J T, Wang H. 2011. Hazard analysis critical control point system as cold chain solution in the food industry[J]. Journal of School of Public Health & Institute of Public Health Research (1): 136-145.

Net M, Trias E, Navarro A, et al. 2003. Cold chain monitoring during cold transportation of human corneas for transplantation [J]. Transplantation Proceedings, 35(5): 2036-2038.

Ouden M D, Dijkhuizen A A, Huirne R B M, et al. 1996. Vertical cooperation in agricultural production-marketing chains, with special reference to product differentiation in pork[J]. Agribusiness, 12(3): 277-290.

Ping Ho Ting. 2013.An efficient and guaranteed cold-chain logistics for temperature-sensitive foods: applications of RFID and sensor networks[J]. International Journal of Information Engineering & Electronic Bu, 5(6): 1-5.

Salin V, Nayga R M. 2003. A cold chain network for food exports to developing countries[J]. International Journal of Physical Distribution & Logistics Management, 33(10): 918-933.

Salin V, Nayga R M. 2003. A cold chain network for food exports to developing countries[J]. International Journal of Physical Distribution&Logistics Management, 33(10):101-105.

Srivastava S K. 2007.Green supply-chain management: a state-of-the-art literature review[J]. International Journal of Management Reviews, 9(1): 53-80.

Tamimi M, Sundarakani B, Vel P. 2010. Study of Cold Chain Logistics Implementation Strategies: Insights from UAE Industry[C]. POMS 2010 Annual Conference, May 7-10.

Tomlin B. 2003.Capacity investments in supply chains sharing the gain rather than sharing the pain[J]. Manufacturing & Service Operations Management (4): 317-333.

Voigt G, Inderfurth K. 2012. Supply chain coordination with information sharing in the presence of trust and trustworthiness[J]. IIE Transactions (8): 77-82.

Weld L D H, Clark F E. 1933.Marketing Agricultural Products in the United States [M]. Oxford: Macmillan.